전종철 교수의

지목
변경

전종철 교수의

지목변경

2020 New Edition

라의눈

토지의 가치를 수직 상승시키는 최고의 투자분석기법!

명쾌한 분석전략, 풍부한 실전사례로 더 강해졌다

『지목변경』은 처음 출간된 이후 독자님들의 과분한 사랑 속에 부동산 분야 최고의 베스트셀러로 자리매김하는 영광을 누렸습니다. 이후 후속편인 『지목변경 5단계 분석법』 역시 10년간 토지 분야 최고의 베스트셀러로서 독자들의 지속적인 사랑을 받아 왔습니다. 토지투자 지침서로 '지목변경 시리즈'를 선택하여 주신 수많은 독자님들께 이 자리를 빌어서 다시 한 번 감사의 말씀을 드립니다.

'지목변경 시리즈'가 독자들의 사랑을 받으면서 15년간 토지 분야 부동의 베스트셀러로 자리매김하고 있는 데는 다음과 같은 두 가지 이유가 있었다고 자평합니다.

하나는, 『지목변경』은 그 전까지는 오로지 전문가의 전유물이었던 토지개발 이론을 대중화시켰습니다. 독자들에게 전원주택, 창고용지, 공장용지 등을 개발하는 데 필요한 고급이론을 투자이론으로 정립하여 소개한 것입니다. 2006년 말 『지목변경』이 처음 출간되었을 때 독자들의 반응은 가히 폭발적이었습니다. 최고의 베스트셀러 자리까지 가는 기간은 딱 4주면 충분했습니다. 필자는 지금도 그때의 센세이션을 생생하게 기억하고 있습니다.

또 하나, 『지목변경 5단계 분석법』의 우월성은 독창적인 분석의 틀을 정립하고 있다는 데 있습니다. 토지와 관련된 법과 제도는 적게는 약 400개에서 많게는 약 800개 정도가 된다고 정부 및 공공기관에서 분석하고 있습니다. 역으로 해석하면 토지를 완전히 이해하고 분석하기 위해서는 약 800개에 달하는 법과 제도를 다 이해하고 있어야 된다는 얘기가 됩니다. 그러나 그 정도의 분량을 섭렵하는 것은 전문가라 하더라도 감당하기 어려운 과제입니다. 일반 투자가의 입장에서는 꿈도 꾸기 어려운 일이란 뜻입니다. 책으로 펴낸다면 열 권이 될지 백 권이 될지 모릅니다.

이러한 방대한 분량의 내용을 필자의 마부작침(磨斧作針)식 이론 탐구와 실무 경험을 바탕으로 보편적인 분석의 틀을 만들어서 정립한 것이 『지목변경 5단계 분석법』입니다. 물론 대한민국의 모든 토지가 '지목변경

5단계 분석법'의 틀로 분석할 수 있는 것은 아니지만 독자들이 접하는 토지의 약 9할은 분석이 가능하다고 자부합니다.

이번에 펴낸 『새로운 지목변경』은 전작들에서 추구하였던 분석기법을 현장 중심으로 더욱 심화시키고 발전시킨 것입니다. 이론적 측면에서는 5단계 분석법 중 전작에서 다소 산만하다고 생각했던 몇 가지 부분을 체계적으로 명쾌하게 정리하였습니다. 실전 측면에서는 책에서 배운 지목변경 전략을 실제 사례를 통해 자신의 것으로 만들 수 있도록 다양한 개발 사례를 '지목변경 5단계 분석법'에 맞춰 분석해 놓았습니다. 독자들은 보다 발전된 이론과 사례분석을 통해 '지목변경'을 보다 생생하게 체험할 수 있을 것입니다.

이 책과 아울러 토지를 지적도 사례별로 분석한 자매 도서 『지적도의 비밀』(역시 주요서점 베스트셀러 1위를 기록하고 10년째 독자들의 사랑을 받고 있습니다)을 함께 필독하신다면, 독자 여러분들이 토지를 개발 및 허가의 관점에서 볼 수 있는 안목이 더욱 넓어질 것이라 생각합니다.

작가가 누리는 최대의 기쁨과 영광은 독자들 앞에 서는 일일 것입니다. 신간 출간을 계기로 그간 대학원에 머무르느라 다소 소홀하였던 대중 및 독자들과 소통하는 시간도 자주 가질 것이라 약속드립니다. '지목변경 시리즈'를 부동산 분야 최고의 도서로 만들고 굳건하게 유지시켜 주고 있는 라의눈 설응도 대표님께 깊은 감사의 인사를 드립니다.

교정을 맡아주신 안은주 주간님, 그리고 편집, 마케팅, 경영관리 등 출판 전 과정에서 도움을 주신 분들의 노고에도 두 손 모아 감사의 말씀을 전합니다.

광교에서 전종철

PART 5 지목변경 제4~제5단계 분석전략

지목변경 제4단계 분석: 배수로

지목변경 제5단계 분석: 군사기지 및 군사시설보호구역

PART 6 중요 지역·지구의 분석

용도지구 · 용도구역과 건축제한

성장관리방안과 건축제한

농지와 산지의 분석 및 개발

완충녹지와 토지 개발

토지투자와 증명서의 신청 및 발급

농지취득자격증명, 농지원부, 농업인확인서

부동산 거래 신고제도

토지거래 허가제도

PART
1

토지투자의 기초

지목변경은 상당히 수준 높은 투자분석 기법이다. 분석과정을 설명하는 중에 여러 가지 전문용어가 사용된다. 그중에는 독자 여러분에게 익숙한 것도 있고 생소한 것도 있으며, 난이도가 낮은 것도 있고 높은 것도 있다. 그래서 토지에 대한 전문성이 약한 독자들은 전문용어에 사로잡혀 정작 본론인 지목변경의 맥은 제대로 파악하지 못하고 갈 수도 있다. 그런 부분의 시행착오를 최대한 줄이기 위해 워밍업의 목적으로 'PART 1. 토지투자의 기초'편을 썼다. 용어나 항목 간의 상호 연관성은 고려하지 말고 단순하게 반복해서 익혀 입에 붙이면 앞으로 본격적으로 지목변경을 공부하는 데 도움이 될 것이다.

면적·건폐율·용적률·건축물의 종류

■ 면적 및 건폐율, 용적률

도시지역 토지나 도시지역외지역(비도시지역) 토지를 불문하고 토지의 가치는 토지의 활용성에 의하여 결정된다. 토지를 활용하는 수단 중에 가장 대표적인 것은 해당 토지 위에 '건축물'을 건축하는 것이다. 지목변경 분석기법도 궁극적으로는 해당 토지를 어떻게 개발할 수 있을 것인가를 판단하는 것이기 때문에, 건축을 이해하는 것은 토지를 이해하기 위한 중요한 수단이다. 건축용어는 주로 「건축법」에 정의되어 있다.

면적: 토지의 거래단위

「공간정보관리법」에서 면적은 "지적공부에 등록한 필지의 수평면상 넓이를 말하며, 단위는 ㎡로 한다"고 정의하고 있다. 과거에는 평(坪)이라는 단위가 사용되었지만 ㎡ 사용을 의무화함에 따라 평은 공식석상에서 사라지게 되었다. 대신 오랫동안 평에 익숙해진 현실을 감안하여 평과

거의 근사치인 3.3㎡라는 개념이 과도기적으로 사용되고 있다. 정확히는 3.3058㎡가 맞는 수치이다.

TIP 면적계산 공식과 계산시 끝수 처리 방법

● ㎡를 평으로 환산하기: ㎡를 3.3058로 나누면 평수이다.
  1,000㎡/3.3058=302.5평
● 평을 ㎡로 환산하기: 평수에 3.3058을 곱하면 ㎡이다.
  1,000평×3.3058=3,305.8㎡

1. 토지의 면적에 1제곱미터 미만의 끝수가 있는 경우 0.5제곱미터 미만일 때에는 버리고 0.5제곱미터를 초과하는 때에는 올리며, 0.5제곱미터일 때에는 구하려는 끝자리의 숫자가 0 또는 짝수이면 버리고 홀수이면 올린다. 다만, 1필지의 면적이 1제곱미터 미만일 때에는 1제곱미터로 한다.

2. 지적도의 축척이 600분의 1인 지역의 토지 면적은 제1항에도 불구하고 제곱미터 이하 한 자리 단위로 하되, 0.1제곱미터 미만의 끝수가 있는 경우 0.05제곱미터 미만일 때에는 버리고 0.05제곱미터를 초과할 때에는 올리며, 0.05제곱미터일 때에는 구하려는 끝자리의 숫자가 0 또는 짝수이면 버리고 홀수이면 올린다. 다만, 1필지의 면적이 0.1제곱미터 미만일 때에는 0.1제곱미터로 한다.

건축 및 건축물

건축이란 건축물을 신축·증축·개축·재축하거나 건축물을 이전하는 것을 말하며, 건축물이란 토지에 정착하는 공작물 중 지붕과 기둥 또는 벽이 있는 것과 이에 딸린 시설물, 지하나 고가(高架)의 공작물에 설치하는 사무소·공연장·점포·차고·창고, 그 밖에 법령으로 정하는 것을 말한다.

건축물의 건폐율

대지면적에 대한 건축면적(대지에 건축물이 둘 이상 있는 경우에는 이들 건축면적의 합계로 한다)의 비율을 말한다. 최대한도는 「국토계획법」에서 정하고 있지만 적용 건폐율은 시·군마다 별도로 「도시·군계획조례」로 정하고 있으므로 개발이나 건축을 할 경우에는 시·군의 「도시·군계획조례」에서 정한 건폐율을 참조하여 적용해야 한다.

건폐율이 높을수록 토지의 이용이 효율적이기 때문에 건폐율은 일반적으로 높을수록 좋다고 할 수 있다. 시가화용도(주거지역, 상업지역, 공업지역)가 아닌 유보용도 또는 보전용도로 분류된 녹지지역·관리지역·농림지역·자연환경보전지역 토지에서는 계획관리지역을 제외하고는 개발이나 건축을 허가하더라도 건폐율을 최소한도인 20% 이하로 적용하고 있다.

건축물의 용적률

대지면적에 대한 연면적(대지에 건축물이 둘 이상 있는 경우에는 이들 연면적의
합계로 한다)의 비율을 말한다. 용적률을 산정할 때에는 ①지하층의 면적
②지상층의 주차용(해당 건축물의 부속용도인 경우만 해당한다)으로 쓰는 면적
③주민공동시설의면적 ④초고층 건축물의 피난안전구역의 면적은 제외
한다.

건폐율과 마찬가지로 최대한도는 「국토계획법」에서 정하고 있지만 적용
용적률은 시·군마다 별도로 「도시·군계획조례」로 정하고 있으므로 개
발이나 건축을 할 경우에는 시·군의 「도시·군계획조례」에서 정한 용
적률을 참조하여 적용하여야 한다.

용적률도 높을수록 토지의 이용이 효율적이기 때문에 용적률이 높으면 높을수록 비례해서 토지의 가치는 올라간다. 유보 및 보전 용도로 분류된 녹지지역·관리지역·농림지역·자연환경보전지역 토지에서는 개발이나 건축을 허가하더라도 최소한도에 그치게 하기 위해서 용적률 50%~100% 이하를 적용하고 있다.

TIP   용적률 계산하기

대지 100㎡ 위에 건축면적 50㎡짜리 1층 단독주택의 경우 용적률은 50%이다. 동일한 대지 위에 건축면적 50㎡짜리 2층 건물이 있으면 용적률은 100%가 된다. 계산과정을 보면 (1층 50㎡+2층 50㎡)/100㎡×100=100%가 된다. 그렇다면 동일한 대지 위에 50㎡짜리 3층 건물의 경우 용적률은 150%가 된다. 단, 이때 지하층의 면적은 제외한다.

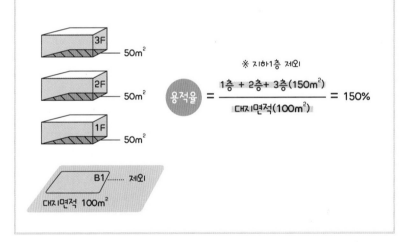

건폐율과 용적률 확인하기

'개별공시지가확인서'처럼 내 땅의 건폐율과 용적률이 몇 %인지 한 번에 확인해주는 문서는 없고, 간접적으로 두 단계를 거쳐서 확인할 수 있다.

- 건폐율과 용적률은 그 땅의 용도지역이 무엇이냐에 따라 결정된다.
- 토지의 용도지역은 '토지이용계획확인서'에 표시되어 있다.
- 용도지역별 건폐율 및 용적률은 해당 시·군의 「도시·군계획조례」에 정해져 있다.

정리해보면, 먼저 검토대상 토지의 '토지이용계획확인서'를 발급 또는 열람 받아서 그 토지의 용도지역이 무엇인지를 확인한다. 그리고 그 용도지역에서 허용되는 건폐율과 용적률을 해당 시·군의 「도시·군계획조례」를 통해 확인하는 절차를 거쳐야 한다.

건폐율과 용적률은 절대적인가?

우선은 절대적이라고 생각해야 한다. 용도지역이 무엇이냐에 따라 건폐율과 용적률이 결정되는데 용도지역은 도시·군계획의 큰 틀의 변경이 없는 한 고정적인 것이며, 사인의 힘으로는 변경이 불가능하다. 따라서 용도지역을 변경해 건폐율과 용적률을 변경할 수는 없다.

■ 용도별 건축물의 종류

건축물의 용도란 건축물의 종류를 유사한 구조, 이용 목적 및 형태별로 분류한 것을 말하며, 용도별 건축물의 종류는 「건축법」에서 29가지로 구분하고 있다. 국토계획법에서는 용도지역을 기준으로 해당 토지에서 '건축할 수 있는(또는 없는) 건축물의 종류'를 규정하고 있다. 따라서, 토지투자분석 관점에서는 용도별 건축물의 종류를 정확히 이해해야 분석 대상 토지에 '건축할 수 있는(또는 없는) 건축물'을 정확히 판단할 수 있다. 29번의 야영장 시설이 건축물 종류 중의 하나로 추가된 것이 흥미롭다.

1. 단독주택	2. 공동주택
3. 제1종 근린생활시설	4. 제2종 근린생활시설
5. 문화 및 집회시설	6. 종교시설
7. 판매시설	8. 운수시설
9. 의료시설	10. 교육연구시설
11. 노유자시설	11. 수련시설
13. 운동시설	14. 업무시설
15. 숙박시설	16. 위락시설
17. 공장	18. 창고시설
19. 위험물 저장 및 처리시설	20. 자동차 관련시설
21. 동물 및 식물 관련시설	22. 분뇨 및 쓰레기 처리시설
23. 교정 및 군사시설	24. 방송통신시설
25. 발전시설	26. 묘지 관련시설
27. 관광 휴게시설	28. 장례식장
29. 야영장 시설	

용도별 건축물의 종류 29가지

1. 단독주택

[단독주택의 형태를 갖춘 가정어린이집·공동생활가정·지역아동센터 및 노인복지시설(노인복지주택은 제외한다)을 포함한다.]

가. 단독주택

나. 다중주택: 다음의 요건을 모두 갖춘 주택을 말한다.

- 학생 또는 직장인 등 여러 사람이 장기간 거주할 수 있는 구조로 되어 있는 것
- 독립된 주거의 형태를 갖추지 아니한 것(각 실별로 욕실은 설치할 수 있으나, 취사시설은 설치하지 아니한 것을 말한다.)
- 1개 동의 주택으로 쓰이는 바닥면적의 합계가 330제곱미터 이하 이고 주택으로 쓰는 층수(지하층은 제외한다)가 3개 층 이하일 것

다. 다가구주택: 다음의 요건을 모두 갖춘 주택으로서 공동주택에 해당 하지 아니하는 것을 말한다.

- 주택으로 쓰는 층수(지하층은 제외한다)가 3개 층 이하일 것. 다만, 1층의 전부 또는 일부를 필로티 구조로 하여 주차장으로 사용하 고 나머지 부분을 주택 외의 용도로 쓰는 경우에는 해당 층을 주 택의 층수에서 제외한다.
- 1개 동의 주택으로 쓰이는 바닥면적(부설 주차장 면적은 제외한다. 이 하 같다)의 합계가 660제곱미터 이하일 것
- 19세대(대지 내 동별 세대수를 합한 세대를 말한다) 이하가 거주할 수 있 을 것

라. 공관(公館)

2. 공동주택

[공동주택의 형태를 갖춘 가정어린이집·공동생활가정·지역아동센터·노인복지시설(노인복지주택은 제외한다) 및 「주택법 시행령」 제10조제1항제1호에 따른 원룸형 주택을 포함한다.] 다만, 가목이나 나목에서 층수를 산정할 때 1층 전부를 필로티 구조로 하여 주차장으로 사용하는 경우에는 필로티 부분을 층수에서 제외하고, 다목에서 층수를 산정할 때 1층의 전부 또는 일부를 필로티 구조로 하여 주차장으로 사용하고 나머지 부분을 주택 외의 용도로 쓰는 경우에는 해당 층을 주택의 층수에서 제외하며, 가목부터 라목까지의 규정에서 층수를 산정할 때 지하층을 주택의 층수에서 제외한다.

가. 아파트: 주택으로 쓰는 층수가 5개 층 이상인 주택

나. 연립주택: 주택으로 쓰는 1개 동의 바닥면적(2개 이상의 동을 지하주차장으로 연결하는 경우에는 각각의 동으로 본다) 합계가 660제곱미터를 초과하고, 층수가 4개 층 이하인 주택

다. 다세대주택: 주택으로 쓰는 1개 동의 바닥면적 합계가 660제곱미터 이하이고, 층수가 4개 층 이하인 주택(2개 이상의 동을 지하주차장으로 연결하는 경우에는 각각의 동으로 본다)

라. 기숙사: 학교 또는 공장 등의 학생 또는 종업원 등을 위하여 쓰는 것으로서 1개 동의 공동취사시설 이용 세대 수가 전체의 50퍼센트 이상인 것(「교육기본법」 제27조제2항에 따른 학생복지주택을 포함한다)

3. 제1종 근린생활시설

가. 식품·잡화·의류·완구·서적·건축자재·의약품·의료기기 등 일용품을 판매하는 소매점으로서 같은 건축물(하나의 대지에 두 동 이상

의 건축물이 있는 경우에는 이를 같은 건축물로 본다. 이하 같다)에 해당 용도로 쓰는 바닥면적의 합계가 1천 제곱미터 미만인 것

나. 휴게음식점, 제과점 등 음료 · 차(茶) · 음식 · 빵 · 떡 · 과자 등을 조리하거나 제조하여 판매하는 시설(제4호너목 또는 제17호에 해당하는 것은 제외한다)로서 같은 건축물에 해당 용도로 쓰는 바닥면적의 합계가 300제곱미터 미만인 것

다. 이용원, 미용원, 목욕장, 세탁소 등 사람의 위생관리나 의류 등을 세탁 · 수선하는 시설(세탁소의 경우 공장에 부설되는 것과 「대기환경보전법」, 「수질 및 수생태계 보전에 관한 법률」 또는 「소음 · 진동관리법」에 따른 배출시설의 설치 허가 또는 신고의 대상인 것은 제외한다)

라. 의원, 치과의원, 한의원, 침술원, 접골원(接骨院), 조산원, 안마원, 산후조리원 등 주민의 진료 · 치료 등을 위한 시설

마. 탁구장, 체육도장으로서 같은 건축물에 해당 용도로 쓰는 바닥면적의 합계가 500제곱미터 미만인 것

바. 지역자치센터, 파출소, 지구대, 소방서, 우체국, 방송국, 보건소, 공공도서관, 건강보험공단 사무소 등 주민의 편의를 위하여 공공업무를 수행하는 시설로서 같은 건축물에 해당 용도로 쓰는 바닥면적의 합계가 1천 제곱미터 미만인 것

사. 마을회관, 마을공동작업소, 마을공동구판장, 공중화장실, 대피소, 지역아동센터(단독주택과 공동주택에 해당하는 것은 제외한다) 등 주민이 공동으로 이용하는 시설

아. 변전소, 도시가스배관시설, 통신용 시설(해당 용도로 쓰는 바닥면적의 합계가 1천제곱미터 미만인 것에 한정한다), 정수장, 양수장 등 주민의 생활에 필요한 에너지공급 · 통신서비스제공이나 급수 · 배수와 관련된

시설

자. 금융업소, 사무소, 부동산중개사무소, 결혼상담소 등 소개업소, 출판사 등 일반업무시설로서 같은 건축물에 해당 용도로 쓰는 바닥면적의 합계가 30제곱미터 미만인 것

4. 제2종 근린생활시설

가. 공연장(극장, 영화관, 연예장, 음악당, 서커스장, 비디오물감상실, 비디오물소극장, 그 밖에 이와 비슷한 것을 말한다. 이하 같다)으로서 같은 건축물에 해당 용도로 쓰는 바닥면적의 합계가 500제곱미터 미만인 것

나. 종교집회장[교회, 성당, 사찰, 기도원, 수도원, 수녀원, 제실(祭室), 사당, 그 밖에 이와 비슷한 것을 말한다. 이하 같다]으로서 같은 건축물에 해당 용도로 쓰는 바닥면적의 합계가 500제곱미터 미만인 것

다. 자동차영업소로서 같은 건축물에 해당 용도로 쓰는 바닥면적의 합계가 1천제곱미터 미만인 것

라. 서점(제1종 근린생활시설에 해당하지 않는 것)

마. 총포판매소

바. 사진관, 표구점

사. 청소년게임제공업소, 복합유통게임제공업소, 인터넷컴퓨터게임시설제공업소, 그 밖에 이와 비슷한 게임 관련 시설로서 같은 건축물에 해당 용도로 쓰는 바닥면적의 합계가 500제곱미터 미만인 것

아. 휴게음식점, 제과점 등 음료·차(茶)·음식·빵·떡·과자 등을 조리하거나 제조하여 판매하는 시설(너목 또는 제17호에 해당하는 것은 제외한다)로서 같은 건축물에 해당 용도로 쓰는 바닥면적의 합계가 300제곱미터 이상인 것

자. 일반음식점

차. 장의사, 동물병원, 동물미용실, 그 밖에 이와 유사한 것

카. 학원(자동차학원·무도학원 및 정보통신기술을 활용하여 원격으로 교습하는 것은 제외한다), 교습소(자동차교습·무도교습 및 정보통신기술을 활용하여 원격으로 교습하는 것은 제외한다), 직업훈련소(운전·정비 관련 직업훈련소는 제외한다)로서 같은 건축물에 해당 용도로 쓰는 바닥면적의 합계가 500제곱미터 미만인 것

타. 독서실, 기원

파. 테니스장, 체력단련장, 에어로빅장, 볼링장, 당구장, 실내낚시터, 골프연습장, 놀이형시설(「관광진흥법」에 따른 기타유원시설업의 시설을 말한다. 이하 같다) 등 주민의 체육 활동을 위한 시설(제3호마목의 시설은 제외한다)로서 같은 건축물에 해당 용도로 쓰는 바닥면적의 합계가 500제곱미터 미만인 것

하. 금융업소, 사무소, 부동산중개사무소, 결혼상담소 등 소개업소, 출판사 등 일반업무시설로서 같은 건축물에 해당 용도로 쓰는 바닥면적의 합계가 500제곱미터 미만인 것(제1종 근린생활시설에 해당하는 것은 제외한다)

거. 다중생활시설(「다중이용업소의 안전관리에 관한 특별법」에 따른 다중이용업 중 고시원업의 시설로서 국토교통부장관이 고시하는 기준에 적합한 것을 말한다. 이하 같다)로서 같은 건축물에 해당 용도로 쓰는 바닥면적의 합계가 500제곱미터 미만인 것

너. 제조업소, 수리점 등 물품의 제조·가공·수리 등을 위한 시설로서 같은 건축물에 해당 용도로 쓰는 바닥면적의 합계가 500제곱미터 미만이고, 다음 요건 중 어느 하나에 해당하는 것

- 「대기환경보전법」, 「수질 및 수생태계 보전에 관한 법률」 또는 「소음 · 진동관리법」에 따른 배출시설의 설치 허가 또는 신고의 대상이 아닌 것
- 「대기환경보전법」, 「수질 및 수생태계 보전에 관한 법률」 또는 「소음 · 진동관리법」에 따른 배출시설의 설치 허가 또는 신고의 대상 시설이나 귀금속 · 장신구 및 관련 제품 제조시설로서 발생되는 폐수를 전량 위탁처리하는 것

더. 단란주점으로서 같은 건축물에 해당 용도로 쓰는 바닥면적의 합계가 150제곱미터 미만인 것

러. 안마시술소, 노래연습장

5. 문화 및 집회시설

가. 공연장으로서 제2종 근린생활시설에 해당하지 아니하는 것

나. 집회장[예식장, 공회당, 회의장, 마권(馬券) 장외 발매소, 마권 전화투표소, 그 밖에 이와 비슷한 것을 말한다]으로서 제2종 근린생활시설에 해당하지 아니하는 것

다. 관람장(경마장, 경륜장, 경정장, 자동차 경기장, 그 밖에 이와 비슷한 것과 체육관 및 운동장으로서 관람석의 바닥면적의 합계가 1천 제곱미터 이상인 것을 말한다)

라. 전시장(박물관, 미술관, 과학관, 문화관, 체험관, 기념관, 산업전시장, 박람회장, 그 밖에 이와 비슷한 것을 말한다)

마. 동 · 식물원(동물원, 식물원, 수족관, 그 밖에 이와 비슷한 것을 말한다)

6. 종교시설

가. 종교집회장으로서 제2종 근린생활시설에 해당하지 아니하는 것

나. 종교집회장(제2종 근린생활시설에 해당하지 아니하는 것을 말한다)에 설치하는 봉안당(奉安堂)

7. 판매시설

가. 도매시장(「농수산물유통 및 가격안정에 관한 법률」에 따른 농수산물도매시장, 농수산물공판장, 그 밖에 이와 비슷한 것을 말하며, 그 안에 있는 근린생활시설을 포함한다)

나. 소매시장(「유통산업발전법」 제2조제3호에 따른 대규모 점포, 그 밖에 이와 비슷한 것을 말하며, 그 안에 있는 근린생활시설을 포함한다)

다. 상점(그 안에 있는 근린생활시설을 포함한다)으로서 다음의 요건 중 어느 하나에 해당하는 것

- 제3호가목에 해당하는 용도(서점은 제외한다)로서 제1종 근린생활시설에 해당하지 아니하는 것
- 「게임산업진흥에 관한 법률」 제2조제6호의2가목에 따른 청소년게임제공업의 시설, 같은 호 나목에 따른 일반게임제공업의 시설, 같은 조 제7호에 따른 인터넷컴퓨터게임시설제공업의 시설 및 같은 조 제8호에 따른 복합유통게임제공업의 시설로서 제2종 근린생활시설에 해당하지 아니하는 것

8. 운수시설

가. 여객자동차터미널
나. 철도시설
다. 공항시설
라. 항만시설

마. 그 밖에 가목부터 라목까지의 규정에 따른 시설과 비슷한 시설

9. 의료시설

가. 병원(종합병원, 병원, 치과병원, 한방병원, 정신병원 및 요양병원을 말한다)

나. 격리병원(전염병원, 마약진료소, 그 밖에 이와 비슷한 것을 말한다)

10. 교육연구시설(제2종 근린생활시설에 해당하는 것은 제외한다)

가. 학교(유치원, 초등학교, 중학교, 고등학교, 전문대학, 대학, 대학교, 그 밖에 이에
   준하는 각종 학교를 말한다)

나. 교육원(연수원, 그 밖에 이와 비슷한 것을 포함한다)

다. 직업훈련소(운전 및 정비 관련 직업훈련소는 제외한다)

라. 학원(자동차학원 · 무도학원 및 정보통신기술을 활용하여 원격으로 교습하는 것
   은 제외한다)

마. 연구소(연구소에 준하는 시험소와 계측계량소를 포함한다)

바. 도서관

11. 노유자시설

가. 아동 관련 시설(어린이집, 아동복지시설, 그 밖에 이와 비슷한 것으로서 단독
   주택, 공동주택 및 제1종 근린생활시설에 해당하지 아니하는 것을 말한다)

나. 노인복지시설(단독주택과 공동주택에 해당하지 아니하는 것을 말한다)

다. 그 밖에 다른 용도로 분류되지 아니한 사회복지시설 및 근로복지시설

12. 수련시설

가. 생활권 수련시설(「청소년활동진흥법」에 따른 청소년수련관, 청소년문화의집,

청소년특화시설, 그 밖에 이와 비슷한 것을 말한다)

나. 자연권 수련시설(「청소년활동진흥법」에 따른 청소년수련원, 청소년야영장, 그
밖에 이와 비슷한 것을 말한다)

다. 「청소년활동진흥법」에 따른 유스호스텔

라. 「관광진흥법」에 따른 야영장 시설로서 제29호에 해당하지 아니하는
시설

13. 운동시설

가. 탁구장, 체육도장, 테니스장, 체력단련장, 에어로빅장, 볼링장, 당
구장, 실내낚시터, 골프연습장, 놀이형시설, 그 밖에 이와 비슷한
것으로서 제1종 근린생활시설 및 제2종 근린생활시설에 해당하지
아니하는 것

나. 체육관으로서 관람석이 없거나 관람석의 바닥면적이 1천제곱미터
미만인 것

다. 운동장(육상장, 구기장, 볼링장, 수영장, 스케이트장, 롤러스케이트장, 승마장,
사격장, 궁도장, 골프장 등과 이에 딸린 건축물을 말한다)으로서 관람석이 없
거나 관람석의 바닥면적이 1천 제곱미터 미만인 것

14. 업무시설

가. 공공업무시설: 국가 또는 지방자치단체의 청사와 외국공관의 건축
물로서 제1종 근린생활시설에 해당하지 아니하는 것

나. 일반업무시설: 다음 요건을 갖춘 업무시설을 말한다.

   • 금융업소, 사무소, 결혼상담소 등 소개업소, 출판사, 신문사, 그
   밖에 이와 비슷한 것으로서 제1종 근린생활시설 및 제2종 근린생

활시설에 해당하지 않는 것

- 오피스텔(업무를 주로 하며, 분양하거나 임대하는 구획 중 일부 구획에서 숙식을 할 수 있도록 한 건축물로서 국토교통부장관이 고시하는 기준에 적합한 것을 말한다)

15. 숙박시설

가. 일반숙박시설 및 생활숙박시설

나. 관광숙박시설(관광호텔, 수상관광호텔, 한국전통호텔, 가족호텔, 호스텔, 소형호텔, 의료관광호텔 및 휴양 콘도미니엄)

다. 다중생활시설(제2종 근린생활시설에 해당하지 아니하는 것을 말한다)

라. 그 밖에 가목부터 다목까지의 시설과 비슷한 것

16. 위락시설

가. 단란주점으로서 제2종 근린생활시설에 해당하지 아니하는 것

나. 유흥주점이나 그 밖에 이와 비슷한 것

다. 「관광진흥법」에 따른 유원시설업의 시설, 그 밖에 이와 비슷한 시설 (제2종 근린생활시설과 운동시설에 해당하는 것은 제외한다)

라. 삭제 〈2010.2.18〉

마. 무도장, 무도학원

바. 카지노영업소

17. 공장

물품의 제조 · 가공[염색 · 도장(塗裝) · 표백 · 재봉 · 건조 · 인쇄 등을 포함한다] 또는 수리에 계속적으로 이용되는 건축물로서 제1종 근린생활시설,

제2종 근린생활시설, 위험물저장 및 처리시설, 자동차 관련 시설, 자원
순환 관련 시설 등으로 따로 분류되지 아니한 것

18. 창고시설(위험물 저장 및 처리 시설 또는 그 부속용도에 해당하는 것은 제외한다)

가. 창고(물품저장시설로서 「물류정책기본법」에 따른 일반창고와 냉장 및 냉동 창고
   를 포함한다)

나. 하역장

다. 「물류시설의 개발 및 운영에 관한 법률」에 따른 물류터미널

라. 집배송 시설

19. 위험물 저장 및 처리 시설

「위험물안전관리법」, 「석유 및 석유대체연료 사업법」, 「도시가스사업법」,
「고압가스 안전관리법」, 「액화석유가스의 안전관리 및 사업법」, 「총포·
도검·화약류 등 단속법」, 「화학물질 관리법」 등에 따라 설치 또는 영업
의 허가를 받아야 하는 건축물로서 다음 각 목의 어느 하나에 해당하는
것. 다만, 자가난방, 자가발전, 그 밖에 이와 비슷한 목적으로 쓰는 저
장시설은 제외한다.

가. 주유소(기계식 세차설비를 포함한다) 및 석유 판매소

나. 액화석유가스 충전소·판매소·저장소(기계식 세차설비를 포함한다)

다. 위험물 제조소·저장소·취급소

라. 액화가스 취급소·판매소

마. 유독물 보관·저장·판매시설

바. 고압가스 충전소·판매소·저장소

사. 도료류 판매소

아. 도시가스 제조시설

자. 화약류 저장소

차. 그 밖에 가목부터 자목까지의 시설과 비슷한 것

20. 자동차 관련시설(건설기계 관련 시설을 포함한다)

가. 주차장

나. 세차장

다. 폐차장

라. 검사장

마. 매매장

바. 정비공장

사. 운전학원 및 정비학원(운전 및 정비 관련 직업훈련시설을 포함한다)

아. 「여객자동차 운수사업법」, 「화물자동차 운수사업법」 및 「건설기계관리법」에 따른 차고 및 주기장(駐機場)

21. 동물 및 식물 관련시설

가. 축사(양잠·양봉·양어·양돈·양계·곤충사육 시설 및 부화장 등을 포함한다)

나. 가축시설[가축용 운동시설, 인공수정센터, 관리사(管理舍), 가축용 창고, 가축시장, 동물검역소, 실험동물 사육시설, 그 밖에 이와 비슷한 것을 말한다]

다. 도축장

라. 도계장

마. 작물 재배사

바. 종묘배양시설

사. 화초 및 분재 등의 온실

아. 동물 또는 식물과 관련된 가목부터 사목까지의 시설과 비슷한 것
  (동·식물원은 제외한다)

22. 자원순환 관련 시설
가. 하수 등 처리시설
나. 고물상
다. 폐기물재활용시설
라. 폐기물 처분시설
마. 폐기물감량화시설

23. 교정 및 군사 시설(제1종 근린생활시설에 해당하는 것은 제외한다)
가. 교정시설(보호감호소, 구치소 및 교도소를 말한다)
나. 갱생보호시설, 그 밖에 범죄자의 갱생·보육·교육·보건 등의 용
  도로 쓰는 시설
다. 소년원 및 소년분류심사원
라. 국방·군사시설

24. 방송통신시설(제1종 근린생활시설에 해당하는 것은 제외한다)
가. 방송국(방송프로그램 제작시설 및 송신·수신·중계시설을 포함한다)
나. 전신전화국
다. 촬영소
라. 통신용 시설
마. 데이터센터
바. 그 밖에 가목부터 마목까지의 시설과 비슷한 것

25. 발전시설

발전소(집단에너지 공급시설을 포함한다)로 사용되는 건축물로서 제1종 근린 생활시설에 해당하지 아니하는 것

26. 묘지 관련시설

가. 화장시설

나. 봉안당(종교시설에 해당하는 것은 제외한다)

다. 묘지와 자연장지에 부수되는 건축물

라. 동물화장시설, 동물건조장(乾燥葬)시설 및 동물 전용의 납골시설

27. 관광 휴게시설

가. 야외음악당

나. 야외극장

다. 어린이회관

라. 관망탑

마. 휴게소

바. 공원·유원지 또는 관광지에 부수되는 시설

28. 장례시설

가. 장례식장[의료시설의 부수시설(「의료법」 제36조제1호에 따른 의료기관의 종 류에 따른 시설을 말한다)에 해당하는 것은 제외한다]

나. 동물 전용의 장례식장

29. 야영장 시설

「관광진흥법」에 따른 야영장 시설로서 관리동, 화장실, 샤워실, 대피소, 취사시설 등의 용도로 쓰는 바닥면적의 합계가 300제곱미터 미만인 것

'용도별 건축물의 종류'의 해석

1~29까지의 숫자는 '호'로 읽고, 가, 나, 다, 라는 '목'으로 읽는다. 읽는 방법을 배워두는 이유는 「도시·군계획조례」에서 그렇게 '호'와 '목'으로 규정하고 있기 때문에, 미리 익혀두면 「도시·군계획조례」를 해석할 때 유리하다.

휴게음식점과 일반음식점

「식품위생법」에 의하여 음주행위의 허용 여부에 의하여 구분된다.

휴게음식점 영업

주로 다류, 아이스크림류 등을 조리·판매하거나 패스트푸드점, 분식점 형태의 영업 등 음식류를 조리·판매하는 영업으로서 음주행위가 허용되지 아니하는 영업.

일반음식점 영업

음식류를 조리·판매하는 영업으로서 식사와 함께 부수적으로 음주행위가 허용되는 영업.

공장과 제2종 근린생활시설 제조업소

용도별 건축물의 종류 중 제17호의 공장과 제4호의 너목 제조업소의 구분은 토지를 개발하거나 중개할 때 반드시 필요한 개념이다. 「건축법」에서는 같은 건축물에 해당 용도로 쓰는 바닥면적 500㎡를 기준으로 공장과 제조업소를 구분한다. 그 외에도 토지의 개발과 관련하여 개별법령에서 정의하고 있는 공장의 개념은 다음과 같다.

「건축법」

제조업소는 제2종 근린생활시설 중의 하나로서 건축물에 해당 용도로 쓰는 바닥면적의 합계가 500㎡ 미만인 건축물이며, 그 이상은 공장에 해당한다. 즉, 건축물 면적 기준 소규모 공장을 제조업소라 한다. 현장에서는 구)용어인 '제조장'이라 부른다.

「산업집적 활성화 및 공장 설립에 관한 법률」

공장 설립 및 등록 절차를 규정하고 있는 「산업집적 활성화 및 공장 설립에 관한 법률」에서는 제조업을 하기 위한 사업장을 공장이라 하고 있다. 공장건축면적이 500㎡ 이상이면 공장설립 승인을 받아야 하고, 500㎡ 미만도 공장등록을 신청 할 수 있다.

「국토계획법」

「국토계획법」을 적용하여 토지를 개발할 때, 공장은 도시계획위원회의 심의 대상 건축물에 해당되고, 제2종 근린생활시설 제조업소는 도시계획위원회 심의 제외 대상 건축물이다.

사업자가 500㎡ 미만의 건축물로 사업이 가능하다면 제조업소로 개발행위허가를 받아 부지를 개발할 수 있고, 그 이상의 건축물이 필요하다면 공장(공장설립승인)으로 허가를 받아 부지를 개발할 수 있다.

건축법상 용도별 건축물

 다음의 건축물을 「건축법」상 용도별 건축물의 종류 29가지에서 찾아 읽어보시오.

1. 단독주택
2. 소매점
3. 일반음식점
4. 제조업소
5. 유치원
6. 어린이집

7. 인도어 골프연습장
8. 승마장
9. 공장
10. 일반창고
11. 고물상
12. 야영장

 1. 단독주택: 제1호 단독주택의 가목   2. 소매점: 제3호 제1종 근린생활시설의 가목   3. 일반음식점: 제4호 제2종 근린생활시설의 자목   4. 제조업소: 제4호 제2종 근린생활시설의 너목   5. 유치원: 제10호 교육연구시설의 가목   6. 어린이집: 제11호 노유자시설의 가목   7. 인도어 골프연습장: 제13호 운동시설의 가목   8. 승마장: 제13호 운동시설의 다목   9. 공장: 제17호 공장   10. 일반창고: 제18호 창고시설의 가목   11. 고물상: 제22호 자원순환관련시설의 나목   12. 야영장: 제29호 야영장

문서의 열람·발급 및 해석

■ 반 박자 빠른 '온라인 문서 발급'

토지의 투자분석은 문서의 분석부터 시작해서 현장 확인, 시·군 방문 확인 순으로 이어진다. 따라서 토지뿐만 아니라 어느 종류의 부동산이든 문서의 발급이 투자분석의 출발점이 된다. 토지와 관련된 문서는 크게 ① 등기부등본 ② 대장 ③ 도면 ④ 토지이용계획확인서 4가지가 있다. 이 4가지의 문서는 모두 등기소나 시·군을 직접 방문하지 않고 인터넷에서 발급이 가능하며, 온라인 발급은 시간과 비용 측면에서 매우 효율적이다. 부동산에 문외한이거나 인터넷에 익숙하지 않은 세대를 위하여 온라인에서 문서를 발급할 수 있는 사이트를 소개하고자 한다.

대법원 인터넷등기소(www.iros.go.kr)

등기소에 가지 않고 온라인에서 등기부등본을 열람 또는 발급 받을 수 있다. 물건분석을 할 때는 비용이 싼 열람용 등본을 이용하면 되고, 제출용에는 날인된 발급용 등본을 사용하면 된다. 다음과 같이 구분하여 정보를 제공하고 있다.

> **TIP** 부동산의 구분
> * 토지: 일반적인 토지의 경우
> * 건물: 건물 전체가 하나의 등기사항증명서로 등기된 경우
> * 집합건물: 아파트처럼 각 호별로 각각 등기된 경우
>
> **등기기록상태 구분**
> * 현행: 유효한 등기사항을 포함하고 있는 현재 유효한 등기사항증명서
> * 폐쇄: 등기사항증명서 전산화 이후 폐쇄되어 현재 유효하지 않는 등기사항증명서
> * 현행+폐쇄: 현재 유효한 등기사항증명서와 폐쇄된 등기사항증명서를 모두 검색함

정부24(www.gov.kr)

정부24에서는 등기부등본을 제외한 대장과 도면, 토지이용계획확인서 3가지를 발급받을 수 있다.

토지이용규제정보서비스(http://luris.molit.go.kr)

이 사이트는 토지의 분석을 위해서 토지이용계획확인서를 편리하게 열람해볼 수 있다. 법적구속력이 없는 열람용이기 때문에 투자의사결정의 경우에는 반드시 정부24 등에서 발급용 토지이용계획확인서를 발급 받아 최종확인을 하여야 한다. 함께 제공되는 자주 묻는 질문이나 용어사전도 도움이 된다. 모바일용 앱도 다운받아 사용하면 유용하다.

씨:리얼(https://seereal.lh.or.kr)

한국토지주택공사에서 운영하는 부동산정보 포털서비스로 온나라부동산정보 통합포털이 씨:리얼로 재탄생되었다. 부동산종합정보란에 주소를 검색하면 토지정보, 소유권변동 및 공시지가, 개별주택가격, 토지이용계획, 토지이용계획도 등을 한 번에 조회해 볼 수 있다. 역시, 모바일용 앱도 다운받아 사용하면 유용하다.

일사편리(https://kras.go.kr): 부동산종합증명서

부동산종합공부란 토지의 표시와 소유자에 관한 사항, 건축물의 표시와 소유자에 관한 사항, 토지의 이용 및 규제에 관한 사항, 부동산의 가격에 관한 사항 등 부동산에 관한 종합정보를 정보관리체계를 통하여 기록·저장한 것을 말한다. 부동산종합증명서는 지적공부, 건축물대장, 토지이용계획확인서, 개별공시지가확인서, 개별(공동)주택가격확인서 등 부동산공적장부 정보를 전자적으로 통합·발췌하여 작성된 것으로 개별 부동산공적장부의 항목 중 일부는 출력되지 않을 수 있다.

TIP 부동산종합증명서의 등록사항

1. 토지의 표시와 소유자에 관한 사항: 「공간정보관리법」에 따른 지적공부의 내용
2. 건축물의 표시와 소유자에 관한 사항(토지에 건축물이 있는 경우만 해당한다): 「건축법」 제38조에 따른 건축물대장의 내용
3. 토지의 이용 및 규제에 관한 사항: 「토지이용규제기본법」 제10조에 따른 토지이용계획확인서의 내용
4. 부동산의 가격에 관한 사항: 「부동산가격공시에관한법률」 제10조에 따른 개별공시지가, 같은 법 제16조, 제17조 및 제18조에 따른 개별주택가격 및 공동주택가격 공시내용
5. 「부동산등기법」 제48조에 따른 부동산의 권리에 관한 사항

지적제도와 등기제도

토지와 관련된 문서 ① 등기부등본 ② 대장 ③ 도면 ④ 토지이용계획확인서 4가지 중에서 대장과 도면을 지적공부라 한다. 지적공부는 행정부에서 관리하며 면적·지목 등 토지의 물리적 현황을 공시해주고, 등기부등본은 사법부에서 관리하며 소유권·저당권 등 권리관계를 공시해 준다. 부동산과 관련된 사항을 등기부에 기록하는 것을 '등기'라고 하고, 지적공부에 기록하는 것을 '등록'이라고 한다.

지적공부와 등기부의 이원화

지적공부는 부동산의 물리적 현황을 중심으로 공시하는 제도이고, 등기부는 부동산의 권리관계를 중심으로 공시하는 제도이다. 우리나라의 경우 지적공부와 등기부의 이원화로 인해 상호간에 불일치 문제가 종종 발생되고 있다. 부동산의 지목이나 면적 등의 사실관계에 관한 변동사항은 대장을 중심으로 이루어지며, 변경된 대장에 기초하여 등기부의 변경이 이루어진다. 소유권의 변동이 있는 경우에는 등기부에 소유권의 변동된 내용을 등기하면, 변경된 등기부에 기초하여 대장의 소유자를 정리하게 된다. 따라서 대장에 표시된 면적·지목 등과 등기부에 표시된 면적·지목 등이 서로 일치하지 않는 경우에는 대장을 기준으로 등기부를 변경해야 하고, 대장에 표시된 등기명의인의 표시가 등기부와 일치하지 않는 경우에는 등기부를 기준으로 대장을 변경해야 한다.

■ 문서의 해석

권리관계를 나타내는 '등기부등본'

등기부등본은 소유권·저당권 등 권리관계를 나타내는 문서이며, 토지 경매에서 권리분석의 기초가 된다. 부동산의 투자나 매매는 소유권이전의 안정성 확보가 무엇보다도 중요하므로 등기부등본의 중요성은 아무리 강조해도 지나치지 않다. 그러나 투자를 위한 토지의 가치평가와 관련해서는 재건축·재개발·경매 등의 분야와는 달리 등기부동본이 높은 비중을 차지하지 않는다. 토지이용계획확인서와 대장 및 도면을 활용한 분석을 통해 투자 의사결정을 하고 마지막으로 명의이전을 하는 데 지장이 없나 확인할 때 최종적으로 보는 서류가 등기부등본인 것이다. 토지투자에서 등기부등본은 공장·창고·전답·임야·전원주택부지 등 토지 관련 경매물건을 컨설팅 할 때 그 중요성이 커지며, 그와 관련된 등기부등본 보는 법은 별도로 경매교육과정을 통해 자세하게 배울 수 있다.

진입로의 소유권 확인

토지의 개발을 전제로 한 투자에서 등기부등본이 차지하는 중요한 비중의 하나는 진입로로 사용하기 위한 도로나 토지의 소유권을 사전 검토 단계에서 확인하는 데 있다. 만약 진입로로 사용하기 위한 도로나 토지의 소유권(또는 관리권)이 국가나 지방자치단체 등에 있다면 사용승낙서(진출입로 점용허가)를 받기도 용이하며, 비용도 상대적으로 저렴하다. 그러나 소유자가 사인인 경우에는 사용승낙서의 승낙 여부도 불투명할 뿐 아니라, 비용 부담도 만만치 않은 경우가 발생할 수 있다. 토지투자에서 해당 토지가 도로에 접한 것도 중요하지만, 더 나아가 '누구의 토지에 접하느냐'도 '접하는 것 여부' 못지않게 중요한 것이다.

사실관계를 표시하는 토지대장·임야대장

대장의 종류

대장에는 토지대장과 임야대장이 있으며, 28개 지목 중에서 지번 앞에

'산'자가 있는 '산'지번 임야는 임야대장에 등록하고, '산'자가 없는 지번의 임야와 나머지 지목은 토지대장에 등록한다.

대장의 등록사항

대장은 조세의 부과징수와 행정 목적의 달성을 위해 부동산의 물리적인 현황과 소유자에 관한 사항을 행정부에서 직권으로 등록해 정리하도록 하고 있다. 토지대장 및 임야대장에는 ① 토지의 소재 ② 지번 ③ 지목 ④ 면적 ⑤ 소유자의 성명 또는 명칭, 주소 및 주민등록번호 ⑥개별공시지가와 그 기준일 등을 등록한다.

'실전' 대장에서 주는 정보

토지대장과 임야대장은 토지의 투자·개발과 관련하여 ① 면적 ② 지목 ③ 필지분할시점 ④ 지목변경시점 등에 대한 정보를 제공해준다.

> **TIP 면적**
> 면적은 등기부에도 표시가 되지만, 현장에서는 등기부와 대장의 면적이 상이한 경우가 종종 발생한다. 따라서 전문가들은 면적을 정확히 하기 위해 대장을 발급 받는다.

토지대장 해석하기

지목과 지목변경

당초에 임야에서 2007년 6월 11일 자로 공장용지로 변경이 되었다.

면적

2,799㎡를 표시하고 있다.

고유번호	4159025929-10087-0001			도면번호	
토지소재	경기도 화성시 향남읍＊＊리		**토지대장**	장번호	
지번	187-1	축적 1:1200		비고	

토지표시				소유권	
지목	면적(㎡)	사유		변동일자	
				변동원인	
(05) 임야	26223	(10)2005년 09월 14일 산 102에서 등록전환		2004년 01월 14일	수원시 권선구
				(03)소유권이전	김
(05) 임야	2799	(20)2005년 09월 14일 분할되어 본번에 -2 내지 -8 을 부함		2006년 03월 17일	안산시 상록구
				(03)소유권이전	설
(05) 임야	2799	(50)2007년 01월 29일 향남면에서 행정구역명칭변경			—— 이하 여백
(09) 공장용지	2799	(40)2007년 6월 11일 지목변경			

등급수정 년 월 일					
토지등급 (기준수확량등급)					
개별공시지가기준일	2006년 1월 1일	2007년 1월 1일	2007년 7월 1일	2008년 1월 1일	2009년 1월 1일
개별공시지가(원/㎡)	89600	112000	164000	178000	169000

등록전환

2005년 9월 14일 산 102번지에서 등록전환 되었다. 즉, 임야대장 · 임야도에 등록되어 관리하던 것을 토지대장 · 지적도에 등록되어 관리하게 되었다. 따라서 이후부터는 임야이지만 임야대장이 아닌 토지대장으로 발급을 하게 된다.

필지분할시점

2005년 9월 14일 필지분할이 되었다. 그에 따라 187-2에서 187-8까지의 지번이 부여되었다.

공시지가

지목변경이 이루어진 시점 이후인 2007년 7월 1일자 기준으로 약 46%의 공시지가 상승이 있었다.

사실관계를 표시하는 지적도 · 임야도

도면의 종류

도면은 지적도와 임야도가 있다. '산'지번 임야는 임야도에 등록하고 '산'자가 없는 지번 임야와 나머지 지목은 지적도에 등록한다.

가. 도면의 등록사항

　지적도 및 임야도에는 ① 토지의 소재 ② 지번 ③ 지목 ④ 경계 등을 등록한다.

나. 도면에서 주는 정보

지적도 및 임야도는 토지의 투자와 관련하여 ① 토지의 형상 ② 경계 ③ 주변필지현황 등에 대한 정보를 제공해준다. 지적도와 임야도가 분리되어 임야도는 '산'지번 토지만을 표시하고 지적도는 '산'지번 외의 토지만을 표시하기 때문에 소비자가 지적도와 임야도를 활용하여 투자가치판단을 위한 정보를 얻기에는 매우 불편하다. 따라서 실무에서는 지적도와 임야도를 합친 지적임야도가 더욱 유용하게 사용되고 있다.

지적도상 1㎝는 실제로는 12m

지적도는 보통 1/1200 축척을 사용하고 임야도는 1/6000 축척을 사용한다. 따라서 지적도상 1㎝는 실제로는 12m이며, 임야도상 1㎝는 실제로는 60m이다. 이러한 축척을 이용하여 도로의 폭이나 해당 필지의 폭, 그리고 도로에서 떨어진 거리 등을 추정해볼 수 있다.

TIP 지적도면에서 사용하는 축척

- 지적도: 1/500, 1/600, 1/1000, 1/1200, 1/2400, 1/3000, 1/6000
- 임야도: 1/3000, 1/6000

토지대장 및 지적도에 등록된 임야 '토임'

지번 앞에 붙은 '산'자의 의미

임야 중에는 지번 앞에 '산'자가 붙은 임야가 있고, '산'자가 없이 그냥 지번 뒤에 '임'이라는 지목만 붙은 임야가 있다. 이렇듯 번지 앞에 '산'자가 붙지 않은 임야를 '토임'이라고 한다. 즉, 토지대장에 등록된 임야를 말한다.

등록전환 된 임야

임야대장 및 임야도에 등록된 토지를 토지대장 및 지적도에 등록시키는 것을 등록전환이라고 한다. '토임'은 면적이 넓은 임야가 전원주택부지, 공장, 창고 등으로 허가를 받아 면적이 작은 필지로 분할되는 경우에 주로 발생한다.

실촌읍 곤지암리 산 77 임 → 실촌읍 곤지암리 500-1 임

등록전환 된 사례

사례 토지의 지목은 임야이지만 지번 앞에 '산'자가 없는 임야로 대장은 임야대장이 아닌 토지대장에 등록되어 관리되고 있다. 지목은 그대로 임야로서 변동이 없지만 2006년 6월 27일 등록전환 되었음이 표시되어 있다.

고유번호	4150034027-10506-0001				토지대장
토지소재	경기도 이천시 마장면 **리				
지번	506-1		축적	1:1200	
토지표시				소유권	
지목	면적(㎡)		사유	변동일자	
				변동원인	
(05)임야	6984		(10)2006년 06월 27일 산 61에서 등록전환	2006년 01월 27일	
				(03)소유권이전	
(05)임야	6325		(20)2006년 06월 27일 분할되어 본번에 -2를 부함	2008년 01월 04일	
				(03)소유권이전	
(05)임야	6137		(20)2007년 08월 08일 분할되어 본번에 -3를 부함		
			—— 이하 여백 ——		

'토임'의 투자가치

'토임'이라고 해서 다른 임야에 비해서 특별히 투자가치가 높다거나 개발이 용이한 것은 아니다. 개발가능 여부는 '산'지번 임야와 똑같이 산지관리법에 의한 산지전용허가 기준과 국토계획법(도시·군계획조례)에 의한 시·군의 개발행위허가기준을 적용받는 것이다. 더불어 '어떤 건축물을 지을 수 있을까' 여부는 용도지역을 기준으로 하여 허용되는 건폐율·용적률·건축할 수 있는 건축물·높이를 적용하여 개발할 수 있는 것이다. 결국 다른 임야와 똑같은 것이다.

토지공부의 시작과 끝 '토지이용계획확인서'

토지이용계획확인서는 도시·군관리계획의 내용을 확인해주는 것

시·군의 도시계획에는 도시·군기본계획과 도시·군관리계획이 있다. 도시·군기본계획이란, 도시의 기본적인 공간구조와 장기 발전방향을 제시하는 종합계획으로서 20년 정도의 기간을 바라보고 수립하고 있으며 5년마다 재정비를 하고 있다. 2020년을 기준으로 하면 계획을 수립하고 확정하는 데 몇 년이 소요되기 때문에 시·군별로 2030~2035년까지의 도시·군기본계획이 확정되어 있는 것이다. 도시·군관리계획이란, 도시·군기본계획을 기본으로 하여 토지의 용도지역, 용도지구, 용도구역, 도시·계획시설, 지구단위계획, 기반시설 부분에 대한 것을 지정하고 변경하는 계획을 말한다. 토지를 개발하고자 할 때는 도시·군관리계획에서 정한 용도에 적합하게 개발해야 하며, 도시·군관리계획으로 결정되어 고시된 것을 확인해주는 서류가 토지이용계획확인서이다. 그만큼 토지의 개발과 관련하여서는 토지이용계획확인서가 중요한 문서이다.

도시구역 내 토지는 도시계획사실확인서, 비도시계획구역 내 토지는 국토이용계획확인서로 이원화해 서류가 발급되었으나, 1992년 9월 1일자로 도시구역 내외 토지를 불문하고 토지이용계획확인서로 일원화해 발급하고 있다. 따라서 부동산에 종사한 지 오래된 사람들 중 일부는 아직도 도시계획확인원으로 부르기도 한다.

토지이용계획확인서의 발급

과거에는 「국토계획법」에 의하여 토지이용계획확인서가 발급되었으나 2005년 12월 법이 개정되면서 현재는 「토지이용규제기본법」에 의하여 토지이용계획확인서가 발급되고 있다.

토지이용계획확인서 활용하기(55페이지의 예시 참조)

가. 지목 · 면적 · 공시지가

　맨 위에 지목과 면적 · 공시지가가 표시되고 있다.

나. 「국토계획법」에 따른 지역 · 지구 등

　이 항목에는 「국토계획법」에 의한 용도지역을 필두로 해서 지역 · 지구 등이 표시된다. 다른 것은 다 표시되지 않아도 적어도 용도지역에 대한 정보 한 가지만은 반드시 표시된다.

　● 생산관리지역

　「국토계획법」상 용도지역은 생산관리지역에 해당된다. 따라서 생산관리지역에 의한 규제를 받는다.

다. 다른 법령 등에 따른 지역 · 지구 등

「국토계획법」외의 법령에 의하여 지정된 지역·지구 등이 표시된다. 군사시설보호구역, 「농지법」상 농업진흥지역, 「산지관리법」상 보전산지, 개발제한구역 등에 관한 사항이 표시된다.

- 제한보호구역

  해당 토지는 「군사기지 및 군사시설보호법」상의 저촉을 받는 군사시설보호구역에 해당하며, 구체적으로 제한보호구역에 해당한다고 표시하고 있다. 또한 '고도 8m 위임지역'임을 표시하고 있다.

- 농업진흥지역과 보전산지

  해당 토지는 「농지법」상 농업진흥지역이나 「산지관리법」상 보전산지에는 해당되지 않기 때문에 표시되지 않고 있다.

라. 「토지이용규제기본법 시행령」에 해당되는 사항

해당란에는 토지거래허가구역, 영농여건불리농지 등에 대한 사항을 표시해준다.

마. 확인도면

확인도면 란에는 지적도와 임야도를 합친 컬러판 지적임야도가 제공되고 있다. 다만, 사례에서는 임야는 표시되지 않고 있다. 컬러는 용도지역별로 서로 다르게 표시함으로써 컬러에 의한 용도지역의 구분을 쉽게 할 수 있도록 하고 있다. 축척은 지적도의 기본축척인 1/1200로 표시하고 있다. 축척은 조정이 가능하다. 해당 필지를 자세히 보고 싶다면 네모 칸의 숫자를 낮게 하면 된다. 반대로 네모 칸의 숫자를 높게 하면 해당 필지는 작게 표시되지만, 해당 필지를 둘러 싼 주변현황을 파악하는 데 유용하다.

〈토지이용계획확인서 예시〉

지목	답	면적	1,911㎡
개별공시지가	148,000원(2020/01)		

지역 지구 등 지정 여부	「국토의 계획 및 이용에 관한 법률」에 따른 지역 · 지구 등	생산관리지역
	다른 법령 등에 따른 지역 · 지구 등	제한보호구역(전방지역:25km)(고도 8m위임지역)(군사기지 및 군사시설 보호법), 소하천구역(소하천정비법), 소하천예정지(소하천정비법)
「토지이용규제 기본법 시행령」 제9조 제4항 각호에 해당되는 사항		

범례

■ 계획관리지역
■ 생산관리지역
□ 소로2류(폭8M~10M)
소하천구역
□ 소하천예정지

축척1/ 1200

■ 실전 4가지 문서 해석

토지와 관련된 4가지 문서에는 소재 · 지번 · 지목 · 소유자 · 소유자주소 · 면적 등 동일한 내용이 여러 서류에서 반복되고 있기 때문에 투자자는 문서마다 포인트를 찍어서 해석할 수 있는 실력을 갖추어야 한다.

전문가의 필수품 토지이용계획확인서와 토지(임야)대장

토지전문가는 토지이용계획확인서와 토지(임야)대장 2가지를 주로 참조한다. 토지이용계획확인서는 용도지역과 기타 해당 토지에 대한 규제를 확인하기 위해서이고, 토지(임야)대장은 면적을 확인하기 위해서다. 검토 후 투자에 적합하다는 평가가 내려졌을 때 비로소 소유권을 이전해오는 데 문제는 없나를 확인하기 위해서 등기부등본을 발급 받는다.

'면적'을 표시하는 토지대장 · 임야대장

대장은 면적과 지목, 그리고 필지분할 등에 대한 정보를 제공해준다. 면적은 등기부에도 표시가 되지만 등기부와 대장의 면적이 상이한 경우가 종종 있다. 면적의 기준은 대장이 우선하며 따라서 전문가들은 면적을 정확히 하기 위해 대장을 발급 받는다.

'형상과 경계'를 표시하는 지적도 · 임야도

토지의 형상과 경계 · 주변 도로여건 및 개발현황 등을 파악하기 위해 사용한다. 실전에서는 지적도와 임야도가 이원화되어 있기 때문에 임야와 다른 지목들이 혼재된 지역에서는 현황을 파악하는 데 효율성이 떨어지므로 토지이용규제서비스의 확인도면 컬러 지적임야도나 시중에서 판매되는 1/5000 지적임야도를 사용한다. 그러나, 지적에 관한 법적인 분쟁이 발생했을 경우 판단의 기준은 지적도와 임야도가 된다.

'용도지역'을 표시하는 토지이용계획확인서

토지이용계획확인서를 보고 해석하는 것이 부동산 공부의 시작이며 마지막이다. 토지이용계획확인서에서 가장 중요한 것이 용도지역이다. 용도지역을 보고 해당 토지에서의 건폐율·용적률·건축할 수 있는 건축물·높이를 판단하게 된다. 또한 해당 토지가 개발행위허가제한에 묶여 공장이나 창고 등으로 개발이 불가능한 상태에 있는지 여부도 토지이용계획확인서를 통해 확인할 수 있다.

■ 건축물대장

창고 건축물대장

토지를 배우는데 웬 건축물대장이냐고 물음표를 다는 사람이 있을 수 있겠지만, 토지투자의 영역을 조금 확대하면 주택이나 공장, 창고까지 포함하게 되며, 토지 위에 주택 등 건축물이 있는 토지를 분석하기 위해서는 건축물대장을 참조해야 하는 경우가 가끔 발생한다. 건축물대장은 토지투자분석과 관련하여 2가지 정보를 제공해준다. 하나는 용도지역 변경이력에 대한 정보이고, 또 하나는 건축물의 용도이다.

고유번호			일반건축물대장				
4161025636-1-05930000							
대지위치	경기도 광주시 곤지암읍 심리			지번		명칭 및 번호	
대지면적	3,223㎡	연면적	985㎡	지역	준농림	지구	
건축면적	991.96㎡	용적률산정용 연면적	985㎡	주구조	철골조	주용도	창고
건폐율	30.77%	용적률	30.56%	높이	8.2m	지붕	철골조

구분	층별	구조	용도	면적(㎡)	성명(명칭) 주민등록번호 (부동산등기용등록번호)	주소
주	1층	철골조/철골조	창고	760	(주)＊＊인터내셔날	서울시 강남구 신사동
부	1층	철근콘크리트/스라브	창고, 기숙사, 화장실	225	110111-0-＊＊＊＊	
		– 이하 여백 –			(주)＊＊인터내셔날	서울시 강남구 신사동
					110111-0-＊＊＊＊	

용도지역: 준농림

해당 토지의 토지이용계획확인서를 열람하면 용도지역이 자연녹지지역
으로 되어 있다. 그러나 건축물대장에는 준농림으로 되어 있다. 준농림
지역은 2003년 1월 1일 부로 관리지역으로 편입이 되었기 때문에 해당
토지는 당초는 준농림지역이었다가 2003년 1월 1일 이전에 도시지역으
로 편입이 되어 자연녹지지역으로 분류되었음을 알 수 있다.

건축물 용도: 창고

해당 토지의 건축물의 용도는 창고이다. 준농림지역에 건축된 창고이므
로 농림어업용 창고가 아닌 일반창고로 추정할 수 있다.

■ 토지 전문가로 가는 길

토지를 전문적으로 배우기 위해서는 우선 토지 공부에 들어가기에 앞서 반드시 전제해야 할 것이 두 가지가 있다. 그것은 토지이용계획확인서와 용도지역 중심으로 마인드를 전환하라는 것이다. 이 두 가지는 필자가 어느 곳에서 강의를 하더라도 제일 먼저 포인트를 두고 강조하는 사항 중의 하나이다.

문서는 대장과 등본 중심에서 토지이용계획확인서 중심으로

토지 또는 부동산과 관련하여 가장 중요한 문서는 토지이용계획확인서이다. 경매를 통해 부동산을 배우다 보면 권리관계 때문에 등본이 부동산투자에서는 가장 중요한 것 같고, 재개발에서는 지분이 등본에 표시되어 있기 때문에 역시 등본이 부동산투자에서는 가장 중요한 것으로 여길 수도 있다. 현장중심으로 토지를 시작한다면 대장과 도면이 가장 중요하다고 느낄 수도 있다. 그러나 토지 또는 부동산에서 특히, 개발이나 건축 측면에서 가장 중요한 서류는 토지이용계획확인서이며, 전문가일수록 토지이용계획확인서를 가장 중시한다. 토지이용계획확인서에서 첫 번째 확인하는 사항이 용도지역이다.

토지는 지목 중심에서 용도지역 중심으로

토지의 내공이 낮을수록 지목 중심으로 이야기한다. 즉 농지, 임야 또는 전·답·과·임 등으로 이야기한다. 그러나 지목은 토지의 현재의 주된 용도를 설명해주는 외견일 뿐이며, 해당 토지의 개발 가능성이나 성장성 등에 대한 정보를 제공해주지 못한다. 용도지역이 언급되어야 비로소 해당 토지에서 건축할 수 있는 건축물이 판단되는 것이다. 용도지역은 토지 관련 4대 문서 중 토지이용계획확인서에서만 확인할 수 있다.

지목과 지적제도

■ 지적 용어 배워보기

지적이란 「공간정보관리법」을 기준으로 하여 관리하는 토지의 호적이라 할 수 있으며, 지목·면적·경계 등의 물리적 현황을 판단하는 기준이 된다.

지적공부
통상 대장과 도면을 지적공부라 하며 구체적으로는 다음에 해당하는 것을 말한다.

- 대장: 토지대장, 임야대장, 공유지연명부, 대지권등록부
- 도면: 지적도, 임야도
- 경계점좌표등록부

필지

필지란 법령이 정하는 바에 의하여 구획되는 토지의 등록단위를 말한다.

> **TIP** 1필지로 정할 수 있는 기준
> 소유자와 용도가 동일하고 지반이 연속된 토지는 이를 1필지로 할 수 있다.

지번

지번이란 필지에 부여하여 지적공부에 등록한 번호를 말한다. 지번은 아라비아숫자로 표기하며, 임야대장 및 임야도에 등록하는 토지의 지번은 숫자 앞에 '산'자를 붙인다. 지번은 본번과 부번으로 구성하며, 본번과 부번 사이에 '−' 표시로 연결하고 '의'라고 읽는다.

필지구분법

예 시	유 형
토지지번	12, 100−77
산지번	산 12, 산 100−77
일반적인 가지번	가 7−7
가지번이면서 부번이 세분	가 7−2−1(0007−0201검색)
일반적인 블럭지번	BL 7−7
블럭지번이면서 롯트 부분이 세분	BL N7−11−2(00N7−1102검색)
지역지구인 경우	2지구 BL 7−7

지목

지목이란 토지의 주된 용도에 따라 토지의 종류를 구분하여 지적공부에 등록한 것을 말한다. 28개로 구분하고 있다.

경계

경계란 필지별로 경계점들을 직선으로 연결하여 지적공부에 등록한 선을 말한다.

면적

면적이란 지적공부에 등록한 필지의 수평면상 넓이를 말하며, 면적의 단위는 제곱미터(㎡)로 한다.

등록전환

등록전환이란 임야대장 및 임야도에 등록된 토지를 토지대장 및 지적도에 옮겨 등록하는 것을 말한다. 등록전환 과정에서 임야의 지번 숫자 앞에 붙었던 '산'자는 떨어져 나간다.

토지의 분할

분할이란 지적공부에 등록된 1필지를 2필지 이상으로 나누어 등록하는 것을 말한다. 분할의 경우에는 분할 후의 필지 중 1필지의 지번은 분할 전의 지번으로 하고, 나머지 필지의 지번은 본번의 최종 부번 다음 순번으로 부번을 부여한다.

토지의 합병

합병이란 지적공부에 등록된 2필지 이상을 1필지로 합하여 등록하는 것을 말한다. 합병 대상 지번 중 선순위의 지번을 그 지번으로 하되, 본번으로 된 지번이 있을 때에는 본번 중 선순위의 지번을 합병 후의 지번으로 한다. 이 경우 토지소유자가 합병 전의 필지에 주거 · 사무실 등의 건축물이 있어서 그 건축물이 위치한 지번을 합병 후의 지번으로 신청할 때에는 그 지번을 합병 후의 지번으로 부여하여야 한다.

지목변경

지목변경이란 지적공부에 등록된 지목을 다른 지목으로 바꾸어 등록하는 것을 말하며, 지목변경을 신청할 수 있는 경우는 다음의 3가지가 있다. 뒤에서 자세하게 설명된다.

- 「국토계획법」 등 관계 법령에 따른 토지의 형질변경 등의 공사가 준공된 경우
- 토지나 건축물의 용도가 변경된 경우
- 도시개발사업 등의 원활한 추진을 위하여 사업시행자가 공사 준공 전에 토지의 합병을 신청하는 경우

등기와 등록

등기부에는 '등기'한다고 하고 지적공부에는 '등록'한다고 한다.

■ 토지의 사용용도별 분류 '28가지 지목'

지목은 토지를 주된 '용도'에 따라 분류한 것이다. 용도에 따라 분류한 것이기

때문에 28가지 중 상당수를 생활에서 쉽게 접할 수 있고, 따라서 지목의 개념 자체를 이해하는 것은 비교적 쉽다. 지목은 해당 지목의 첫 글자를 따서 표기 하지만 예외적으로 둘째 글자를 따서 표기하는 경우도 있다. 28개의 지목을 대장(토지대장, 임야대장)과 토지이용계획확인서에 표기할 때는 정식명칭을 사용하고 도면(지적도, 임야도)에 등록할 때는 다음의 부호로 표기한다.

지목의 표기

지목	부호	지목	부호
전	전	철도용지	철
답	답	제방	제
과수원	과	하천	천
목장용지	목	구거	구
임야	임	유지	유
광천지	광	양어장	양
염전	염	수도용지	수
대	대	공원	공
공장용지	장	체육용지	체
학교용지	학	유원지	원
주차장	차	종교용지	종
주유소용지	주	사적지	사
창고용지	창	묘지	묘
도로	도	잡종지	잡

지목의 설정방법 '1필지 1지목'

필지마다 하나의 지목을 설정한다. 필지가 2가지 이상의 용도로 활용되는 경우에는 주된 용도에 따라 지목을 설정한다. 단, 토지가 일시적 또는 임시적인 용도로 사용되는 경우에는 지목을 변경하지 않는다. 실무적으로는 면적이 넓은 농지나 임야에 대지가 별도로 '대'로 지목이 변경되지 않은 채 주택이 있는 경우를 가끔씩 볼 수 있다. 지목기준으로만 판단한다면 주된 용도가 주택의 부지가 아니고 농지나 임야이기 때문에 주된 용도에 따라 지목이 부여되어 있는 것이다. 마찬가지로 농지 안에 유지(소규모 저수지)가 있는 경우에도 주된 용도가 답이라면 지목이 '답' 하나로만 표시되고 있는 사례 등을 볼 수 있다.

■ 지목의 종류

다음과 같이 28개로 구분해 정하고 있다. 농지(전 · 답 · 과)와 임야가 전국토의 약 83%를 차지하고 있다.

전 전
물을 상시적으로 이용하지 않고 곡물 · 원예작물(과수류는 제외한다) · 약초 · 뽕나무 · 닥나무 · 묘목 · 관상수 등의 식물을 주로 재배하는 토지와 식용으로 죽순을 재배하는 토지

답 답
물을 상시적으로 직접 이용하여 벼 · 연(蓮) · 미나리 · 왕골 등의 식물을 주로 재배하는 토지

과수원 과

사과 · 배 · 밤 · 호두 · 귤나무 등 과수류를 집단적으로 재배하는 토지와 이에 접속된 저장고 등 부속시설물의 부지. 다만, 주거용 건축물의 부지는 '대'로 한다.

목장용지 목

다음 각 목의 토지. 다만, 주거용 건축물의 부지는 '대'로 한다.
가. 축산업 및 낙농업을 하기 위하여 초지를 조성한 토지
나. 「축산법」 제2조 제1호에 따른 가축을 사육하는 축사 등의 부지
다. 가목 및 나목의 토지와 접속된 부속시설물의 부지

임야 임

산림 및 원야(原野)를 이루고 있는 수림지(樹林地) · 죽림지 · 암석지 · 자갈땅 · 모래땅 · 습지 · 황무지 등의 토지

광천지 광

지하에서 온수 · 약수 · 석유류 등이 용출되는 용출구와 그 유지에 사용되는 부지. 다만, 온수 · 약수 · 석유류 등을 일정한 장소로 운송하는 송수관 · 송유관 및 저장시설의 부지는 제외한다.

염전 염

바닷물을 끌어들여 소금을 채취하기 위하여 조성된 토지와 이에 접속된 제염장 등 부속시설물의 부지. 다만, 천일제염 방식으로 하지 아니하고 동력으로 바닷물을 끌어들여 소금을 제조하는 공장시설물의 부지는 제외한다.

대(垈) 대

가. 영구적 건축물 중 주거 · 사무실 · 점포와 박물관 · 극장 · 미술관 등 문화시설과 이에 접속된 정원 및 부속시설물의 부지

나. 「국토계획법」 등 관계 법령에 따른 택지조성공사가 준공된 토지

공장용지 장

다음 각목의 토지는 '공장용지'로 한다.

가. 제조업을 하고 있는 공장시설물의 부지

나. 「산업집적활성화 및 공장설립에 관한 법률」 등 관계 법령에 따른 공장부지 조성공사가 준공된 토지

다. 가목 및 나목의 토지와 같은 구역에 있는 의료시설 등 부속시설물의 부지

학교용지 학

학교의 교사(校舍)와 이에 접속된 체육장 등 부속시설물의 부지

주차장 차

자동차 등의 주차에 필요한 독립적인 시설을 갖춘 부지와 주차전용 건축물 및 이에 접속된 부속시설물의 부지. 다만, 다음 각 목의 어느 하나에 해당하는 시설의 부지는 제외한다.

가. 「주차장법」 제2조 제1호 가목 및 다목에 따른 노상주차장 및 부설주차장(「주차장법」 제19조제4항에 따라 시설물의 부지 인근에 설치된 부설주차장은 제외한다)

나. 자동차 등의 판매 목적으로 설치된 물류장 및 야외전시장

주유소용지 주

다음 각 목의 토지. 다만, 자동차 · 선박 · 기차 등의 제작 또는 정비공장 안에 설치된 급유 · 송유시설 등의 부지는 제외한다.

가. 석유 · 석유제품 또는 액화석유가스 등의 판매를 위하여 일정한 설비를 갖춘 시설물의 부지

나. 저유소 및 원유저장소의 부지와 이에 접속된 부속시설물의 부지

창고용지 창

물건 등을 보관하거나 저장하기 위하여 독립적으로 설치된 보관시설물의 부지와 이에 접속된 부속시설물의 부지

도로 도

다음 각 목의 토지. 다만, 아파트 · 공장 등 단일 용도의 일정한 단지 안에 설치된 통로 등은 제외한다.

가. 일반 공중의 교통 운수를 위하여 보행이나 차량운행에 필요한 일정한 설비 또는 형태를 갖추어 이용되는 토지

나. 「도로법」 등 관계 법령에 따라 도로로 개설된 토지

다. 고속도로의 휴게소 부지

라. 2필지 이상에 진입하는 통로로 이용되는 토지

철도용지 철

교통 운수를 위하여 일정한 궤도 등의 설비와 형태를 갖추어 이용되는 토지와 이에 접속된 역사 · 차고 · 발전시설 및 공작창 등 부속시설물의 부지

제방 제

조수 · 자연유수 · 모래 · 바람 등을 막기 위하여 설치된 방조제 · 방수제 · 방사제 · 방파제 등의 부지

하천 천

자연의 유수가 있거나 있을 것으로 예상되는 토지

구거 구

용수 또는 배수를 위하여 일정한 형태를 갖춘 인공적인 수로 · 둑 및 그 부속시설물의 부지와 자연의 유수가 있거나 있을 것으로 예상되는 소규모 수로부지

유지 유

물이 고이거나 상시적으로 물을 저장하고 있는 댐 · 저수지 · 소류지(沼溜地) · 호수 · 연못 등의 토지와 연 · 왕골 등이 자생하는 배수가 잘 되지 아니하는 토지

양어장 양

육상에 인공으로 조성된 수산생물의 번식 또는 양식을 위한 시설을 갖춘 부지와 이에 접속된 부속시설물의 부지

수도용지 수

물을 정수하여 공급하기 위한 취수 · 저수 · 도수(導水) · 정수 · 송수 및 배수 시설의 부지 및 이에 접속된 부속시설물의 부지

공원 공

일반 공중의 보건 · 휴양 및 정서생활에 이용하기 위한 시설을 갖춘 토지로서 「국토 계획법」에 따라 공원 또는 녹지로 결정 · 고시된 토지

체육용지 체

국민의 건강증진 등을 위한 체육활동에 적합한 시설과 형태를 갖춘 종합운동장 · 실내체육관 · 야구장 · 골프장 · 스키장 · 승마장 · 경륜장 등 체육시설의 토지와 이에 접속된 부속시설물의 부지. 다만, 체육시설로서의 영속성과 독립성이 미흡한 정구장 · 골프연습장 · 실내수영장 및 체육도장, 유수를 이용한 요트장 및 카누장, 산림 안의 야영장 등의 토지는 제외한다.

유원지 원

일반 공중의 위락 · 휴양 등에 적합한 시설물을 종합적으로 갖춘 수영장 · 유선장 · 낚시터 · 어린이놀이터 · 동물원 · 식물원 · 민속촌 · 경마장 등의 토지와 이에 접속된 부속시설물의 부지. 다만, 이들 시설과의 거리 등으로 보아 독립적인 것으로 인정되는 숙식시설 및 유기장의 부지와 하천 · 구거 또는 유지[공유(公有)인 것으로 한정한다]로 분류되는 것은 제외한다.

종교용지 종

일반 공중의 종교의식을 위하여 예배 · 법요 · 설교 · 제사 등을 하기 위한 교회 · 사찰 · 향교 등 건축물의 부지와 이에 접속된 부속시설물의 부지

사적지 사

문화재로 지정된 역사적인 유적·고적·기념물 등을 보존하기 위하여 구획된 토지. 다만, 학교용지·공원·종교용지 등 다른 지목으로 된 토지에 있는 유적·고적·기념물 등을 보호하기 위하여 구획된 토지는 제외한다.

묘지 묘

사람의 시체나 유골이 매장된 토지, 「도시공원 및 녹지 등에 관한 법률」에 따른 묘지공원으로 결정·고시된 토지 및 「장사 등에 관한 법률」 제2조 제9호에 따른 봉안시설과 이에 접속된 부속시설물의 부지. 다만, 묘지의 관리를 위한 건축물의 부지는 '대'로 한다.

잡종지 잡

다음 각 목의 토지. 다만, 원상회복을 조건으로 돌을 캐내는 곳 또는 흙을 파내는 곳으로 허가된 토지는 제외한다. 잡종지는 특별히 다른 지목으로 분류할 수 없는 용도가 모여 있기 때문에 용도 또는 시설 간에 동질성이 없다는 데 특징이 있다.

가. 갈대밭, 실외에 물건을 쌓아두는 곳, 돌을 캐내는 곳, 흙을 파내는 곳, 야외시장, 비행장, 공동우물

나. 영구적 건축물 중 변전소, 송신소, 수신소, 송유시설, 도축장, 자동차운전학원, 쓰레기 및 오물처리장 등의 부지

다. 다른 지목에 속하지 않는 토지

지목과 주요관련법령

지목을 개발 목적으로 이해하기 위해서는 해당 지목을 규율하는 관련법령을 알아야 한다. 지목별 주요 관련법령은 다음과 같다. 관련법령은 해당 토지 또는 시설에 대한 정의(지목에 대한 정의는 제외)를 내리고 관리하는 법을 기준으로 열거하였다. 다만, 아래의 표에 의한 관련법령은 절대적인 것은 아니고 단지 분석의 출발점에 불과하다는 점에 유의하여야 한다. 예를 들면 같은 '도로', '공원', '주차장' 등이 '도시 · 군계획시설'로 지정되어 있다면 아래의 법령 외에도 국토계획법의 '도시 · 군계획시설'의 규정도 검토하여야 하는 것이다. 또한, '대'나 '종교용지'는 특별히 관련법령이 없고, '잡종지'는 다른 지목으로 분류되지 않은 것들을 모아놓은 것이라 단순히 건축법으로만 예시하였다. 여하튼 어떻게 접근하든 아래의 표는 투자가들에게 도움이 될 수 있을 것이다.

지목	주요관련법령
전	농지법
답	농지법
과	농지법
목	농지법, 축산법, 초지법
임	산지관리법
광	온천법
염	소금산업진흥법
대	건축법
장	산업집적법, 산업입지법
학	각종교육법, 교육환경법
차	주차장법
주	위험물안전관리법
창	물류시설의개발및운영에관한법률
도	도로법, 사도법, 농어촌도로정비법
철	철도사업법, 도시철도법
제	농어촌정비법
천	하천법, 소하천법
구	공유수면법
유	농어촌정비법, 하천법, 댐건설및주변지역지원등에관한법률
양	농지법
수	수도법
공	자연공원법, 도시공원및녹지등에관한법률, 국토계획법
체	체육시설의설치 · 이용에관한법률
원	관광진흥법
종	건축법
사	문화재보호법
묘	장사등에관한법률
잡	건축법

〈지목별 면적 및 필지 현황(자료: 국토교통부)〉

지목	면적 (㎡)	면적비율(%)	지번수
총합계	100,377,668,318	100.0	38,786,795
전	7,609,862,589	7.6	7,163,159
답	11,223,353,718	11.2	7,965,148
과수원	612,215,340	0.6	281,268
목장용지	562,481,326		157,763
임야	63,710,517,598	63.5	4,814,503
광천지	6,335		304
염전	90,479,574		13,966
대	3,143,013,432	3.1	7,419,888
공장용지	1,012,678,194	1.0	289,916
학교용지	308,444,470		49,986
주차장	36,255,463		33,693
주유소용지	20,200,577		22,290
창고용지	124,763,423		125,872
도로	3,306,941,544	3.3	6,420,732
철도용지	142,937,593		139,681
제방	209,465,281		286,266
하천	2,859,567,313	2.8	757,736
구거	1,757,321,136		1,446,573
유지	1,404,076,012		399,162
양어장	21,475,995		10,970
수도용지	53,444,301		59,634
공원	265,907,996		54,611
체육용지	359,225,744		34,868
유원지	41,398,468		10,956
종교용지	55,555,397		49,966
사적지	20,558,383		4,247
묘지	282,242,787		263,493
잡종지	1,143,278,329	1.1	510,144

PART
2

토지개발의 기초

토지개발 어떻게 접근할 것인가?

국토교통부 보고서에 따르면 2017년 12월 31일 현재, 토지이용규제현황은 17개 부처·97개 법률에 의한 '42개 지역·지구 등'외에도, 대통령령·부령·조례에서 운영하고 있는 지역·지구 469개를 합하면 총 711개에 달할 정도로 그 수가 많고 복잡하다. 따라서 토지를 완벽하게 분석하기 위해서는 총 711개 지역·지구 및 상호 간의 위계와 연관성을 이해해야 한다. 이러한 과제는 일반인에게는 물론 전문가에게도 매우 어렵고 정복하기 힘든 일이기 때문에 토지에서 특정 분야에 대한 전문가는 많아도 폭넓게 이해하는 전문가는 그다지 많지 않은 실정이다. 따라서 의욕만 가지고 무조건 접근하기보다는 다음과 같이 체계적으로 접근하는 것이 효율적이다.

먼저, 전국토를 대상으로 하는 토지제도인 「공간정보관리법」상 28개 지목과 「국토계획법」상 21개 용도지역 2가지를 이해하여야 한다. 지목과 용도지역은 전국토를 대상으로 하기 때문에 대한민국의 어느 토지를 보더라도 반드시 접하게 되므로 토지에 입문하기 위해서는 반드시 배우고 넘어가야 할 필수 항목이다. 앞에서 설명한 지목은 단순암기 수준이므로 접근이 쉽지만, 용도지역은 이해를 수반한 체계적인 접근을 필요로 한다.

그 다음, 21개 용도지역을 제외한 그 외의 지역·지구는 토지를 볼 때 반드시 접하는 것은 아니며, 그 내용 또한 방대하여 하나도 빠뜨리지 않고 공부할 수는 없다. 따라서 그중에서도 접하는 빈도수가 높은 것 순으로 공부할 수밖에 없다. 빈도가 높은 것이란 「국토계획법」상의 용도지구·용도구역, 「농지법」상의 농지, 「산지관리법」상의 산지, 「개발제한구역법」상의 개발제한구역, 「군사기지및군사시설보호법」상의 보호구역 등을 말한다. 이러한 과정을 반복하게 되면, 새로운 지역·지구를 접하게 될 때 해석하고 적용할 수 있는 능력이 길러지게 된다.

이 PART에서는 「국토계획법」상 21개 용도지역만을 설명하고 그 외의 빈도가 높은 지역·지구는 다른 PART에서 다룰 것이다.

용도지역과 건축제한

■ 용도지역의 정의 및 구분

용도지역: 건축제한을 결정한다

토지를 주된 용도를 기준으로 분류한 지목은 토지의 '외관'에 불과하기 때문에 '개발 가능성'이나 '성장성'을 설명하는 데 한계가 있으며, 진정한 토지의 가치평가는 토지의 '알맹이'라 할 수 있는 용도지역에 의하여 결정된다. 대한민국의 모든 토지는 21개 용도지역 중 하나로 분류되어 있으며, 용도지역은 토지의 여러 가지 문서 중에서 '토지이용계획확인서'에만 표시되어 있다.

건축제한을 구성하는 요소는 건폐율, 용적률, 건축할 수 있는(또는 없는) 건축물, 건축물의 높이 4가지가 있다. 즉, 건축 허가 시 이 4가지 구성요소가 결정되어야 비로소 하나의 건축물이 건축될 수 있고 그에 따라 개발사업의 수지분석이 가능해진다. 이러한 4가지 건축제한은 용어자체는 건축용어에 해당하지만, 용도지역에서의 건축제한은 도시계획적 성격을 가지므로 「건축법」에 규정되어 있지 않고 「국토계획법」에 규정되어 있다. 「국토계획법」에 의한 21개 용도지역에 따라 해당 토지에서의 건축제한 4가지가 결정된다.

TIP 건축제한을 구성하는 4가지 요소
① 건폐율
② 용적률
③ 건축할 수 있는(또는 없는) 건축물
④ 건축물의 높이

21개 용도지역을 구분하는 기준은 크게 두 가지가 있다. 하나는 도시지역과 도시지역외 지역(비도시지역)으로 구분하는 방법이 있고, 또 하나는 시가화용도와 유보용도 및 보전용도로 구분하는 방법이다. 토지의 투자 및 개발과 관련하여서는 시가화용도와 유보용도 및 보전용도로 구분하는 방법을 잘 이해하고 있어야 한다. 왜냐하면 토지 투자 및 개발이론은 유보용도 및 보전용도에 해당하는 녹지지역, 관리지역, 농림지역, 자연환경보전지역을 중심으로 전개되기 때문이다.

유보용도 및 보전용도인 녹지지역, 관리지역, 농림지역, 자연환경보전지역에서는 해당 토지에서 '건축할 수 있는(또는 없는) 건축물'이 무엇이냐에 따라서 토지의 가치에 결정적인 영향을 미친다. 다만, 건축할 수 있는 건축물을 판단함에 있어 '농림지역 · 농업진흥지역'과 임야 중 '농림지역 · 보전산지'는 「농지법」과 「산지관리법」의 적용을 받아 별도의 접근이 필요하므로 주의를 요한다. 또한, 성장관리방안 수립지역 토지도 별도의 건축제한을 적용받아야 한다. 뒤에서 자세하게 설명이 된다.

참고로 시가화용도인 주거지역, 상업지역, 공업지역 토지에서는 ①건폐율 ② 용적률 ③건축할 수 있는(또는 없는) 건축물 ④건축물의 높이 4가지가 모두 중요하지만, 그중에서도 용적률과 건축할 수 있는(또는 없는) 건축물이 중요한 의미를 갖는다.

⟨21개 용도지역과 건폐율·용적률·건축 가능한 건축물⟩

구분	용도지역		건폐율	용적률	건축 가능한 건축물	높이
1	제1종전용주거지역	주	50% 이하	50% 이상 100% 이하	시·군 「도시·군 계획 조례」 에서 결정	조례 에서 결정
2	제2종전용주거지역		50% 이하	100% 이상 150% 이하		
3	제1종일반주거지역		60% 이하	100% 이상 200% 이하		
4	제2종일반주거지역		60% 이하	150% 이상 250% 이하		
5	제3종일반주거지역		50% 이하	200% 이상 300% 이하		
6	준주거지역		70% 이하	200% 이상 500% 이하		
7	중심상업지역	상	90% 이하	400% 이상 1,500% 이하		
8	일반상업지역		80% 이하	300% 이상 1,300% 이하		
9	근린상업지역		70% 이하	200% 이상 900% 이하		
10	유통상업지역		80% 이하	200% 이상 1,100% 이하		
11	전용공업지역	공	70% 이하	150% 이상 300% 이하		
12	일반공업지역		70% 이하	200% 이상 350% 이하		
13	준공업지역		70% 이하	200% 이상 400% 이하		
14	보전녹지지역	녹	20% 이하	50% 이상 80% 이하		4층 이하
15	생산녹지지역		20% 이하	50% 이상 100% 이하		
16	자연녹지지역		20% 이하	50% 이상 100% 이하		
17	보전관리지역	관	20% 이하	50% 이상 80% 이하		
18	생산관리지역		20% 이하	50% 이상 80% 이하		
19	계획관리지역		40% 이하	50% 이상 100% 이하		
20	농림지역	농	20% 이하	50% 이상 80% 이하		
21	자연환경보전지역	자	20% 이하	50% 이상 80% 이하		

도시지역과 도시지역외 지역(비도시지역)

실무에서는 21개 용도지역을 주 · 상 · 공 · 녹 · 관 · 농 · 자의 7가지 중분류로 이해하면 암기하기도 쉽고 토지제도를 공부하기도 편하다. 용도지역을 도시지역과 도시지역외 지역(비도시지역)으로 구분하는 방법은 주로 대규모 개발사업이나 지구단위계획 측면에서 적용이 된다.

> **도시지역: '주 · 상 · 공 · 녹'**
>
> 주거지역, 상업지역, 공업지역, 녹지지역을 도시지역이라고 한다.
>
> **도시지역외 지역(비도시지역): '관 · 농 · 자'**
>
> 관리지역, 농림지역, 자연환경보전지역을 도시지역외 지역(비도시지역)이라고 한다. 과거의 비도시지역이 현재의 도시지역외 지역으로 변경되었으며, 현장에서는 두 가지가 혼용되고 있다.

시가화용도와 유보용도 및 보전용도

개발행위허가 수준의 토지에 대한 규제는 도시지역, 도시지역외 지역(비도시지역)을 기준으로 하지 않고 시가화용도와 유보용도 및 보전용도를 기준으로 가해지기 때문에 토지의 투자 및 개발 측면에서는 시가화용도와 유보용도 및 보전용도를 기준으로 이해하는 것이 더 중요하다.

시가화용도: '주 · 상 · 공'

시가화용도는 도시지역 '주 · 상 · 공 · 녹'에서 주거지역, 상업지역, 공업지역을 말하며, 주거시설, 상업시설 및 공업시설을 건축하기 위해 배치된 공간을 말한다. 시가화용도의 용도지역별 정의는 다음과 같다.

1) 제1종전용주거지역: 단독주택 중심의 양호한 주거환경을 보호하기 위하여 필요한 지역

2) 제2종전용주거지역: 공동주택 중심의 양호한 주거환경을 보호하기 위하여 필요한 지역

   *전용주거지역: 양호한 주거환경을 보호하기 위하여 필요한 지역

3) 제1종일반주거지역 : 저층주택을 중심으로 편리한 주거환경을 조성하기 위하여 필요한 지역

4) 제2종일반주거지역: 중층주택을 중심으로 편리한 주거환경을 조성하기 위하여 필요한 지역

5) 제3종일반주거지역: 중고층주택을 중심으로 편리한 주거환경을 조성하기 위하여 필요한 지역

   *일반주거지역: 편리한 주거환경을 조성하기 위하여 필요한 지역

6) 준주거지역: 주거기능을 위주로 이를 지원하는 일부 상업기능 및 업무기능을 보완하기 위하여 필요한 지역

7) 중심상업지역: 도심·부도심의 상업기능 및 업무기능의 확충을 위하여 필요한 지역

8) 일반상업지역: 일반적인 상업기능 및 업무기능을 담당하게 하기 위하여 필요한 지역

9) 근린상업지역: 근린지역에서의 일용품 및 서비스의 공급을 위하여 필요한 지역

10) 유통상업지역: 도시내 및 지역간 유통기능의 증진을 위하여 필요한 지역

11) 전용공업지역: 주로 중화학공업, 공해성 공업 등을 수용하기 위하여 필요한 지역

12) 일반공업지역: 환경을 저해하지 아니하는 공업의 배치를 위하여 필요한 지역

13) 준공업지역: 경공업 그 밖의 공업을 수용하되, 주거기능·상업기능 및 업무기능의 보완이 필요한 지역

유보용도 및 보전용도 '녹·관·농·자'

도시지역 중에서도 주·상·공 지역 외곽을 구성하고 있는 녹지지역은 대부분이 농지와 임야로 이루어진 토지로서 개발유보 또는 보전 목적의 토지에 해당한다. 즉, 개발용도로 대지화된 주·상·공 3개 용도지역과 성격을 달리한다. 도시지역외 지역(비도시지역)은 기본적으로 개발유보 또는 보전을 위한 목적의 공간이다. 따라서 도시지역의 녹지지역과 도시지역외 지역(비도시지역)인 관리지역, 농림지역, 자연환경보전지역은 유보 또는 보전 목적의 공간이라는 측면에서 동질성을 가지고 있다. 유보용도 및 보전용도의 용도지역별 정의는 다음과 같다.

14) 보전녹지지역: 도시의 자연환경·경관·산림 및 녹지공간을 보전할 필요가 있는 지역

15) 생산녹지지역: 주로 농업적 생산을 위하여 개발을 유보할 필요가 있는 지역

16) 자연녹지지역: 도시의 녹지공간의 확보, 도시확산의 방지, 장래 도시용지의 공급 등을 위하여 보전할 필요가 있는 지역으로서 불가피한 경우에 한하여 제한적인 개발이 허용되는 지역

17) 보전관리지역: 자연환경 보호, 산림 보호, 수질오염 방지, 녹지공간 확보 및 생태계 보전 등을 위하여 보전이 필요하나, 주변 용도지역과의 관계 등을 고려할 때 자연환경보전지역으로 지정하여 관리하

기가 곤란한 지역

18) 생산관리지역: 농업·임업·어업 생산 등을 위하여 관리가 필요하나, 주변 용도지역과의 관계 등을 고려할 때 농림지역으로 지정하여 관리하기가 곤란한 지역

19) 계획관리지역: 도시지역으로의 편입이 예상되는 지역이나 자연환경을 고려하여 제한적인 이용·개발을 하려는 지역으로서 계획적·체계적인 관리가 필요한 지역

20) 농림지역: 도시지역에 속하지 아니하는 「농지법」에 따른 농업진흥지역 또는 「산지관리법」에 따른 보전산지 등으로서 농림업을 진흥시키고 산림을 보전하기 위하여 필요한 지역

21) 자연환경보전지역: 자연환경·수자원·해안·생태계·상수원 및 문화재의 보전과 수산자원의 보호·육성 등을 위하여 필요한 지역

유보용도 및 보전용도 토지에서의 건폐율·용적률·건축물

토지의 용도지역이 무엇이냐에 따라 건폐율·용적률·건축할 수 있는 (또는 없는) 건축물·높이 4가지가 결정되며, 이 4가지가 개별필지의 토지가치에 결정적인 영향을 미친다.

'녹·관·농·자'에서의 건폐율

'녹·관·농·자'의 용도지역의 건폐율은 기본적으로 20% 이하이다. 단 계획관리지역만이 군계일학으로 40% 이하를 적용받고 있다. 그것은 '녹·관·농·자'의 용도지역 중에서 계획관리지역만이 도시지역의 주거기능, 상업기능, 공업기능을 대체하는 개발이 가능하도록 기능을 부

여받은 토지이기 때문이다. 따라서 일단 건폐율의 차이에 의해서 계획
관리지역과 다른 용도지역 토지와의 가격차이가 발생한다.

'녹 · 관 · 농 · 자'에서의 용적률

최저 50% 이하에서 최대 100% 이하의 용적률을 적용받고 있다. 따라서
'녹 · 관 · 농 · 자'에서는 용적률이 토지의 가격에 미치는 영향은 미미하
다고 할 수 있다.

'녹 · 관 · 농 · 자'에서의 건축물

'녹 · 관 · 농 · 자'에서 건축할 수 있는 건축물은 해당 시 · 군의 「도시 ·
군계획조례」에서 '별표'로 정리되어 있다. 별표에는 용도지역별로 건축
할 수 있는(또는 없는) 건축물이 나열되어 있는 것이다. 이런 방식을 '허용
(금지)행위 열거방식'이라고 한다. 용도지역에 따라 건축할 수 있는 건축
물이 크게 차이가 나며, 이러한 차이가 토지의 가격에 결정적인 영향을
미친다. 예를 들면 수도권 토지의 대표적인 개발행위인 공장과 창고, 전
원주택 등의 개발 여부가 용도지역의 차이에 따라 결정되는 것이다.

'녹 · 관 · 농 · 자'에서의 건축물의 높이

모두 4층 이하를 적용받는다. 시 · 군에 따라서는 일부용도지역에서는
2~3층 이하를 적용받기도 한다.

건축허가와 개발행위허가

시가화용도와 건축허가

시가화용도인 주거지역·상업지역·공업지역 토지에서의 토지의 개발은 진입로, 하수도 등의 기반시설이 구비된 것을 전제로 하기 때문에 주로 건축허가 측면에서의 분석이 중심이 된다.

유보용도 및 보전용도와 개발행위허가

흔히 토지투자란 지목 기준으로 농지나 임야에 투자하는 것을 말하는 것이지만, 용도지역 기준으로 하면 앞에서 설명한 14번부터 21번까지의 유보용도 및 보전용도의 '녹·관·농·자'에 투자하는 것을 토지투자라고 한다. 유보용도 및 보전용도이기 때문에 대부분의 토지가 진입로, 하수도 등의 기반시설이 구비되어 있지 않으므로 허가를 받기 위해서는 허가신청자가 개발행위허가기준에서 규정한 기반시설을 확보하여야 한다. 또한 대부분의 토지가 미개발의 농지나 임야의 형태로 존재하기 때문에 개발행위허가기준에서 정한 경사도, 표고, 입목축적 등의 기준도 충족하여야 한다. 즉 주거지역·상업지역·공업지역 토지와는 다르게 여러 가지 개발행위허가 기준을 충족하기 위한 이론이 전개되는 것이다. 따라서 이 책에서 소개되는 지목변경이론은 '녹·관·농·자'를 중심으로 전개가 된다. 즉, 보전녹지지역, 생산녹지지역, 자연녹지지역, 보전관리지역, 생산관리지역, 계획관리지역, 농림지역, 자연환경보전지역의 8개 용도지역을 중심으로 하여 투자분석이론이 전개되는 것이다.

「국토계획법」상 용도지역과 토지투자 체계

구분	도시지역				도시지역외 지역		
	주	상	공	녹	관	농	자
용도	시가화용도				유보 및 보전용도		
현황	'대' 중심				'농지·임야' 중심		
규제	· 도로, 하수도등 기반시설 완비 · 대부분 개발행위허가기준 충족				· 농지취득자격증명 규제 · 건폐율, 용적률 최소화 · 기반시설 미비 – 진입로, 배수로 확보 의무 – 경사도, 표고, 입목축적 기준 충족의무		
투자	부동산 투자				토지 투자		
허가	건축 허가				개발행위 허가		
개발허가 이익	없음				허가 등 자체가 곧 이익		

※ 전국토의 용도지역별 면적현황은 도시지역이 17.7%, 관리지역이 25.6%, 농림지역이 46.4%, 자연환경보
  전지역이 11.2%를 차지하고 있다. 참고로 서울특별시에는 관리지역, 농림지역, 자연환경보전지역 토지는
  존재하지 않는다.

■ 관리지역 투자와 개발

관리지역은 '도시지역의 인구와 산업을 수용하기 위하여 도시지역에 준
하여 체계적으로 관리하거나 농림업의 진흥, 자연환경 또는 산림의 보전

을 위하여 농림지역 또는 자연환경보전지역에 준하여 관리할 필요가 있는 지역'을 말한다. 관리지역은 투자 및 개발이 집중되는 토지이며, 그 중에서도 계획관리지역에 집중되어 있다. 관리지역은 처음에는 준농림지역으로 출발하였으나, 관리지역으로 이름이 변경된 후 보전관리지역, 생산관리지역, 계획관리지역으로 세분화되었다.

1994년 준농림지역의 탄생

1993년 「국토이용관리법」이 개정되면서 10개이던 용도지역이 도시, 준도시, 농림, 준농림, 자연환경의 5개로 단순화되었다. 그리고 1994년 문민의 정부시절 도시지역의 인구와 산업을 수용하기 위하여 준농림지역이 탄생하였다. 준농림지역 탄생과 함께 개발행위 허가방식도 '금지행위 열거방식'이 적용되면서 5개 용도지역 내에서 개발할 수 없는 내용을 명시하고 그 외의 것은 행위를 완화하는 쪽으로 바뀌었다. 그리하여 준농림지역 내의 농지나 임야를 형질 변경하여 건축을 할 수 있는 길이 활짝 열렸다. 그러나 전국토의 1/4(25%)에 해당하는 과다한 지역을 준농림지역으로 지정하면서 탄생과정에서 이미 난개발과 세분화의 문제를 잉태하게 되었다.

준농림 르네상스

부족한 도시지역의 주거용지 · 상업용지 · 공업용지의 공급을 대체하는 목적으로 도입된 준농림지역은 개발행위가 폭넓게 허용되면서 준농림지역 내 농지나 임야는 무조건 개발이 가능하다는 인식이 만연하게 되었고 토지투자에 있어서 준농림의 전성시대가 도래하였다. 1994년부터 준농림지역 내 농지나 임야는 토지투자대상 1위가 되었으며 혹자는 이러한 현상을 '준농림 르네상스'라고 표현하였다.

2003년 관리지역의 탄생

준농림지역의 난개발을 억제하고 체계적인 개발을 유도하기 위하여 2003년 1월 1일부터 「국토계획법」 체계하의 관리지역이 탄생하였다. 즉, 준도시지역과 준농림지역을 합하여 '관리지역'으로 지정하게 된 것이다. 준도시지역의 비중은 미미하기 때문에 결국 준농림의 새로운 이름이 '관리지역'이 된 것이며, 그에 따라 2003년 1월 1일부터 토지투자대상 1위는 관리지역이 되었다. 그리고 관리지역의 세분화가 예고되었다.

2009년 관리지역 세분화

토지적성평가

토지적성평가는 토지의 토양·입지·활용 가능성 등에 따라 개발적성, 농업적성 및 보전적성으로 평가하고, 그에 따라 토지의 용도를 분류해 난개발을 방지하고, 개발과 보존의 조화를 유도하기 위해 실시하는 제도이다. 토지적성평가 결과를 토대로 하여 관리지역 세분화를 실시하게 된다.

관리지역 세분화

관리지역 세분화는 토지적성평가를 통하여 관리지역을 보전관리지역 · 생산관리지역 · 계획관리지역으로 세분화하는 것을 말한다.

2009년 1월 1일 관리지역 세분화 시행

수도권, 광역시 및 광역시 인접 시 · 군은 2005년 말까지 그 외의 시 · 군은 2007년 말까지 관리지역을 세분화하여야 했지만, 세분화에 따른 폭주하는 민원으로 인하여 지체하게 되었고, 결국 2009년 1월 1일 부로 전국 대부분의 시 · 군이 관리지역 세분화를 단행하게 되었다.

가치가 더욱 높아진 개발적성의 '계획관리지역'

관리지역이 세분화되기 전에는 다 같은 관리지역이었지만, 세분화 이후에는 건축할 수 있는 건축물의 차이에 의해서 관리지역별 가치의 차이가 크게 발생하였다. 개발 측면에서 과거의 준농림지역이나 관리지역의 계보를 계승한 것은 계획관리지역이다. 관리지역을 세분화하면서 계획관리지역의 비율은 시 · 군마다 차이가 있지만 50% 내외를 차지하게 됨으로써 결과적으로 개발이 용이한 토지의 비율이 줄어들게 되었고 그만큼 가치는 상대적으로 높아지게 되었다.

상대적으로 낮게 평가되는 '보전 및 생산관리지역'

보전관리지역이나 생산관리지역도 같은 관리지역이지만 개발 측면에서는 과거의 관리지역에 비하여 가치가 현저히 낮아졌다. 건폐율도 20%

이하로 줄어들었고, 무엇보다도 건축할 수 있는 건축물의 범위가 현저히 축소되었기 때문이다. 수도권에서 가장 일반적이고 가치 있는 개발행위는 공장, 일반창고, 일반음식점(가든, 카페), 숙박시설 등이다. 그러나 이러한 건축물은 계획관리지역에서만 가능하고 보전 및 생산관리지역에서는 허용되지 않는다. 같은 관리지역이라고 해서 유사한 가치를 지닌 토지가 아닌 것이다.

농업진흥지역 해제 · 보전산지 해제와 미세분 관리지역

투자대상이나 경매 물건 등을 검토하다 보면 관리지역 세분화가 이루어지지 않은 토지를 가끔 만나게 된다. 표현방식은 조금씩 다르다. 어떤 토지는 그냥 '관리지역'으로만 표시되어 있고, 어떤 토지는 '관리지역 미분류(향후 세분화 예정지역임)'처럼 자세하게 표시되어 있기도 하다. 그렇지만 해석은 똑같이 관리지역이 세분화되지 않은 토지이다. 이런 토지는 대개 농지가 농업진흥지역에서 해제되거나, 산지가 보전산지에서 해제되어 농림지역이 관리지역으로 편입되는 경우에 발생한다. 농림지역의 농업진흥지역 농지가 농업진흥지역에서 해제되면 용도지역이 농림지역에서 관리지역으로 편입된다. 즉, 토지이용계획확인서의 내용이 '농림지역, 농업진흥지역'에서 '관리지역'으로 바뀌게 되는 것이다. 마찬가지로 농림지역의 보전산지로 편입되어 있던 임야가 보전산지에서 해제되면 용도지역이 농림지역에서 관리지역으로 편입된다. 즉, 토지이용계획확인서의 내용이 '농림지역, 보전산지'에서 '관리지역'으로 바뀌게 되는 것이다. 그리고 이런 관리지역의 개발행위허가 기준은 세분화되기 전까지는 보전관리지역에 준해서 적용을 받는다.

미세분 관리지역의 세분화

토지적성평가라는 과정을 거쳐서 보전관리지역, 생산관리지역, 계획관리지역 중의 하나로 세분화하게 된다. 계획관리지역으로 분류되면 토지 소유자에게는 최대의 축복이라 할 수 있을 것이다. 과거에는 개별통보를 하지 않고 관리지역 세분화를 진행하여 민원이 발생되는 경우가 있었으나, 요즘은 대부분 개별통보를 하면서 진행하게 된다. 이때, 토지 소유자는 이의 신청이 필요한 경우 이의 신청기간을 놓치지 말아야 한다.

〈보전 · 생산 · 계획관리지역의 건축제한 차이점〉

구 분		보전관리지역	생산관리지역	계획관리지역
건폐율		20%	20%	40%
용적률		100%	100%	100%
건축물의 높이		4층 이하	4층 이하	4층 이하
건축물의 종류	전원(단독)주택→민박펜션	O	O	O
	일반음식점	X	X	O
	농업용창고	O	O	O
	일반창고	X	X	O
	도정공장, 식품공장, 제재업	X	O	O
	일반공장	X	X	O
	숙박시설	X	X	O
	야영장시설	O	O	O

(O 는 가능, X는 불가능)

개발행위허가 제도

■ 토지개발 허가의 구분

토지를 개발하기 위해서는 개발행위허가의 대상, 절차 및 기준을 이해하고 있어야 한다. 또한, 개발행위허가와 유사개념인 농지전용허가, 산지전용허가, 공장설립승인도 이해하고 있어야 한다. 개발행위허가의 기준은 지목변경 2단계에서 별도로 설명된다. 실무적으로 대규모 단지개발 이하(통상 3만㎡ 이하를 의미함)로 토지를 개발하는 허가의 종류에는 크게 4가지가 있다

첫째, 개발행위허가

일반적으로 농지나 임야에서 형질을 변경하여 개발을 하려면 개발행위허가를 받아야 한다. 전원주택부지를 개발하거나 창고부지 등을 개발하는 사업이 전부 개발행위허가를 받아서 하는 사업이다. 물론 그 행위가 농지에서 이루어진다면 부수적으로 농지전용허가도 받아야 하며, 산지

에서 이루어진다면 부수적으로 산지전용허가도 받아야 한다. 필요하다면 도로와 다른 시설의 연결허가 및 도로의 점용허가도 받아야 한다. 이런 부수적인 허가는 개발행위허가시 신청에 의하여 일괄 의제처리 된다.

둘째, 농지전용허가

'농지의 전용'이란 '농지를 농작물의 경작이나 다년생식물의 재배 등 농업생산 또는 법령으로 정하는 농지개량 외의 용도로 사용하는 것'을 말하며, 그에 대한 허가를 농지전용허가라 한다. 농지 위에서 전원주택부지를 개발하고자 한다면 개발행위허가도 받아야 하고, 동시에 '농업생산 또는 농지개량 외의 용도로 사용하는 것'은 농지의 전용에 해당하기 때문에 농지전용허가도 받아야 한다. 이때 농지전용허가는 개발행위허가 신청시 의제처리 되는 것이다.

셋째, 산지전용허가

'산지의 전용'이란 '산지를 다음 각 목의 어느 하나에 해당하는 용도 외로 사용하거나 이를 위하여 산지의 형질을 변경하는 것'을 말하며, 그에 대한 허가를 산지전용허가라 한다.

가. 조림, 숲 가꾸기, 입목의 벌채 · 굴취

나. 토석 등 임산물의 채취

다. 대통령령으로 정하는 임산물의 재배[성토(흙쌓기) 또는 절토(땅깎기) 등을 통하여 지표면으로부터 높이 또는 깊이 50센티미터 이상 형질변경을 수반하는 경우와 시설물의 설치를 수반하는 경우는 제외한다.]

라. 산지일시사용

농지의 경우와 마찬가지로 산지(임야) 위에서 전원주택부지를 개발하고자 한다면 개발행위허가도 받아야 하고, 동시에 '산지관리법에서 정한 용도 외로 사용하기 위하여 형질을 변경하는 것'은 산지의 전용에 해당하기 때문에 산지전용허가도 받아야 한다. 이때 역시 산지전용허가는 개발행위허가 신청시 의제처리 되는 것이다.

넷째, 공장설립승인

'공장의 설립'이란 공장을 신설 또는 증설하는 것을 말하며, 공장부지를 개발하기 위해서는 「산업집적법」에 의한 공장설립승인을 받아야 한다. 물론 농지와 산지를 형질변경하기 위한 개발행위허가, 농지전용허가, 산지전용허가 등은 공장설립승인에 부수되어 의제처리 된다. 즉, 똑같이 농지나 임야를 가지고 전용하여 전원주택부지나 창고부지 또는 공장용지로 개발을 하지만 전원주택부지나 창고부지는 개발행위허가를 받아야 하고 공장용지는 공장설립승인을 받아야 한다.

■ 개발행위허가의 대상

개발행위허가란?

토지이용과 관련된 개발행위 중 도시계획 차원에서 검토가 필요하거나 관리하는 것이 타당하다고 판단되는 경우에는 「국토계획법」에 의거하여 특별시장 · 광역시장 · 시장 또는 군수의 허가를 받도록 하고 있으며, 이 것을 개발행위허가제도라고 한다. 즉, 개발행위허가제도는 계획의 적정성, 기반시설의 확보 여부, 주변 환경과의 조화 등을 고려하여 개발행위에 대한 허가 여부를 결정함으로써 계획에 의한 개발이 이루어지도록 하기 위한 제도이다. 그에 따라 농지나 산지를 전용하여 전원주택부지, 공장부지, 창고부지 등을 조성하기 위해서는 반드시 개발행위허가를 받아야 한다.

개발행위의허가의 대상

「국토계획법」에 의하여 개발행위허가의 대상은 6가지가 있다. 건축물의 건축, 토지의 형질변경 등 다음의 6가지 행위를 하려는 자는 특별시장 · 광역시장 · 특별자치시장 · 특별자치도지사 · 시장 또는 군수의 개발행위허가를 받아야 한다. 6가지 중에 토지의 형질변경을 위한 개발행위허가가 가장 많은 비중을 차지하고 있으며 이 책에서 설명하는 지목변경의 핵심이다. 기획부동산에 의한 토지분할 남발을 막기 위해서 형질변경을 수반하지 않고 단순히 토지만을 분할하는 것도 개발행위허가 대상으로 하여 운용되고 있다.

〈「국토계획법」에 의한 개발행위허가 대상 6가지〉

구분	내용	비고
건축물의 건축	「건축법」 제2조 제1항 제2호에 따른 건축물의 건축	
공작물의 설치	인공을 가하여 제작한 시설물의 설치	「건축법」 제2조 제1항 제2호에 따른 건축물 제외
토지의 형질 변경	절토 · 성토 · 정지 · 포장 등의 방법으로 토지의 형상을 변경하는 행위와 공유수면의 매립	경작을 위한 토지의 형질변경 제외
토석채취	흙 · 모래 · 자갈 · 바위 등의 토석을 채취하는 행위	토지의 형질변경을 목적으로 하는 것 제외
토지 분할	다음 각 목의 어느 하나에 해당하는 토지의 분할(「건축법」 제57조에 따른 건축물이 있는 대지는 제외) 가. 녹지지역 · 관리지역 · 농림지역 및 자연환경보전지역 안에서 관계법령에 따른 허가 · 인가 등을 받지 아니하고 행하는 토지의 분할 나. 「건축법」 제57조 제1항에 따른 분할제한면적 미만으로의 토지의 분할 다. 관계 법령에 의한 허가 · 인가 등을 받지 아니하고 행하는 너비 5m 이하로의 토지의 분할	
물건을 쌓아 놓는 행위	녹지지역 · 관리지역 또는 자연환경보전지역 안에서 건축물의 울타리 안(적법한 절차에 의하여 조성된 대지에 한함)에 위치하지 아니한 토지에 물건을 1월 이상 쌓아놓는 행위	

■ 개발행위허가의 절차

개발행위허가의 절차

개발행위허가는 다음과 같은 절차를 거친다.

- 개발행위를 하려는 자는 그 개발행위에 따른 기반시설의 설치나 그에 필요한 용지의 확보, 위해방지, 환경오염 방지, 경관, 조경 등에 관한 계획서를 첨부한 신청서를 개발행위허가권자에게 제출한다.
- 허가권자인 특별시장·광역시장·특별자치시장·특별자치도지사·시장 또는 군수는 개발행위허가의 신청에 대하여 특별한 사유가 없으면 법령으로 정하는 기간인 15일 이내에 허가 또는 불허가의 처분을 하여야 한다. 15일의 기간 계산시 도시계획위원회의 심의를 거쳐야 하거나 관계 행정기관과 별도의 협의를 하여야 하는 경우에는 심의 또는 협의기간은 15일에 포함되지 않는다.
- 특별시장·광역시장·특별자치시장·특별자치도지사·시장 또는 군수는 허가 또는 불허가의 처분을 할 때에는 지체 없이 그 신청인에게 허가내용이나 불허가처분의 사유를 서면 또는 「국토계획법」 제128조에 따른 국토이용정보체계를 통하여 알려야 한다.
- 특별시장·광역시장·특별자치시장·특별자치도지사·시장 또는 군수는 개발행위허가를 하는 경우에는 그 개발행위에 따른 기반시설의 설치 또는 그에 필요한 용지의 확보, 위해 방지, 환경오염 방지, 경관, 조경 등에 관한 조치를 할 것을 조건으로 개발행위허가를 할 수 있다. 특히, 공장부지 조성을 위한 개발행위허가(공장설립승인을 말

함)는 대개 「자연재해대책법」에 의한 소규모 재해영향평가와 「환경영
향평가법」에 의한 소규모 환경영향평가 협의대상 사업에 해당하므로
소규모 재해영향평가와 소규모 환경영향평가 협의 절차도 동시에 진
행하여야 한다. 통상 별도의 전문용역기관에 용역을 주어 진행이 되
며, 그에 따라 인·허가에 소요되는 기간도 협의기간만큼 길어지게
된다. 소규모 재해영향평가와 소규모 환경영향평가 협의 편에서 자
세히 설명되어진다.

〈개발행위허가 절차도(자료: 국토해양부)〉

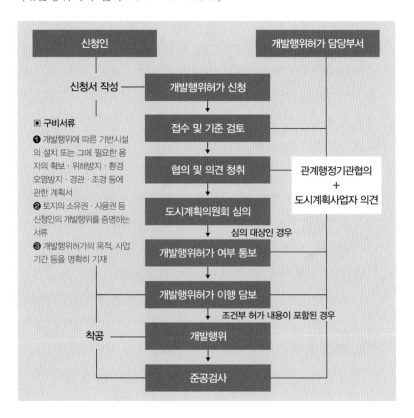

개발행위허가 신청시 구비 서류

허가를 신청하기 위해서는 개발행위허가신청서와 다음의 서류를 첨부해야 한다.

- 토지의 소유권 또는 사용권 등 신청인이 당해 토지에 개발행위를 할 수 있음을 증명하는 서류(토지등기부등본은 제출 생략). 다만, 다른 법령에서 개발행위허가가 의제되어 개발행위허가에 관한 신청서류를 제출하는 경우에 다른 법령에 의한 인가·허가 등의 과정에서 본문의 제출 서류의 내용을 확인할 수 있는 경우에는 그 확인으로 제출서류에 갈음할 수 있다.
- 배치도 등 공사 또는 사업관련 도서(토지의 형질변경 및 토석채취인 경우에 한함)
- 설계도서(공작물의 설치인 경우에 한함)
- 당해 건축물의 용도 및 규모를 기재한 서류(건축물의 건축을 목적으로 하는 토지의 형질변경인 경우에 한함)
- 개발행위의 시행으로 폐지되거나 대체 또는 새로이 설치할 공공시설의 종류·세목·소유자 등의 조서 및 도면과 예산내역서(토지의 형질변경 및 토석채취인 경우에 한함)
- 「국토계획법」 제57조의 규정에 의한 위해방지·환경오염방지·경관·조경 등을 위한 설계도서 및 그 예산내역서(토지분할인 경우는 제외)
- 「국토계획법」 제61조의 규정에 의한 관계 행정기관의 장과의 협의에 필요한 서류

〈개발행위허가신청서 작성 사례〉

개발행위허가 신청서

	처리기간
	15일

■ 토지형질변경 □ 공작물 설치 □ 물건적치
□ 토석채취 □ 토지분할

신청인	① 성명 (법인명)	한글	00주식회사 홍길동	② 주민등록번호 (법인등록번호)	110111-4079111
		한자			
	③ 주소		(전화: 010-1234-9440) 서울시 강남구 역삼동 702-13		

허가신청사항

④ 위치			평택시 오성면 **리 산1	⑤ 지목	임야
⑥ 용도지역			계획관리지역	⑦ 용도지구	계획관리지역

신청내용	공작물 설치	⑧ 신청면적		⑨ 중량	
		⑩ 공작물구조		⑪ 부피	
	형질변경	토지현황	⑫ 경사도	%	⑬ 토질	
			⑭ 토석매장량			
		죽목재식현황	⑮ 주요수종			
			⑯ 임목지		⑰ 무임목지	
		⑱ 신청면적	전용면적	15,000㎡		
			합계	15,000㎡		
		죽목벌채	⑲ 수종		⑳ 나무수	
	토석채취	신청면적	해당없음	부피	해당없음
	토지분할	종전면적	해당없음	분할면적	해당없음
	물건적치	중량	해당없음	부피	해당없음
		품명	해당없음	평균적치량	해당없음
		적치기간	년 월 일부터 ~ 년 월 일까지		

개발행위목적		공장부지조성		
사업기간	착공	2020년 1월 일	준공	20 년 월 일

국토의계획및이용에관한법률 제57조제1항 및 같은 법 시행규칙 제9조에 따라
위와 같이 허가를 신청합니다.

2020년 1월 일

신청인 : 00 주식회사
대 표 : 홍길동 (서명 또는 인)

평택시장 귀하

관련 인 · 허가 등의 의제처리

'의제처리'란 하나의 주된 인 · 허가를 위하여 수반되는 개별법상의 여러 가지 인 · 허가를 각기 따로 처리하지 않고 일괄하여 처리하는 제도이다. 예를 들면 개발행위허가시 농지전용허가, 산지전용허가, 도로의 점용허가, 사도개설허가 등 18가지 법률상의 인 · 허가가 의제처리 될 수 있다. 인 · 허가 등의 의제를 받으려면 개발행위허가를 신청할 때 해당 법률에서 정하는 관련 서류를 함께 제출하여서 미리 관계기관의 장과 협의하여야 하며, 미리 관계 행정기관의 장과 협의한 사항에 대하여는 그 인 · 허가 등을 받은 것으로 본다.

- 「공유수면 관리 및 매립에 관한 법률」에 따른 공유수면의 점용 · 사용허가, 점용 · 사용 실시계획의 승인 또는 신고, 공유수면의 매립면허 및 공유수면매립실시계획의 승인
- 「광업법」에 따른 채굴계획의 인가
- 「농어촌정비법」에 따른 농업생산기반시설의 사용허가
- 「농지법」에 따른 농지전용의 허가 또는 협의, 농지전용의 신고 및 농지의 타용도 일시사용의 허가 또는 협의
- 「도로법」에 따른 도로관리청이 아닌 자에 대한 도로공사 시행의 허가, 도로와 다른 시설의 연결허가 및 도로의 점용 허가
- 「장사 등에 관한 법률」에 따른 무연분묘의 개장 허가
- 「사도법」에 따른 사도 개설의 허가
- 「사방사업법」에 따른 토지의 형질 변경 등의 허가 및 사방지 지정의 해제
- 「산지관리법」에 따른 산지전용허가 및 산지전용신고, 산지일시사용허

가 · 신고, 토석채취허가, 토사채취신고 및 「산림자원의 조성 및 관리에 관한 법률」에 따른 입목벌채 등의 허가 · 신고

- 「소하천정비법」에 따른 소하천 공사 시행의 허가 및 소하천의 점용 허가
- 「수도법」에 따른 전용 상수도 설치 및 전용 공업용 수도 설치의 인가
- 「연안관리법」에 따른 연안정비사업 실시계획의 승인
- 「체육시설의 설치 · 이용에 관한 법률」에 따른 사업계획의 승인
- 「초지법」에 따른 초지전용의 허가, 신고 또는 협의
- 「공간정보의구축및관리등에관한법률」에 따른 지도 등의 간행 심사
- 「하수도법」에 따른 공공하수도에 관한 공사 시행의 허가 및 공공하수도의 점용허가
- 「하천법」에 따른 하천공사 시행의 허가 및 하천 점용의 허가
- 「도시공원및녹지등에관한법률」에 따른 도시공원의 점용허가 및 녹지의 점용허가

개발행위허가 여부 통보 및 허가증 수령

개발행위허가 신청에 대하여 허가가 떨어지면 개발행위허가 신청 처리에 대한 알림 공문을 통보 받게 되며, 농지보전부담금 · 대체산림자원조성비 · 복구비 등을 납부하고 허가증을 수령하게 된다.

〈제2종 근린생활시설(제조업소) 개발행위허가 통보문 사례〉

제목: 개발행위허가 신청 처리 알림(홍길동)

1. 귀하께서 우리시에 신청하신 ㅁㅁ리 산1-1번지 2,800㎡에 제2종 근린생활시설(제조업소) 부지조성 목적의 개발행위허가 신청에 대하여 국토계획법 제56조의 규정에 의거 붙임과 같이 허가처리 하오니, 다음의 사항을 이행하신 후 허가증을 교부 받으시기 바랍니다.

2. 허가증을 교부 받기 전 사업계획에 의한 공사를 착수하시면 국토계획법 제60조 및 제140조 규정에 의거 허가취소나 원상회복 등의 처분을 받게 됨을 알려 드립니다.

가. 개발행위허가 및 산지전용협의에 따른 각 면허세를 납부하고 영수증 사본 제출

나. 개발행위허가에 따른 지역개발공채 ₩1,710,000원을 납부하고 매입필증 제출

다. 개발행위허가에 따른 대체산림자원조성비 ₩6,336,960원을 납부하고 영수증 제출

라. 개발행위에 따른 복구비 ₩26,170,000원을 현금 또는 인·허가 보증보험증권으로 예치하고 보증보험증서 제출(보증기간 - 2022. 12. 31)

붙임: 개발행위허가증 및 허가조건 1부. 끝

○○시 장

〈공장설립승인 통보문〉

화 성 시

수신 수신자 참조

(경유)

제목 **공장설립(변경) 승인 통보**

1. "사람이 먼저인 화성"을 만들기 위한 귀사(하)의 협력에 감사드립니다.
2. 귀사(하)의 공장설립변경승인 신청에 대하여 산업집적활성화 및 공장설립에 관한 법률 제13조 및
   같은 법 시행령 제19조제3항에 따라 아래와 같이 승인하오니 부과된 공과금을 납부하신 후 허가민
   원2과 공장설립2팀에서 승인서를 수령하시기 바라며, 승인서에 첨부된 승인조건 이행에 만전을 기
   하여 주시기 바랍 니다.
3. 만약 조건을 이행하지 않을 경우 또는 최초 공장설립승인일부터 4년 이내에 공장 설립을 완료하지
   않을 경우 또는 최초 공장설립승인일부터 3년 이내에 공장을 착공하지 아니하는 경우 등에는 승인
   이 취소될 수 있습니다.
4. 최종건축물의 사용승인을 받고 기계 · 장치의 설치를 완료한 날부터 2개월 이내에 같은 법 시행령
   제20조에 따라 완료신고를 하시기 바랍니다.

가. 신청내역

업체명	대표자 (주민 · 법인등록번호)	공장소재지
		**면 OO리 14-1, 14-1, -3, -31, -32, -33, -35, -36, -37, -38, -40, -41, -42, -43, -45, -46, -47, -48, -49, 15, 15-19, -20, -26번지 총22필지

나. 공과금 부과내역

등록면허세			이행 보증금	농지전용 부담금	대체산림자원 조성비	복구비	지역개발 공채
개발	농지	산지					
27,000	27,000	27,000	225,027,600	-	99,840	이행보증금 포함	-

5. 관련부서에서는 조건이행 등 업무에 참고하시기 바랍니다.

붙임 1. 공장설립(변경) 승인서 1부.
      2. 개발행위(변경) 협의서 1부.
      3. 농지전용(변경) 협의서 1부.
      4. 산지전용(변경) 협의서 1부.
      5. 사전재해영향성검토 협의서 1부.
      6. 소규모 환경영향평가 협의서 1부. 끝.

개발행위허가의 이행 보증

- 특별시장 · 광역시장 · 특별자치시장 · 특별자치도지사 · 시장 또는 군수는 기반시설의 설치나 그에 필요한 용지의 확보, 위해 방지, 환경오염 방지, 경관, 조경 등을 위하여 필요하다고 인정되는 경우로서 법령으로 정하는 경우에는 이의 이행을 보증하기 위하여 개발행위허가를 받는 자로 하여금 이행보증금을 예치하게 할 수 있다.

- 이행보증금의 예치금액은 기반시설의 설치, 위해의 방지, 환경오염의 방지, 경관 및 조경에 필요한 비용의 범위 안에서 산정하되 총공사비의 20% 이내가 되도록 하고, 그 산정에 관한 구체적인 사항 및 예치방법은 특별시 · 광역시 · 특별자치시 · 특별자치도지 · 시 또는 군의 「도시 · 군계획조례」로 정해져 있다. 이 경우 산지 안에서의 개발행위에 대한 이행보증금의 예치금액은 「산지관리법」 제38조에 따른 복구비를 포함하여 정하되, 복구비가 이행보증금에 중복하여 계상되지 않도록 한다.

- 이행보증금은 현금으로 납입하되, 통상은 보증보험증서로 대체하여 처리한다.

- 이행보증금은 개발행위허가를 받은 자가 준공검사를 받으면 반환받게 된다.

- 특별시장 · 광역시장 · 특별자치시장 · 특별자치도지사 · 시장 또는 군수는 개발행위허가를 받은 자가 원상회복명령을 이행하지 아니하는 때에는 이행보증금을 사용하여 대집행에 의하여 원상회복을 할 수 있다. 이 경우 잔액이 있는 때에는 즉시 이를 이행보증금의 예치자에게 반환하게 된다.

개발행위허가의 조건: 사례

시장·군수는 개발행위허가를 하는 경우에는 그 개발행위에 따른 기반시설의 설치 또는 그에 필요한 용지의 확보, 위해 방지, 환경오염 방지, 경관, 조경 등에 관한 조치를 할 것을 조건으로 개발행위허가를 할 수 있다. 대개 다음과 같은 유사한 형태의 개발행위조건이 붙는다.

【일반조건】

- 건설공사의 시공업자는「건설산업기본법」제9조 및 동법 시행령 제7조의 규정에 의거 등록된 건설업체로 하여금 시공하도록 한다.
- 공사시행 및 시설물 운영시에는 인근 가옥 등에 피해가 발생하지 않도록 피해방지 시설을 하여야 하며, 피해 발생시에는 사업시행자가 민·형사상 책임 처리해야 한다.
- 개발행위허가는 제출된 신청서를 근거로 현장 확인 등을 통하여 허가한 사항으로 향후 제출서류 등의 허위 기타 부정한 방법과 전제조건 불이행 등이 있을 시에는「국토계획법」제133조에 의거 하가를 취소할 수 있다.
- 다음 각 호의 어느 하나에 해당하는 경우에는 허가를 받은 자의 의견을 들은 후 개발행위허가를 취소할 수 있다(「도시계획조례」제26조 제1항).
  - 「농지법」이 규정하는 전용허가의 취소 등의 사유에 해당하는 행위를 한 때
  - 「산지관리법」이 규정하는 산지전용허가의 취소 등의 사유에 해당하는 행위를 한 때
  - 허가를 받은 자가 정당한 사유 없이 허가조건을 이행하지 아니하는 경우

- 「도시계획조례」제26조 제2항의 제1항 내지 제3호의 사유로 인하여 개발행위허가를 취소하고자 하는 경우에 허가받은 자가 정당한 이유를 들어 기간연장을 요청하는 때에는 1회에 한하여 1년 이내의 범위 안에서 그 기간을 연장할 수 있다.
- 기타 타 법규에 저촉되는 사항에 대하여는 개별법규에 의한 인·허가, 협의, 동의 등의 절차를 이행해야 한다.
- 「개발이익 환수에 관한 법률」제5조 규정에 의한 개발부담금 부과대상사업이므로 시행규칙 제20조 규정에 의하여 준공인가일(개발사업 착수 후 취소한 경우에는 취소일)로부터 40일 이내에 개발비용 산출명세서를 민원봉사과에 제출하도록 한다.

그 외 산지전용협의조건, 착공 전 이행조건, 준공검사 신청 전 이행조건 등은 첨부한 개발행위허가 조건을 참조하도록 한다.

개발행위허가의 준공

개발행위허가를 받은 자는 그 개발행위를 마치면 국토해양부령으로 정하는 바에 따라 특별시장·광역시장·시장 또는 군수의 준공검사를 받아야 한다. 단, 개발행위허가 대상 행위 중 건축물의 건축이나 공작물의 설치 행위에 대하여는 「건축법」제22조에 따른 건축물의 사용승인을 얻은 경우에는 준공검사를 받은 것으로 본다. 「국토계획법」에 따른 준공시 구비서류는 다음과 같다.

- 준공사진
- 지적측량성과도(토지분할이 수반되는 경우와 임야를 형질변경하는 경우로서 등록전환이 수반되는 경우)
- 관련 인 · 허가 준공의제를 위해 관계 행정기관의 장과의 협의에 필요한 서류

준공검사를 받으면 토지의 지목은 임야나 전, 답, 과수원에서 '대'나 '공장용지'로 지목변경이 되며, 사업시행자는 준공 후 40일 이내에 개발부담금의 납부와 관련한 개발비용내역서를 제출해야 한다.

지목변경

'지목변경'이란 지적공부에 등록된 지목을 다른 지목으로 바꾸어 등록하는 것을 말하며, 토지소유자는 지목변경을 할 토지가 있으면 그 사유가 발생한 날부터 60일 이내에 지적소관청에 지목변경을 신청하여야 한다. 지목변경을 신청할 수 있는 경우는 다음과 같다.

1. 「국토계획법」 등 관계 법령에 따른 토지의 형질변경 등의 공사가 준공된 경우

농지나 임야에 개발행위허가를 받아서 전원주택부지나 공장부지, 창고부지 등을 개발하는 경우를 말한다. 다만, 토목공사 등의 부지공사가 다 되었다고 해서 지목변경이 되는 것이 아니고 반드시 건축물의 준공을 수반하여야 개발행위허가도 동시에 준공이 되면서 지목변경이 된다. 그에 따라 경매에 나오는 전원주택부지나 공장부지 등이 외견상 토목공사

는 완료되었지만 건축물이 없거나 또는 건축물이 준공이 되지 않은 경우에는 지목이 '대'나 '공장용지'로 변경되지 않은 채 농지나 임야인 상태로 나오게 되는 것이다.

2. 토지나 건축물의 용도가 변경된 경우

지목은 토지의 주된 사용용도이기 때문에 건축물의 용도가 변경이 되면 토지의 지목도 변경이 된다. 예를 들면 공장으로 쓰던 건축물을 창고로 변경허가를 받아 사용한다면 해당 토지의 지목은 '공장용지'에서 '창고용지'로 변경이 된다. 다시 '창고용지'로 쓰던 건축물을 '카페'나 '음식점' 등의 근린생활시설로 변경허가를 받아 사용한다면 해당 토지의 지목은 이번에는 '창고용지'에서 '대'로 변경이 된다.

3. 도시개발사업 등의 원활한 추진을 위하여 사업시행자가 공사 준공 전에 토지의 합병을 신청하는 경우

지목변경은 공사가 준공된 후에 하는 것이 원칙이지만 도시개발사업이나 산업단지개발사업, 택지개발사업, 철도 · 국도 건설사업 등의 대규모 개발사업이나 사회기반시설 사업은 사업의 원활한 추진을 위하여 사업시행자가 공사 준공 전에 토지의 합병을 신청하는 경우 지목변경을 할 수 있다.

이 책에서 말하는 지목변경은 「국토계획법」 등 관계 법령에 따른 토지의 형질변경 등의 공사가 준공된 경우'의 지목변경을 말하는 것이다. 따라서 지목변경을 하기 위한 핵심과정인 개발행위허가를 통해 토지의 지목변경을 설명하고 있다.

개발행위허가의 제한

국토해양부장관, 시·도지사, 시장 또는 군수는 다음의 어느 하나에 해당되는 지역으로서 도시·군관리계획상 특히 필요하다고 인정되는 지역에 대해서는 중앙도시계획위원회나 지방도시계획위원회의 심의를 거쳐한 차례만 3년 이내의 기간 동안 개발행위허가를 제한할 수 있다. 다만, 제3호부터 제5호까지에 해당하는 지역에 대해서는 한 차례만 2년 이내의 기간 동안 개발행위허가의 제한을 연장할 수 있다. 따라서 개발행위허가를 신청하기 전에 허가 대상 부지가 개발행위허가제한지역으로 지정되어 있는지 여부를 토지이용계획확인서를 통해 확인해야 한다.

① 녹지지역이나 계획관리지역으로서 수목이 집단적으로 자라고 있거나 조수류 등이 집단적으로 서식하고 있는 지역 또는 우량 농지 등으로 보전할 필요가 있는 지역
② 개발행위로 인하여 주변의 환경·경관·미관·문화재 등이 크게 오염되거나 손상될 우려가 있는 지역
③ 도시·군기본계획이나 도시·군관리계획을 수립하고 있는 지역으로서 그 도시·군기본계획이나 도시·군관리계획이 결정될 경우 용도지역·용도지구 또는 용도구역의 변경이 예상되고 그에 따라 개발행위허가의 기준이 크게 달라질 것으로 예상되는 지역
④ 지구단위계획구역으로 지정된 지역
⑤ 기반시설부담구역으로 지정된 지역

〈개발행위허가제한지역 지정사례〉

지목	공장용지	면적	985㎡
개별공시지가	202,000원(2020/01)		
지역 지구 등 지정 여부	「국토의 계획 및 이용에 관한 법률」에 따른 지역·지구 등	도시지역, 자연녹지지역, 개발행위허가제한지역, 특정개발진흥지구, 중로2류(저촉), 철도(저촉)	
	다른 법령 등에 따른 지역·지구 등	배출시설설치제한지역(수질 및 수생태계 보전에 관한 법률), 수질보전특별대책지역(제2권역)(환경정책기본법)	
「토지이용규제 기본법 시행령」 제9조 제4항 각 호에 해당되는 사항			

☞ 전철역사예정지 주변의 신도시 건립예정지역으로 도시관리계획의 변경으로 인하여 개발행위허가제한지역으로 묶여 있는 토지

TIP 개발행위허가제한지역과 개발제한구역

2가지의 이름은 유사하지만 전혀 별개의 개념이다. 개발행위허가제한지역은 「국토계획법」에 의하여 일시적으로 개발행위허가가 제한된 지역을 말하며, 개발제한구역은 「개발제한구역의 지정 및 관리에 관한 특별조치법」에 의하여 지정된 그린벨트(Green Belt) 토지를 말한다.

개발행위허가의 취소 등

허가권자는 다음의 어느 하나에 해당하는 자에게 허가·인가 등의 취소, 공사의 중지, 공작물 등의 개축 또는 이전, 그 밖에 필요한 처분을 하거나 조치를 명할 수 있다. 단, 개발행위허가의 취소를 하려면 반드시 청문을 하여야 한다.

• 개발행위허가 또는 변경허가를 받지 아니하고 개발행위를 한 자

- 개발행위허가 또는 변경허가를 받고 그 허가받은 사업기간 동안 개발행위를 완료하지 아니한 자
- 이행보증금을 예치하지 아니하거나 토지의 원상회복명령에 따르지 아니한 자
- 개발행위를 끝낸 후 준공검사를 받지 아니한 자
- 제130조를 위반하여 타인의 토지에 출입하거나 그 토지를 일시사용한 자
- 부정한 방법으로 다음 각 목의 어느 하나에 해당하는 허가·인가·지정 등을 받은 자
  가. 개발행위허가 또는 변경허가
  나. 개발행위의 준공검사

토지개발과 영향평가

일정 규모 이상의 개발행위허가는 경미한 소규모 환경영향평가 및 소규모 재해영향평가 협의의 대상이 되며, 실무에서는 토목설계사무소에 개발행위허가를 의뢰하면 토목설계사무소에서 전문회사에 별도의 용역을 주어 처리된다. 여기에서는 토지투자 수준에 필요한 최소한도의 개요와 절차만을 간략히 소개하기로 하며, 좀 더 상세한 내용을 원하는 사람은 환경부와 소방방재청의 홈피에 접속해서 업무처리지침 등을 통해 깊게 접근할 수 있다.

■ 경미한 소규모 환경영향평가

경미한 소규모 환경영향평가 개념

'소규모 환경영향평가'란 환경보전이 필요한 지역이나 난개발이 우려되어 계획적 개발이 필요한 지역에서 개발사업을 시행할 때에 입지의 타당

성과 환경에 미치는 영향을 미리 조사 · 예측 · 평가하여 환경보전방안을 마련하는 것을 말한다. 소규모 환경영향평가 대상 사업 중 환경영향이 경미하다고 판단하여 그 종류 · 규모 등을 정하여 고시하는 소규모 개발 사업에 대해서는 소규모 환경영향평가서를 작성할 때 일부 내용의 작성을 생략할 수 있으며 이것을 '경미한 소규모 환경영향평가'라 한다.

경미한 소규모 환경영향평가 대상

1) 경미한 소규모 환경영향평가의 대상은 「국토계획법」 제36조제1항제2호 및 제3호의 용도지역별로 세분된 지역으로서 적용지역 및 대상, 그 면적은 아래 표와 같다.

적용 지역		대 상 면 적	비 고
관리지역	보전관리지역	5,000m²이상 30,000m² 미만	
	생산관리지역	7,500m²이상 30,000m² 미만	
	계획관리지역	10,000m²이상 30,000m² 미만	
농 림 지 역		7,500m²이상 30,000m² 미만	

2) 상기 1)항의 적용지역에서의 적용대상은 다음 사업에 한함

사 업 구 분	적 용 대 상
공장 조성 사업	공장(부대 창고, 야적장 포함)
창고 조성 사업	창고(야적장, 적치장)
주택 건설 사업	전원주택 단지(연접 조성 제외)
체육 시설 조성 사업	소규모 운동장에 한함
교통 시설 설치 사업	주차장 시설에 한함
공간 시설 설치 사업	공간 시설(공원 포함, 유원지 제외)
개간 사업	개간 사업(초지 조성 포함)
종자관련시설 설치 사업	종자 연구 · 생산 · 가공 등의 시설
육상태양광발전시설 설치 사업	태양광 발전시설(타 사업의 시행으로 조성된 유휴부지에 단순한 공작물 설치로 가능한 경우에 한함)

생태자연도(Ecosystem Map)

〈생태자연도 등급과 기준〉

생태자연도 등급	등급별 구분기준	고려기준
1등급	• 「야생 동·식물보호법」 제2조의 규정에 의한 멸종위기야생 동·식물의 주된 서식지·도래지 및 주요 생태축 또는 주요 생태통로가 되는 지역 • 생태계가 특히 우수하거나 경관이 특히 수려한 지역 • 생물의 지리적 분포한계에 위치하는 생태계 지역 또는 주요 식생의 유형을 대표하는 지역 • 생물다양성이 특히 풍부하고 보전가치가 큰 생물자원이 존재·분포하고 있는 지역 • 자연원시림 또는 이에 가까운 산림 및 고산초원 • 자연상태 또는 이에 가까운 하천·호소·강하구	자연환경의 보전 및 복원
2등급	• 1등급 기준에 준하는 지역으로서 장차 보전의 가치가 있는 지역 • 1등급 권역의 외부지역으로서 1등급 권역의 보호를 위하여 필요한 지역	자연환경의 보전 및 복원 개발 이용시 훼손 최소화
3등급	• 1등급 권역, 2등급 권역 및 별도관리지역으로 분류된 지역 외의 지역	체계적인 개발 및 이용
별도관리 지역	다른 법률의 규정에 의하여 보전되는 지역 중 역사적·문화적·경관적 가치가 있는 지역이거나 도시의 녹지보전 등을 위하여 관리되고 있는 지역으로서 대통령령이 정하는 지역	

생태자연도란 산·하천·내륙습지·호소(湖沼)·농지·도시 등에 대하여 자연환경을 생태적 가치, 자연성, 경관적 가치 등에 따라 4등급화 하

여 「자연환경보전법」에 의하여 작성된 지도를 말한다. 멸종위기 야생생물의 주된 서식지·도래지 및 주요 생태축 또는 생태통로가 되는 지역을 1등급으로 분류하여 보전하게 된다.

■ 소규모 재해영향평가

과거의 사전재해 영향성 검토협의 제도가 2019년 1월 1일부터 소규모 재해영향평가 협의 제도로 변경되었다. 재해영향평가 등의 협의는 행정계획은 '재해영향성검토', 개발사업은 규모에 따라 '재해영향평가'와 '소규모 재해영향평가'로 구분하여 시행하고 있다. 소규모 재해영향평가의 협의기간은 30일이다.

소규모 재해영향평가 협의 대상사업
소규모 재해영향평가 협의 대상사업의 종류는 택지개발조성, 산업단지조성, 공원조성과 같이 사업의 규모를 면적개념으로 분류하는 것은 부지면적 5천㎡ 이상(공장설립은 1만㎡ 이상~5만㎡ 미만), 도로, 철도, 하천과 같이 사업의 규모를 선 개념으로 분류하는 것은 길이 2km 이상~10km 미만이 해당한다.
재해영향평가 협의를 하여야 하는 개발사업의 범위는 다음의 표를 참고하면 된다.

재해영향평가 등의 협의 대상사업	사업의 종류	규모
개발사업	재해영향평가 59개 종류 (48개 법령)	(면적) 5만㎡ 이상 (길이) 10km 이상
	소규모재해영향평가	(면적) 5천㎡ 이상 5만㎡ 미만 (길이) 2km 이상 10km 미만

소규모 재해영향평가 협의 시기

「국토계획법」 제56조에 따른 개발행위허가의 경우는 개발행위허가 전에, 「산업집적법」 제13조에 따른 공장설립승인은 공장성립승인 전에 협의를 하여야 한다.

공장설립승인시 소규모 재해영향평가 협의 절차

공장설립승인

협의 대상	「산업집적 활성화 및 공장설립에 관한 법률」 제13조에 따른 공장설립
협의 시기	공장설립 등 승인 전
협의 기간	접수한 날로부터 20일 이내
신청권자	공장설립 등을 하고자 하는 자
승인권자	시장·군수 또는 구청장

공장설립 협의 절차

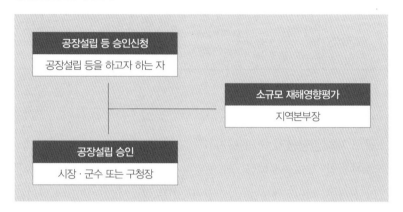

토지개발과 부담금

전원주택부지나 공장부지 등을 개발하기 위해서 개발행위허가(또는 공장설립승인)를 받으면 농지는 농지보전부담금, 산지는 대체산림자원조성비를 납부하여야 한다. 두 가지를 묶어서 통상 전용부담금이라고 한다. 반드시 해당 전용부담금을 납부하여야 허가증을 수령할 수 있다.

■ 농지보전부담금

농지보전부담금의 납부의무자

다음의 어느 하나에 해당하는 자는 농지의 보전 · 관리 및 조성을 위한 부담금(농지보전부담금)을 농지관리기금을 운용 · 관리하는 자에게 내야 한다.

- 농지전용허가를 받는 자
- 농지전용협의를 거친 지역 예정지 또는 시설 예정지에 있는 농

지(같은 호 단서에 따라 협의 대상에서 제외되는 농지를 포함한다)를 전용
하려는 자
- 농지전용에 관한 협의를 거친 구역 예정지에 있는 농지를 전용
  하려는 자
- 농지전용협의를 거친 농지를 전용하려는 자
- 다른 법률에 따라 농지전용허가가 의제되는 협의를 거친 농지
  를 전용하려는 자
- 농지전용신고를 하고 농지를 전용하려는 자

농지보전부담금의 환급

허가의 취소 등 다음의 어느 하나에 해당하는 경우 법령으로 정하는 바
에 따라 그에 해당하는 농지보전부담금을 환급받을 수 있다.

- 농지보전부담금을 낸 자의 허가가 취소된 경우
- 농지보전부담금을 낸 자의 사업계획이 변경된 경우
- 농지보전부담금을 납부하고 허가를 받지 못한 경우
- 그 밖에 이에 준하는 사유로 전용하려는 농지의 면적이 당초보
  다 줄어든 경우

농지보전부담금의 계산

농지보전부담금은 공시지가의 30%를 납부하여야 한다. 단, ㎡당 5만원(즉 3.3㎡당 16만 5천원)을 한도로 한다. 계산사례를 예시하면 다음과 같다.

> **TIP** 농지보전부담금 계산 사례
> ① 공시지가 50,000원/㎡ 토지 → 50,000원/3.3㎡
> ② 공시지가 100,000원/㎡ 토지 → 100,000원/3.3㎡
> ③ 공시지가 250,000원/㎡ 토지 → 165,000원/3.3㎡

■ 대체산림자원조성비

대체산림자원조성비의 납부의무자

다음 각 호의 어느 하나에 해당하는 자는 산지전용과 산지일시사용에 따른 대체산림자원 조성에 드는 비용(대체산림자원조성비)을 납부하여야 한다.

- 산지전용허가를 받으려는 자
- 산지일시사용허가를 받으려는 자
- 다른 법률에 따라 산지전용허가 또는 산지일시사용허가가 의제 되거나 배제되는 행정처분을 받으려는 자

대체산림자원조성비의 환급

허가의 취소 등 다음의 어느 하나에 해당하는 경우 법령으로 정하는 바에 따라 그에 해당하는 대체산림자원조성비를 환급받을 수 있다.

- 산지전용허가를 받지 못한 경우
- 산지일시사용허가를 받지 못한 경우
- 산지전용허가 또는 산지일시사용허가가 취소된 경우
- 사업계획의 변경 등의 사유로 대체산림자원조성비의 부과 대상 산지의 면적이 감소된 경우 등

대체산림자원조성비의 계산

대체산림자원조성비는 산림청에서 매년 고시하는 단위면적당 금액과 개별공시지가를 적용하여 산정한다.

TIP 대체산림자원조성비 부과금액 계산공식과 사례

공식)

산지전용허가면적 × (단위면적당 금액＋해당 산지의 개별공시지가의 1000분의 10)

사례)

2020년 단위면적당 금액은 준보전산지 4,800원/㎡, 보전산지 6,240원/㎡이다. 개별공시지가의 1000분의 10은 단위면적당 금액을 한도로 한다. 계산 사례를 예시하면 다음과 같다.

① 공시지가 70,000원/㎡인 준보전산지: (4,800+700)×3.3 = 18,150원/3.3㎡
② 공시지가 50,000원/㎡인 보전산지: (6,240+ 500)×3.3＝ 22,242원/3.3㎡
③ 공시지가 100,000원/㎡인 준보전산지: (4,800+1,000)×3.3＝ 19,140원/3.3㎡

■ 개발부담금

「개발이익환수에 관한 법률」에 근거하여 토지로부터 발생되는 개발이익을 환수하여 이를 적정하게 배분하여서 토지에 대한 투기를 방지하고 토지의 효율적인 이용을 촉진하여 국민경제의 건전한 발전에 이바지하기 위한 제도이다. 개발이익이란 개발사업의 시행이나 토지이용계획의 변경, 그 밖에 사회적 · 경제적 요인에 따라 정상지가상승분을 초과하여 개발 사업을 시행하는 자나 토지 소유자에게 귀속되는 토지 가액의 증가분을 말한다.

개발부담금 부과대상 사업

개발부담금의 부과대상이 되는 개발사업은 국가나 지방자치단체로부터 허가, 인가, 면허 등(신고를 포함한다.)을 받아 시행하는 다음에 해당하는 사업 등으로 한다. 이 책에서 배우는 사업은 7번과 8번에 해당한다.

1. 택지개발사업(주택단지조성사업을 포함한다.)
2. 산업단지개발사업
3. 관광단지조성사업(온천 개발사업을 포함한다.)
4. 도시개발사업, 지역개발사업 및 도시환경정비사업
5. 교통시설 및 물류시설 용지조성사업
6. 체육시설 부지조성사업(골프장 건설사업 및 경륜장 · 경정장 설치사업을 포함한다.)

7. 지목 변경이 수반되는 사업으로서 대통령령으로 정하는 사업
- 「건축법」에 따른 건축물(국토교통부령으로 정하는 건축물로 한정한다)의 건축(「건축법」 제19조에 따른 용도변경을 포함한다)으로 사실상 또는 공부상의 지목변경이 수반되는 사업
- 지목변경으로 부담금이 부과된 토지에 대한 사업의 경우 그 부담금 부과 당시의 지목을 그 부담금 부과 전의 지목으로 변경하는 경우는 제외한다.

8. 그 밖에 제1호부터 제6호까지의 사업과 유사한 사업으로서 대통령령으로 정하는 사업
- 「건축법」에 따른 창고시설의 설치로 사실상 또는 공부상의 지목변경이 수반되는 사업을 위한 용지조성사업
- 「국토계획법」에 따른 창고시설의 설치를 위한 용지조성사업
- 「중소기업창업 지원법」에 따른 공장용지조성사업
- 「산업집적법」에 따른 산업단지 외의 지역에서의 공장용지조성사업 및 공장설립을 위한 부지조성사업
- 「국토계획법」에 따른 개발행위 허가(신고), 「농지법」에 따른 농지전용 허가(신고), 「산지관리법」에 따른 산지전용 허가(신고), 「초지법」에 따른 초지전용 허가(신고)에 따라 시행하는 사업으로서 다음의 어느 하나에 해당하는 사업
    (1) 주택을 건축하기 위한 용도로 토지를 개발하는 사업 등 국토교통부령으로 정하는 사업
    (2) 사실상 또는 공부상의 지목변경이 수반되는 사업

개발부담금 부담률

개별사업법에 의한 대규모 개발사업은 20%, 개발행위허가 수준의 소규모 개발사업은 25%를 적용한다.

- 앞의 1번~6번까지의 개발사업: 개발이익의 20%
- 앞의 7번 및 8번의 개발사업: 개발이익의 25%

개발부담금 부과대상 면적

국가 또는 지방자치단체로부터 인가·허가·면허 등을 받은 사업대상 토지의 면적을 기준으로 한다.

1. 특별시·광역시 또는 특별자치시의 지역 중 도시지역에서 시행하는 사업의 경우 660㎡ 이상(아래의 3항의 사업은 제외한다.)
2. 특별시·광역시 또는 특별자치시 외의 도시지역인 지역에서 시행하는 사업의 경우 990㎡ 이상(아래의 3항의 사업은 제외한다.)
3. 도시지역 중 개발제한구역에서 그 구역의 지정 당시부터 토지를 소유한 자가 그 토지에 대하여 시행하는 사업의 경우 1,650㎡ 이상
4. 도시지역 외의 지역(비도시지역)에서 시행하는 사업의 경우 1,650㎡ 이상

연접한 토지의 분할사업

동일인(법인을 포함하며, 자연인인 경우에는 배우자 및 직계존비속을 포함한다)이 연접(連接)한 토지(동일인이 소유한 연속된 일단의 토지인 경우를 포함한다)에 하

나의 개발사업이 끝난 후 5년 이내에 개발사업의 인가 등을 받아 사실상 분할하여 시행하는 경우에는, 각 사업의 대상 토지 면적을 합한 토지에 하나의 개발사업이 시행되는 것으로 본다.

납부의무자

개발부담금 해당사업의 사업시행자가 개발부담금 납부의무를 진다. 다만, 다음의 어느 하나에 해당하면 그에 해당하는 자가 개발부담금을 납부하여야 한다.

> 1. 개발사업을 위탁하거나 도급한 경우에는 그 위탁이나 도급을 한 자
> 2. 타인이 소유하는 토지를 임차하여 개발사업을 시행한 경우에는 그 토지의 소유자
> 3. 개발사업을 완료하기 전에 사업시행자의 지위나 앞의 1항 또는 2항에 해당하는 자의 지위를 승계하는 경우에는 그 지위를 승계한 자. 즉, 타인이 개발한 공장부지나 전원주택부지 등을 구입하여(소위 분양을 받아) 건축물을 건축하고 그에 따라 분양을 받은 자의 이름으로 개발행위허가의 준공과 지목변경이 되는 경우, 개발부담금의 납부의무자는 그 부지개발자가 아닌 분양을 받은 자(즉, 지위의 승계자)가 된다는 점에 유의해야 한다.

개발비용 산정기준의 특례(표준비용)

개발비용 산정의 간소화 및 투명화를 위하여 2,700㎡ 이하의 개발사업(토

지개발 비용의 지출 없이 용도 변경 등으로 완료되는 개발사업은 제외한다)의 경우에는 순 공사비, 조사비, 설계비, 일반관리비의 합계액을 산정할 때 국토교통부장관이 고시하는 단위면적당 표준비용을 적용할 수 있다. 다만, 납부 의무자가 원하지 아니하는 경우에는 그러하지 아니하다.

〈단위면적당 표준비용: 2020년 기준〉

지역별		지형별	단위면적당 표준비용 단가
서울특별시 부산광역시 대구광역시, 인천광역시 광주광역시 대전광역시 울산광역시 세종특별자치시 경기도	시·구 (세종특별자치시 읍·면·동)	산지	54,340원/㎡
		산지외	40,330원/㎡
	군	산지	46,720원/㎡
		산지외	34,690원/㎡
강원도 충청북도 충청남도 전라북도 전라남도 경상북도 경상남도 제주특별자치도	시	산지	46,530원/㎡
		산지외	34,600원/㎡
	군	산지	40,050원/㎡
		산지외	29,710원/㎡

〈개발부담금 부과대상사업 고지문 예시 〉

활기찬 대도약 아름다운 ○ ○

○○군

수신 : 수신자 참조

제목 : 개발부담금 부과대상사업 고지 (전종철)

1. 우리 군과 지역사회의 발전을 위하여 협조하여 주시는 귀하께 깊은 감사를 드립니다.
2. 귀하께서 시행하시는 개발사업은 「개발이익 환수에 관한 법률」 제5조에 따른 개발부담금 부과대상사업임을 알려 드리오니, 같은 법 제24조(자료제출의무) 및 같은 법 시행규칙 제20조에 따라 반드시 사업 준공 후 40일 이내에 붙임의 개발부담금 제도 및 개발비용 산출 안내서를 참고하여 개발비용 산출명세서를 제출하여 주시기 바라며, 기한 내에 제출하지 아니하거나, 기한 초과 제출 또는 허위로 제출한 경우에는 같은 법 제29조 규정에 따라 200만원 이하의 과태료가 부과됨을 알려드립니다.

◆ 개발부담금 부과대상사업 면적 ◆

허가일자	사업목적	사업 시행자	토지소재지 (화촌면 ○○리)	토지면적 (㎡)	허가면적 (㎡)	근거법률
계				6,777	6,777	「국토계획법」제56조 및 시행령 제51조
2020.01.01	단독주택 부지조성	전종철	75-1	800	800	
2020.01.01	단독주택 부지조성	전종철	75-2	800	800	
~	~	~	~	~	~	

붙임 1. 개발부담금 산출명세서 서식 1부

 2. 개발부담금 제도 및 개발비용 산출 안내서 1부

 3. 관련법령 발췌문 1부 . 끝.

지목변경
제1~제2단계 분석전략

'분석의 틀' 지목변경 5단계 분석법

지목변경 5단계 분석법은 필자가 오랜 현장 및 강의 경험을 바탕으로 하여 정립한 독창적인 투자분석기법이다. 지목변경(토지개발)을 위한 분석은 ①용도지역과 건축물, ②개발행위허 가기준, ③도로 및 진입도로, ④배수로, ⑤군사기지및군사시설보호구역의 5단계로 이루어진 다. 일반적인 토지의 분석은 토지이용계획확인서에 표시된 여러 가지 규제를 나열적으로 분 석하는 것이다. 그러나, 그러한 아날로그식 접근방법으로는 평생 해도 토지를 다 배우지 못 한다. 왜냐하면 적용해야 할 법령과 지역 · 지구 등이 몇 백 개가 넘어갈 정도로 너무 많기 때문이다. 그에 비하여, 지목변경 5단계 분석법은 독자적인 분석의 틀을 만들어놓고 그 분석 의 틀에 분석대상토지의 각종 규제를 집어넣고 분석하는 기법이다. 독자 여러분들이 분석대 상 토지가 소재하는 시 · 군의 「도시 · 군계획조례」(시는 도시계획조례, 군은 군계획조례)를 펼쳐놓고 지목변경 5단계 분석법을 적용해서 분석해보면 해당 토지의 사용용도, 개발 가능 성 등을 사전에 상당 수준으로 판단해 볼 수 있다. 또한, 지목변경 5단계분석법을 적용하여 분석한 자료를 토대로 행정관청이나 토목설계사무소를 방문하면 전문적인 용어를 사용하면 서 보다 높은 수준의 상담을 할 수 있을 것이다.

〈지목변경 5단계 분석법 도해도〉

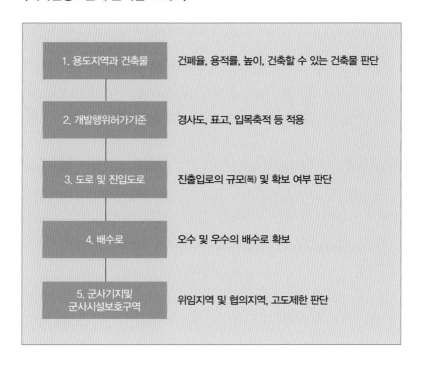

1. 용도지역과 건축물	건폐율, 용적률, 높이, 건축할 수 있는 건축물 판단
2. 개발행위허가기준	경사도, 표고, 입목축적 등 적용
3. 도로 및 진입도로	진출입로의 규모(폭) 및 확보 여부 판단
4. 배수로	오수 및 우수의 배수로 확보
5. 군사기지및 군사시설보호구역	위임지역 및 협의지역, 고도제한 판단

지목변경 제1단계 분석
용도지역과 건축물

■ 입지분석과 필지분석

투자대상 물건을 분석하기 위한 기법으로 주식시장에 기본적 분석과 기술적 분석이 있다면, 토지시장에는 입지분석과 필지분석이 있다. 입지분석이란 말 그대로 입지를 보고 토지의 투자가치를 분석하는 것이며, 토지의 가치를 평가함에 있어서 가장 보편적인 분석수단이다. '3기 신도시 예정지 주변에 주목하라', 'GTX노선 역사 예정지에 투자하라' 등 우리가 토지투자와 관련하여 가장 많이 듣는 이야기들이 모두 입지분석에 해당되는 것이다. 그리고 시중에 나와 있는 대다수의 토지투자 관련 지침서가 입지분석에 바탕을 두고 투자이론을 전개하고 있으며 초보자들도 내용을 비교적 쉽게 이해할 수 있다.

필지분석이란 동일한 입지를 가진 토지라도 해당 토지의 가치는 개발 가능성 등에 따라 개별필지마다 크게 다를 수 있다는 전제하에 개별필지의 개발 가능성 등의 분석에 초점을 두는 분석수단을 말한다. 저자의 『지적도의 비밀』, 『관리지역 투자전략』, 『토지전문중개사』 등이 필지분석에 바탕을 둔 책들이며, 토지투자 전문가의 길로 가기 위해서는 반드시 익혀야 하는 과정에 해당한다.

그렇다면 토지투자와 관련하여 입지분석이 더 중요할까? 아니면 필지분석이 더 중요할까? 우매한 질문이며 정답은 입지분석도 중요하고 필지분석도 중요하다는 것이다. 좋은 토지는 기본적으로 입지도 좋아야 하고 개발 가능성도 좋아야 하는 것이다. 따라서 좋은 토지를 고르기 위해서는 먼저 입지를 판단한 다음 개발 가능성 등 개별필지의 가치를 판단하는 2단계로 접근해야 한다. 지목변경 분석기법은 개별필지의 분석에 초점을 맞추고 있는 분석기법이다.

■ 지목변경 제1단계 분석

지목변경 제1단계 분석 전략

토지를 개발하기 위한 투자분석에서 투자가들이 제일 먼저 할 일은 그 땅 위에 내가 건축하려는 건축물, 예를 들면 단독주택이나 공장, 창고 또는 일반음식점 등이 들어설 수 있는지 여부를 확인하는 것이다. 해당 토지의 용도지역에서 허용하는 건축물 안에 포함되어 있어야 개발행위허가를 받아 부지를 조성하고, 건축물을 지어 준공을 받고, 그에 맞는 지목으로 변경할 수 있는 것이다. 이를 알아보려면 토지이용계획확인서를 발급받아 용도지역을 확인하고, 해당 시·군의 「도시·군계획조례」에 들어가서 해당 용도지역에서 건축할 수 있는 건축물에 포함되는지 여부를 판단하면 된다. 여기에서는 유보용도 및 보전용도 토지를 ① 보전녹지지역 ② 생산녹지지역 ③ 자연녹지지역 ④ 보전관리지역 ⑤ 생산관리지역 ⑥ 계획관리지역 ⑦ 농림지역 ⑧ 자연환경보전지역의 8개 용도지역 순으로 분석했다.

토지의 계급장, 용도지역

용도지역이란 토지의 이용과 건축물의 용도·건폐율·용적률·높이 등을 제한함으로써 토지를 경제적·효율적으로 이용하기 위해 서로 중복되지 않게 도시관리계획으로 결정하는 지역을 말하며, 21개로 세분되어 있다. 앞에서 배운 개발행위허가 기준에서는 '개발행위가 용도지역별 건축제한 기준에 적합할 것'이라고 규정하고 있다.

- 용도지역에 따라 토지의 가치가 결정된다. 군대에서 계급에 따라 신분과 대우가 달라지듯이 토지도 계급장인 용도지역이 무엇이냐에 따라 가치가 달라진다.
- 용도지역에 따라 ①건폐율 ②용적률 ③건축할 수 있는 건축물 ④건축물의 높이 4가지가 결정된다. 그리고 이 4가지가 토지의 가격에 절대적인 영향을 미친다.
- 용도지역은 하나의 공간에 하나의 용도지역만이 지정된다. 군대에서 한 사람이 하나의 계급을 가지는 것과 같다. 중개나 컨설팅 물건을

검색하다 보면 가끔 하나의 번지에 2개의 용도지역이 표시된 토지를 볼 수 있을 것이다. 그것은 해당 토지가 2개의 용도지역에 동시에 해당되는 것이 결코 아니다. 이 부분에서 비전문가들이 대부분은 많이 주춤거린다. 해당 토지의 일부분은 A용도지역이고 일부분은 B용도지역이기 때문에 2개의 용도지역이 동시에 표시되는 것이다. 따라서 A와 B가 차지하는 면적비율과 경계를 지적도 및 토지이용계획확인서의 확인도면, 시·군 문의 등을 통해서 반드시 확인해야 해당 토지에 대한 정확한 가치를 평가할 수 있는 것이다.

- 용도지역과 용도지구, 용도구역은 다른 개념이다. 그중에서 용도지역이 가장 중요하므로 반드시 먼저 공부를 해야 하며, 수많은 용도지구와 용도구역은 한 번에 공부하는 것보다 새로운 것을 접하게 될 때마다 별도로 공부해서 이해하는 것이 효율적이다.

「도시·군계획조례」와 용도지역에서 건축할 수 있는 건축물

용도지역에서 건축할 수 있는 건축물은 해당 시·군의 「도시·군계획조례」의 별표에서 열거하고 있다. '허용행위열거방식'이라고 앞에서 언급했다. 단, 계획관리지역은 '금지행위열거방식'을 사용하므로 용도지역에서 건축할 수 없는 건축물이 열거되어 있다. 허용되는 건축물은 '1. 「국토계획법시행령」에 의하여 건축할 수 있는 건축물'과 '2. 해당시·군의 「도시·군계획조례」에 의하여 건축할 수 있는 건축물'의 2가지로 열거되어 있다. 1.에 의하여 허용되는 건축물은 법에서 시행령으로 정하고 있기 때문에 전국적으로 동일하며, 2.에 의하여 허용되는 건축물은 시·군 지방의회에서 결정하기 때문에 조금씩 차이가 난다. 그러나 차이는 1~2% 내외에 불과하기 때문에 실질적으로는 거의 일치한다고 할 수 있다. 1.과 2.의 둘 중 하나에서만 열거되면 해당 용도지역에서 허용되는 건축물이며, 권한의 위임에 의해서 1.과 2.에 중복되어 열거되지는 않는다. 개별 필지의 분석에서 용도지역을 보고 건축할 수 있는 건축물을 판단하는 것은 토지투자분석의 핵심 중의 핵심이라고 할 수 있다.

〈1〉 보전녹지지역과 건축할 수 있는 건축물

지목	전		면적	440.0m²
개별공시지가				
지역 지구 등 지정 여부	「국토의 계획 및 이용에 관한 법률」에 따른 지역·지구 등	도시지역 보전녹지지역		
	다른 법령 등에 따른 지역·지구 등			
「토지이용규제 기본법 시행령」 제9조 제4항 각 호에 해당되는 사항		[추가기재] 농지법 제8조의 규정이 적용되는 농지		

[별표 14] 보전녹지지역 안에서 건축할 수 있는 건축물
검토대상 토지는 도시지역의 보전녹지지역 농지에 해당한다.
용도지역 기준으로 보전녹지지역에서는 원칙적으로 다음과 같은 건축물의 개발이 허용된다.

「국토계획법 시행령」에 의하여 건축할 수 있는 건축물(4층 이하의 건축물에 한한다. 다만, 4층 이하의 범위 안에서 도시·군계획조례로 따로 층수를 정하는 경우에는 그 층수 이하의 건축물에 한한다)

가. 「건축법 시행령」별표 1 제10호의 교육연구시설 중 초등학교

나. 「건축법 시행령」별표 1 제18호가목의 창고(농업 · 임업 · 축산업 · 수산업용만 해당한다.)

다. 「건축법 시행령」별표 1 제23호의 교정 및 국방 · 군사시설

「도시 · 군계획조례」가 정하는 바에 의하여 건축할 수 있는 건축물(4층 이하의 건축물에 한한다. 다만, 4층 이하의 범위 안에서 도시 · 군계획조례로 따로 층수를 정하는 경우에는 그 층수 이하의 건축물에 한한다.)

가. 「건축법 시행령」별표 1 제1호의 단독주택(다가구주택을 제외한다.)

나. 「건축법 시행령」별표 1 제3호의 제1종 근린생활시설로서 해당용도에 쓰이는 바닥면적의 합계가 500제곱미터 미만인 것

다. 「건축법 시행령」별표 1 제4호의 제2종 근린생활시설 중 종교집회장

라. 「건축법 시행령」별표 1 제5호의 문화 및 집회시설 중 동호라목에 해당하는 것

마. 「건축법 시행령」별표 1 제6호의 종교시설

바. 「건축법 시행령」별표 1 제9호의 의료시설

사. 「건축법 시행령」별표 1 제10호의 교육연구시설 중 유치원 · 중학교 · 고등학교

아. 「건축법 시행령」별표 1 제11호의 노유자시설

자. 「건축법 시행령」별표 1 제19호의 위험물저장 및 처리시설

중 액화석유가스충전소 및 고압가스충전 · 저장소

차. 「건축법 시행령」 별표 1 제21호의 동물 및 식물관련시설(동
호 다목 및 라목에 해당하는 것을 제외한다.)

카. 「건축법 시행령」 별표 1 제22호가목의 하수 등 처리시설(「하
수도법」 제2조제9호에 따른 공공하수처리시설만 해당한다.)

타. 「건축법 시행령」 별표 1 제26호의 묘지관련시설

파. 「건축법 시행령」 별표 1 제28호의 장례시설

하. 「건축법 시행령」 별표 1 제29호의 야영장 시설

허용되는 시설

「국토계획법 시행령」에 의하여 건축할 수 있는 건축물

농업용 창고시설이 허용되고 있다.

「도시 · 군계획조례」가 정하는 바에 의하여 건축할 수 있는 건축물

단독주택, 500㎡ 미만의 제1종 근린생활시설, 종교시설, 어린이집 등의
노유자시설, 위험물저장 및 처리시설 중 충전소, 묘지관련시설, 장례시
설, 야영장시설 등이 허용되고 있다. 문화 및 집회시설에서는 라목(전시
장 등)이 허용되고 있다. 여러 가지 건축할 수 있는 건축물 중에서 단독
주택이 가장 중요한 의미를 갖으며, 입지가 좋다면 전원주택 분양사업
이나 펜션부지 분양사업 등이 가능하다. 단, 안산시의 경우처럼 보전녹
지지역에서 단독주택의 건축에 대하여 허가자격을 강화할 수 있으므로
반드시 분석대상 시 · 군의 「도시 · 군계획조례」를 확인하여야 한다.

〈안산시 도시계획조례와 단독주택〉

가. 「건축법 시행령」별표 1(이하 '별표 1'이라 한다) 제1호 단독주택 중 가목에 해당하는 단독주택(대부동에 계속하여 3년 이상 주소를 둔 2년 이상 무주택 농어업인이 2층 이하로 대부동에 건축하는 주택에 한함). 다만, 지격과 규모에 대하여는 다음 기준에 의한다.

1) 농업인의 기준은 「농업·농촌 및 식품산업 기본법 시행령」 제3조에 따른다.
2) 어업인의 기준은 「수산업·어촌 발전 기본법 시행령」 제3조 제2항에 따른다.
3) 농어업인 주택의 기준은 「농지법 시행령」 제29조제4항을 준용한다.

허용되지 않는 시설

'보전' 자가 들어가는 용도지역 즉, 보전녹지지역, 보전관리지역, 자연환경보전지역에서는 오폐수가 많이 배출되는 공장, 공동주택, 숙박시설, 일반음식점 등은 허용되지 않는다.

농업진흥지역 밖의 농지

해당 토지는 농지에 해당하지만 '농업진흥지역(「농지법」)'이라고 표시되어 있지 않기 때문에 농업진흥지역 밖의 농지에 해당한다.

〈2〉 생산녹지지역과 건축할 수 있는 건축물

지목	답	면적	2,139㎡
개별공시지가	146,000원(2010/01)		

지역 지구 등 지정 여부	「국토의 계획 및 이용에 관한 법률」에 따른 지역·지구 등	도시지역 생산녹지지역
	다른 법령 등에 따른 지역·지구 등	자연보전권역〈수도권정비계획법〉, 배출시설설치제한지역〈수질 및 수생태계 보전에 관한 법률〉, (한강) 폐기물매립시설 설치제한지역〈한강수계 상수원수질개선 및 주민지원 등에 관한 법률〉, 특별대책지역(1권역)〈환경정책기본법〉
「토지이용규제 기본법 시행령」 제9조 제4항 각 호에 해당되는 사항		토지거래계약에 관한 허가구역

[별표 15] 생산녹지지역 안에서 건축할 수 있는 건축물

검토대상 토지는 도시지역의 생산녹지지역 농지에 해당한다. 용도지역 기준으로 생산녹지지역에서는 원칙적으로 다음과 같은 건축물의 개발이 허용된다.

「국토계획법시행령」에 의하여 건축할 수 있는 건축물(4층 이하의 건축물에 한한다. 다만, 4층 이하의 범위 안에서 도시·군계획조례로 따로 층수를 정하는 경우에는 그 층수 이하의 건축물에 한한다.)

가. 「건축법 시행령」 별표 1 제1호의 단독주택

나. 「건축법 시행령」 별표 1 제3호의 제1종 근린생활시설

다. 「건축법 시행령」 별표 1 제10호의 교육연구시설 중 유치원·초등학교

라. 「건축법 시행령」 별표 1 제11호의 노유자시설

마. 「건축법 시행령」 별표 1 제12호의 수련시설

바. 「건축법 시행령」 별표 1 제13호의 운동시설 중 운동장

사. 「건축법 시행령」 별표 1 제18호가목의 창고(농업·임업·축산업

수산업용만 해당한다)

아. 「건축법 시행령」 별표 1 제19호의 위험물저장 및 처리시설 중 액화석유가스충전소 및 고압가스충전ㆍ저장소

자. 「건축법 시행령」 별표 1 제21호의 동물 및 식물관련시설(동호 다목 및 리목에 해당하는 것을 제외한다.)

차. 「건축법 시행령」 별표 1 제23호의 교정 및 국방ㆍ군사시설

카. 「건축법 시행령」 별표 1 제24호의 방송통신시설

타. 「건축법 시행령」 별표 1 제25호의 발전시설

파. 「건축법 시행령」 별표 1 제29호의 야영장 시설

「도시ㆍ군계획조례」가 정하는 바에 의하여 건축할 수 있는 건축물 (4층 이하의 건축물에 한한다. 다만, 4층 이하의 범위 안에서 도시ㆍ군계획 조례로 따로 층수를 정하는 경우에는 그 층수 이하의 건축물에 한한다)

가. 「건축법 시행령」 별표 1 제2호의 공동주택(아파트를 제외한다.)

나. 「건축법 시행령」 별표 1 제4호의 제2종 근린생활시설로서 해당용도에 쓰이는 바닥면적의 합계가 1천제곱미터 미만인 것 (단란주점을 제외한다.)

다. 「건축법 시행령」 별표 1 제5호의 문화 및 집회시설 중 동호 나목 및 라목에 해당하는 것

라. 「건축법 시행령」 별표 1 제7호의 판매시설(농업ㆍ임업ㆍ축산업ㆍ수산업용에 한한다.)

마. 「건축법 시행령」 별표 1 제9호의 의료시설

바. 「건축법 시행령」 별표 1 제10호의 교육연구시설 중 중학교ㆍ

고등학교 · 교육원(농업 · 임업 · 축산업 · 수산업과 관련된 교육
시설로 한정한다) · 직업훈련소 및 연구소(농업 · 임업 · 축산
업 · 수산업과 관련된 연구소로 한정한다.)

사. 「건축법 시행령」 별표 1 제13호의 운동시설(운동장을 제외한
다.)

아. 「건축법 시행령」 별표 1 제17호의 공장 중 도정공장 · 식품공
장 · 제1차산업생산품 가공공장 및 「산업집적활성화 및 공장
설립에 관한 법률 시행령」 별표 1 제2호마목의 첨단업종의
공장(이하 '첨단업종의 공장'이라 한다)으로서 다음의 어느 하나
에 해당하지 아니하는 것

   (1) 「대기환경보전법」 제2조제9호에 따른 특정대기유해물
       질이 같은 법 시행령 제11조제1항제1호에 따른 기준
       이상으로 배출되는 것

   (2) 「대기환경보전법」 제2조제11호에 따른 대기오염물질배
       출시설에 해당하는 시설로서 같은 법 시행령 별표 1에
       따른 1종사업장 내지 3종사업장에 해당하는 것

   (3) 「물환경보전법」 제2조제8호에 따른 특정수질유해물질
       이 같은 법 시행령 제31조제1항제1호에 따른 기준 이
       상으로 배출되는 것. 다만, 동법 제34조에 따라 폐수무
       방류배출시설의 설치허가를 받아 운영하는 경우를 제
       외한다.

   (4) 「물환경보전법」 제2조제10호에 따른 폐수배출시설에 해
       당하는 시설로서 같은 법 시행령 별표 13에 따른 제1종

사업장부터 제4종사업장까지 해당하는 것

　　(5) 「폐기물관리법」 제2조제4호에 따른 지정폐기물을 배출
　　　하는 것

자. 「건축법 시행령」 별표 1 제18호가목의 창고(농업·임업·축산
　　업·수산업용으로 쓰는 것은 제외한다)

차. 「건축법 시행령」 별표 1 제19호의 위험물저장 및 처리시설
　　(액화석유가스충전소 및 고압가스충전·저장소를 제외한다)

카. 「건축법 시행령」 별표 1 제20호의 자동차관련시설 중 동호
　　사목 및 아목에 해당하는 것

타. 「건축법 시행령」 별표 1 제21호의 동물 및 식물관련시설 중
　　동호 다목 및 라목에 해당하는 것

파. 「건축법 시행령」 별표 1 제22호의 자원순환 관련 시설

하. 「건축법 시행령」 별표 1 제26호의 묘지관련시설

거. 「건축법 시행령」 별표 1 제28호의 장례시설

허용되는 시설

생산녹지지역에서 건축할 수 있는 건축물의 포인트는 일반창고, 첨단
업종 등의 일부공장, 제2종 근린생활시설인 일반음식점, 인도어 골프
연습장 등으로 개발할 수 있다는 데 있다.

「국토계획법시행령」에 의하여 건축할 수 있는 건축물

단독주택, 제1종 근린생활시설, 노유자시설, 수련시설, 농업용 창고시
설, 충전소, 야영장 시설 등이 허용되고 있다.

「도시 · 군계획조례」가 정하는 바에 의하여 건축할 수 있는 건축물

가. 공동주택

아파트를 제외한 공동주택의 건축이 허용되고 있다.

나. 제2종 근린생활시설

1천㎡ 미만의 제2종 근린생활시설이 허용되고 있다. 제2종 근린생활시설의 가장 대표적인 개발 상품은 일반음식점과 제조업소이다. 노래연습장, 500㎡ 미만의 게임제공업소 등이 제2종 근린생활시설에 해당한다.

다. 운동시설

소위 인도어 골프연습장 등이 허용되고 있다.

라. 공장

도정공장 · 식품공장 및 제1차 산업생산품 가공공장과 첨단업종의 공장이 허용되고 있다.

마. 일반창고

생산녹지지역은 보전녹지지역과 달리 농업용 창고뿐 아니라 일반창고의 허가도 가능하다.

바. 기타

그 외에도 주유소, 묘지관련시설 등이 허용되고 있다.

허용되지 않는 시설

숙박시설과 첨단업종 외의 일반 공장 등은 허용되지 않는다.

농업진흥지역 밖의 농지

해당 토지는 농지에 해당하지만 '농업진흥지역('농지법')'이라고 표시되어 있지 않기 때문에 농업진흥지역 밖의 농지에 해당한다.

〈3〉 자연녹지지역과 건축할 수 있는 건축물

지목	답	면적	3,593㎡
개별공시지가	105,000원(2020/01)		
지역 지구 등 지정 여부	「국토의 계획 및 이용에 관한 법률」에 따른 지역·지구 등	도시지역 자연녹지지역	
	다른 법령 등에 따른 지역·지구 등	배출시설설치제한(수질 및 수생태계 보전에 관한 법률), 상대보호구역(교육환경법), 절대보호구역(한국도예고등학교)〈교육환경법〉, 수질보전특별대책지역(제2권역)〈환경정책기본법〉	
「토지이용규제 기본법 시행령」 제9조 제4항 각 호에 해당되는 사항			

[별표 16] 자연녹지지역 안에서 건축할 수 있는 건축물

검토대상 토지는 도시지역의 자연녹지지역 농지에 해당한다. 용도지역 기준으로 자연녹지지역에서는 원칙적으로 다음과 같은 건축물의 개발이 허용된다.

「국토계획법시행령」에 의하여 건축할 수 있는 건축물(4층 이하의 건축물에 한한다. 다만, 4층 이하의 범위 안에서 도시·군계획조례로 따로 층수를 정하는 경우에는 그 층수 이하의 건축물에 한한다.)

가. 「건축법 시행령」 별표 1 제1호의 단독주택

나. 「건축법 시행령」 별표 1 제3호의 제1종 근린생활시설

다. 「건축법 시행령」 별표 1 제4호의 제2종 근린생활시설[같은 호 아목, 자목, 더목 및 러목(안마시술소만 해당한다)은 제외한다.]

라. 「건축법 시행령」 별표 1 제9호의 의료시설(종합병원·병원·치
　　과병원 및 한방병원을 제외한다.)

마. 「건축법 시행령」 별표 1 제10호의 교육연구시설(직업훈련소
　　및 학원을 제외한다.)

바. 「건축법 시행령」 별표 1 제11호의 노유자시설

사. 「건축법 시행령」 별표 1 제12호의 수련시설

아. 「건축법 시행령」 별표 1 제13호의 운동시설

자. 「건축법 시행령」 별표 1 제18호가목의 창고(농업·임업·축산
　　업·수산업용만 해당한다.)

차. 「건축법 시행령」 별표 1 제21호의 동물 및 식물관련시설

카. 「건축법 시행령」 별표 1 제22호의 자원순환 관련 시설

타. 「건축법 시행령」 별표 1 제23호의 교정 및 국방·군사시설

파. 「건축법 시행령」 별표 1 제24호의 방송통신시설

하. 「건축법 시행령」 별표 1 제25호의 발전시설

거. 「건축법 시행령」 별표 1 제26호의 묘지관련시설

너. 「건축법 시행령」 별표 1 제27호의 관광휴게시설

더. 「건축법 시행령」 별표 1 제28호의 장례시설

러. 「건축법 시행령」 별표 1 제29호의 야영장 시설

「도시·군계획조례」가 정하는 바에 의하여 건축할 수 있는 건축물
(4층 이하의 건축물에 한한다. 다만, 4층 이하의 범위 안에서 도시·군계획
조례로 따로 층수를 정하는 경우에는 그 층수 이하의 건축물에 한한다.)

가. 「건축법 시행령」 별표 1 제2호의 공동주택(아파트를 제외한다.)

나. 「건축법 시행령」 별표 1 제4호아목·자목 및 러목(안마시술소 만 해당한다)에 따른 제2종 근린생활시설

다. 「건축법 시행령」 별표 1 제5호의 문화 및 집회시설

라. 「건축법 시행령」 별표 1 제6호의 종교시설

마. 「건축법 시행령」 별표 1 제7호의 판매시설 중 다음의 어느 하나에 해당하는 것

　(1) 「농수산물유통 및 가격안정에 관한 법률」 제2조에 따른 농수산물공판장

　(2) 「농수산물유통 및 가격안정에 관한 법률」 제68조제2항에 따른 농수산물직판장으로서 해당용도에 쓰이는 바닥면적의 합계가 1만제곱미터 미만인 것(「농어업·농어촌 및 식품산업 기본법」 제3조제2호 및 제4호에 따른 농업인·어업인 및 생산자단체, 같은 법 제25조에 따른 후계농어업경영인, 같은 법 제26조에 따른 전업농어업인 또는 지방자치단체가 설치·운영하는 것에 한한다.)

　(3) 지식경제부장관이 관계중앙행정기관의 장과 협의하여 고시하는 대형할인점 및 중소기업공동판매시설

바. 「건축법 시행령」 별표 1 제8호의 운수시설

사. 「건축법 시행령」 별표 1 제9호의 의료시설 중 종합병원·병원·치과병원 및 한방병원

아. 「건축법 시행령」 별표 1 제10호의 교육연구시설 중 직업훈련소 및 학원

자. 「건축법 시행령」 별표 1 제15호의 숙박시설로서 「관광진흥

법」에 따라 지정된 관광지 및 관광단지에 건축하는 것

차. 「건축법 시행령」 별표 1 제17호의 공장 중 다음의 어느 하나
에 해당하는 것

(1) 첨단업종의 공장, 지식산업센터, 도정공장 및 식품공장과
읍·면지역에 건축하는 제재업의 공장으로서 별표 16 제
2호 아목(1) 내지 (5)의 어느 하나에 해당하지 아니하는 것

(2) 「공익사업을 위한 토지 등의 취득 및 보상에 관한 법률」
에 따른 공익사업 및 「도시개발법」에 따른 도시개발사업
으로 동일한 특별시·광역시·시 및 군 지역 내에서 이
전하는 레미콘 또는 아스콘공장

카. 「건축법 시행령」 별표 1 제18호가목의 창고(농업·임업·축산
업·수산업용으로 쓰는 것은 제외한다) 및 같은 호 라목의 집배
송시설

타. 「건축법 시행령」 별표 1 제19호의 위험물저장 및 처리시설

파. 「건축법 시행령」 별표 1 제20호의 자동차관련시설

허용되는 시설

자연녹지지역에서 건축할 수 있는 건축물의 범위는 생산녹지지역과 거
의 일치한다. 일반창고, 첨단업종 등의 일부 공장, 제2종 근린생활시설
인 일반음식점, 인도어 골프연습장 등으로 개발할 수 있다.

「국토계획법시행령」에 의하여 건축할 수 있는 건축물

단독주택, 제1종 근린생활시설, 제2종 근린생활시설, 노유자시설, 수

련시설, 운동시설, 관광휴게시설, 야영장시설 등이 허용되고 있다.

「도시 · 군계획조례」가 정하는 바에 의하여 건축할 수 있는 건축물

가. 공동주택

아파트를 제외한 공동주택 즉 다세대주택이나 연립주택 등의 건축이 허용되고 있다.

나. 제2종 근린생활시설

일반음식점이 허용되고 있다. 즉, 가든 부지나 카페 부지로 허가받을 수 있다.

다. 숙박시설

일반적인 자연녹지지역에서는 숙박시설이 허용되지 않는다. 다만, 「관광진흥법」에 의하여 지정된 관광지 및 관광단지에 건축하는 경우에 한해서 허용되고 있다.

라. 공장

첨단업종의 공장, 지식산업센터, 도정공장, 식품공장, 제재업의 공장 등이 허용되고 있다. 공익사업 및 도시개발사업으로 인하여 동일한 특별시 · 광역시 · 시 및 군 지역 안에서 이전하는 레미콘 또는 아스콘공장도 허용하고 있다.

마. 일반창고

자연녹지지역에서도 생산녹지지역과 같이 농업용 창고뿐 아니라 일반창고의 허가도 가능하다.

바. 기타

그 외에도 주유소, 자동차 관련시설 등이 허용되고 있다.

허용되지 않는 시설

숙박시설과 일반 공장 등은 허용되지 않는다.

농업진흥지역 밖의 농지

해당 토지는 농지에 해당하지만 '농업진흥지역('농지법」)'이라고 표시되어 있지 않기 때문에 농업진흥지역 밖의 농지에 해당한다.

〈4〉 보전관리지역과 건축할 수 있는 건축물

지목	답		면적	3,167㎡
개별공시지가	12,600원(2020/01)			
지역 지구 등 지정 여부	「국토의 계획 및 이용에 관한 법률」에 따른 지역·지구 등	보전관리지역		
	다른 법령 등에 따른 지역·지구 등			
「토지이용규제 기본법 시행령」 제9조 제4항 각 호에 해당되는 사항				

[별표 17] 보전관리지역 안에서 건축할 수 있는 건축물
검토대상 토지는 보전관리지역에 해당한다. 해당 토지에서는 다음과 같은 건축물의 개발이 허용된다.

「국토계획법시행령」에 의하여 건축할 수 있는 건축물(4층 이하의 건축물에 한한다. 다만, 4층 이하의 범위 안에서 도시·군계획조례로 따로 층수를 정하는 경우에는 그 층수 이하의 건축물에 한한다.)

가. 「건축법 시행령」 별표 1 제1호의 단독주택

나. 「건축법 시행령」 별표 1 제10호의 교육연구시설 중 초등학교

다. 「건축법 시행령」 별표 1 제23호의 교정 및 국방·군사시설

「도시·군계획조례」가 정하는 바에 의하여 건축할 수 있는 건축물
(4층 이하의 건축물에 한한다. 다만, 4층 이하의 범위 안에서 도시·군계획
조례로 따로 층수를 정하는 경우에는 그 층수 이하의 건축물에 한한다.)

가. 「건축법 시행령」 별표 1 제3호의 제1종 근린생활시설(휴게음
   식점 및 제과점을 제외한다)

나. 「건축법 시행령」 별표 1 제4호의 제2종 근린생활시설(같은 호
   아목, 자목, 너목 및 더목은 제외한다.)

다. 「건축법 시행령」 별표 1 제6호의 종교시설 중 종교집회장

라. 「건축법 시행령」 별표 1 제9호의 의료시설

마. 「건축법 시행령」 별표 1 제10호의 교육연구시설 중 유치원·
   중학교·고등학교

바. 「건축법 시행령」 별표 1 제11호의 노유자시설

사. 「건축법 시행령」 별표 1 제18호가목의 창고(농업·임업·축산
   업·수산업용만 해당한다.)

아. 「건축법 시행령」 별표 1 제19호의 위험물저장 및 처리시설

자. 「건축법 시행령」 별표 1 제21호의 동물 및 식물관련시설 중
   동호 가목 및 마목 내지 아목에 해당하는 것

차. 「건축법 시행령」 별표 1 제22호가목의 하수 등 처리시설(「하
   수도법」 제2조제9호에 따른 공공하수처리시설만 해당한다).

카. 「건축법 시행령」 별표 1 제24호의 방송통신시설
타. 「건축법 시행령」 별표 1 제25호의 발전시설
파. 「건축법 시행령」 별표 1 제26호의 묘지관련시설
하. 「건축법 시행령」 별표 1 제28호의 장례시설
거. 「건축법 시행령」 별표 1 제29호의 야영장 시설

허용되는 시설

「국토계획법시행령」에 의하여 건축할 수 있는 건축물

단독주택이 허용되고 있다. 단독주택이 허용되므로 입지가 좋다면 전원
주택 분양사업이나 펜션부지 분양사업 등이 가능하다.

「도시 · 군계획조례」가 정하는 바에 의하여 건축할 수 있는 건축물

휴게음식점을 제외한 제1종 근린생활시설이 허용되고 있다. 일반음식
점과 단란주점, 제조업소 등을 제외한 제2종 근린생활시설도 허용되고
있다. 그 외에도 노유자시설, 농업용 창고, 주유소 및 충전소, 야영장
시설 등이 허용되고 있다.

허용되지 않는 시설

'보전' 자가 들어가는 용도지역 즉, 보전녹지지역, 보전관리지역, 자연
환경보전지역에서는 어떤 형태의 공장도 허용되지 않는다. 일반창고,
일반음식점, 숙박시설 등도 허용되지 않고 있다.

농업진흥지역 밖의 농지

해당 토지는 농지에 해당하지만 '농업진흥지역(「농지법」)'이라고 표시되어 있지 않기 때문에 농업진흥지역 밖의 농지에 해당한다.

〈5〉 생산관리지역과 건축할 수 있는 건축물

지목	전		면적	4455.0㎡
개별공시지가				
지역 지구 등 지정 여부	「국토의 계획 및 이용에 관한 법률」에 따른 지역·지구 등	생산관리지역		
	다른 법령 등에 따른 지역·지구 등	제한보호구역(군사기지 및 군사시설보호법), 성장관리권역〈수도권정비계획법〉, 배출시설설치제한(수질 및 수생태계 보전에 관한 법률)		
「토지이용규제 기본법 시행령」 제9조 제4항 각 호에 해당되는 사항		[추가기재] 농지법 제8조의 규정이 적용되는 농지		

[별표 18] 생산관리지역 안에서 건축할 수 있는 건축물
검토대상 토지는 생산관리지역 농지에 해당한다. 용도지역 기준으로 생산관리지역에서는 원칙적으로 다음과 같은 건축물의 개발이 허용된다.

「국토계획법 시행령」에 의하여 건축할 수 있는 건축물(4층 이하의 건축물에 한한다. 다만, 4층 이하의 범위 안에서 도시·군계획조례로 따로 층수를 정하는 경우에는 그 층수 이하의 건축물에 한한다.)

가. 「건축법 시행령」 별표 1 제1호의 단독주택

나. 「건축법 시행령」 별표 1 제3호가목, 사목(공중화장실, 대피소, 그 밖에 이와 비슷한 것만 해당한다) 및 아목에 따른 제1종 근린

근린생활시설

다. 「건축법 시행령」 별표 1 제10호의 교육연구시설 중 초등학교

라. 「건축법 시행령」 별표 1 제13호의 운동시설 중 운동장

마. 「건축법 시행령」 별표 1 제18호가목의 창고(농업 · 임업 · 축산
업 · 수산업용만 해당한다.)

바. 「건축법 시행령」 별표 1 제21호의 동물 및 식물관련시설 중
동호 마목 내지 아목에 해당하는 것

사. 「건축법 시행령」 별표 1 제23호의 교정 및 국방 · 군사시설

아. 「건축법 시행령」 별표 1 제25호의 발전시설

「도시 · 군계획조례」가 정하는 바에 의하여 건축할 수 있는 건축물
(4층 이하의 건축물에 한한다. 다만, 4층 이하의 범위 안에서 도시 · 군계획
조례로 따로 층수를 정하는 경우에는 그 층수 이하의 건축물에 한한다.)

가. 「건축법 시행령」 별표 1 제2호의 공동주택(아파트를 제외한다.)

나. 「건축법 시행령」 별표 1 제3호의 제1종 근린생활시설[같은 호
가목, 나목, 사목(공중화장실, 대피소, 그 밖에 이와 비슷한 것만 해
당한다) 및 아목은 제외한다.]

다. 「건축법 시행령」 별표 1 제4호의 제2종 근린생활시설(같은 호
아목, 자목, 너목 및 더목은 제외한다.)

라. 「건축법 시행령」 별표 1 제7호의 판매시설(농업 · 임업 · 축산업 ·
수산업용에 한한다.)

마. 「건축법 시행령」 별표 1 제9호의 의료시설

바. 「건축법 시행령」 별표 1 제10호의 교육연구시설 중 유치원 ·

중학교 · 고등학교 및 교육원[농업 · 임업 · 축산업 · 수산업과 관련된 교육시설(나목 및 다목에도 불구하고 「농촌융복합산업 육성 및 지원에 관한 법률」 제2조제2호에 따른 농업인등이 같은 법 제2조제5호에 따른 농촌융복합산업지구 내에서 교육시설과 일반음식점, 휴게음식점 또는 제과점을 함께 설치하는 경우를 포함한다)에 한정한다.]

사. 「건축법 시행령」 별표 1 제11호의 노유자시설

아. 「건축법 시행령」 별표 1 제12호의 수련시설

자. 「건축법 시행령」 별표 1 제17호의 공장(동시행령 별표 1 제4호의 제2종 근린생활시설 중 제조업소를 포함한다) 중 도정공장 및 식품공장과 읍 · 면지역에 건축하는 제재업의 공장으로서 다음의 어느 하나에 해당하지 아니하는 것

    (1) 「대기환경보전법」 제2조제9호에 따른 특정대기유해물질이 같은 법 시행령 제11조제1항제1호에 따른 기준 이상으로 배출되는 것

    (2) 「대기환경보전법」 제2조제11호에 따른 대기오염물질배출시설에 해당하는 시설로서 같은 법 시행령 별표 1에 따른 1종사업장 내지 3종사업장에 해당하는 것

    (3) 「물환경보전법」 제2조제8호에 따른 특정수질유해물질이 같은 법 시행령 제31조제1항제1호에 따른 기준 이상으로 배출되는 것. 다만, 동법 제34조에 따라 폐수무방류배출시설의 설치허가를 받아 운영하는 경우를 제외한다.

    (4) 「물환경보전법」 제2조제10호에 따른 폐수배출시설에 해당하는 시설로서 같은 법 시행령 별표 13에 따른 제1종사업장부

터 제4종사업장까지 해당하는 것

차. 「건축법 시행령」 별표 1 제19호의 위험물저장 및 처리시설

카. 「건축법 시행령」 별표 1 제20호의 자동차관련시설 중 동호 사목 및 아목에 해당하는 것

타. 「건축법 시행령」 별표 1 제21호의 동물 및 식물관련시설 중 동호 가목 내지 라목에 해당하는 것

파. 「건축법 시행령」 별표 1 제22호의 자원순환 관련 시설

하. 「건축법 시행령」 별표 1 제24호의 방송통신시설

거. 「건축법 시행령」 별표 1 제26호의 묘지관련시설

너. 「건축법 시행령」 별표 1 제28호의 장례시설

더. 「건축법 시행령」 별표 1 제29호의 야영장 시설

허용되는 시설

「국토계획법 시행령」에 의하여 건축할 수 있는 건축물

단독주택과 농업용 창고, 운동장(승마장 등) 등이 허용되고 있다. 단독주택이 허용되므로 입지가 좋다면 전원주택 분양사업이나 펜션부지 분양사업 등이 가능하다.

「도시ㆍ군계획조례」가 정하는 바에 의하여 건축할 수 있는 건축물

가. 공동주택

아파트를 제외한 공동주택이 허용되고 있다.

나. 제1종ㆍ제2종 근린생활시설

일반음식점, 인도어 골프연습장 등 핵심 건축물은 제외한 근린생활
시설이 허용되고 있다.

다. 공장

　도정공장 · 식품공장과 읍 · 면 지역에 건축하는 제재업의 공장이 허
용되고 있다. 나머지 업종은 허용되지 않는다.

라. 기타: 그 외에도 노유자시설, 수련시설, 주유소 및 충전소, 장례시
설, 야영장 시설 등이 허용되고 있다.

허용되지 않는 시설

숙박시설, 일반창고, 일반공장, 일반음식점, 인도어 골프연습장 등은
허용되지 않는다. 보전관리지역보다는 허용되는 시설의 범위가 조금
넓지만, 계획관리지역보다는 허용되는 시설의 범위가 현저히 좁다.

농업진흥지역 밖의 농지

해당 토지는 농지에 해당하지만 '농업진흥지역(「농지법」)'이라고 표시되
어 있지 않기 때문에 농업진흥지역 밖의 농지에 해당한다.

생산관리지역에서의 공장의 매매

생산관리지역에 있는 공장의 경우 비록 토지대장에 지목이 공장용지이고
건축물대장에 건축물도 공장으로 되어 있을지라도, 입지가 허용되는 공
장은 도정공장, 식품공장, 제재업에 한정된다는 것에 유의하여야 한다.

〈6〉 계획관리지역과 건축할 수 있는 건축물

지목	임야	면적	4364.0m²
개별공시지가			

지역 지구 등 지정 여부	「국토의 계획 및 이용에 관한 법률」에 따른 지역 · 지구 등	계획관리지역
	다른 법령 등에 따른 지역 · 지구 등	준보전산지〈산지관리법〉
「토지이용규제 기본법 시행령」 제9조 제4항 각 호에 해당되는 사항		

[별표 19] 계획관리지역에서 건축할 수 없는 건축물

검토대상 토지는 계획관리지역 임야에 해당한다. 계획관리지역은 과거의 '준농림지역'으로서 주거지역, 상업지역, 공업지역의 부족한 용지를 대신 공급하는 기능을 한다. 즉, 주거시설, 상업시설, 공업시설로의 개발이 가능한 토지이다. 따라서 용도지역을 기준으로 하면 계획관리지역이 투자가치가 가장 높은 토지라 할 수 있다. 계획관리지역에서는 '금지행위열거방식'을 채택하고 있으며 다음의 금지된 건축물을 제외한 나머지 건축물을 건축할 수 있다.

건축할 수 없는 건축물

가. 4층을 초과하는 모든 건축물

나. 「건축법 시행령」 별표 1 제2호의 공동주택 중 아파트

다. 「건축법 시행령」 별표 1 제3호의 제1종 근린생활시설 중 휴게음식점 및 제과점으로서 국토교통부령으로 정하는 기준에 해당하는 지역에 설치하는 것

라. 「건축법 시행령」 별표 1 제4호의 제2종 근린생활시설 중 일반음식점 · 휴게음식점 · 제과점으로서 국토교통부령으로 정하는 기준에 해당하는 지역에 설치하는 것과 단란주점

마. 「건축법 시행령」 별표 1 제7호의 판매시설(성장관리방안이 수립된 지역에 설치하는 판매시설로서 그 용도에 쓰이는 바닥면적의 합계가 3천제곱미터 미만인 경우는 제외한다.)

바. 「건축법 시행령」 별표 1 제14호의 업무시설

사. 「건축법 시행령」 별표 1 제15호의 숙박시설로서 국토교통부령으로 정하는 기준에 해당하는 지역에 설치하는 것

아. 「건축법 시행령」 별표 1 제16호의 위락시설

자. 「건축법 시행령」 별표 1 제17호의 공장 중 다음의 어느 하나에 해당하는 것. 다만, 「공익사업을 위한 토지 등의 취득 및 보상에 관한 법률」에 따른 공익사업 및 「도시개발법」에 따른 도시개발사업으로 해당 특별시 · 광역시 · 특별자치시 · 특별자치도 · 시 또는 군의 관할구역으로 이전하는 레미콘 또는 아스콘 공장과 성장관리방안이 수립된 지역에 설치하는 공장(「대기환경보전법」, 「물환경보전법」, 「소음 · 진동관리법」 또는 「악취방지법」에 따른 배출시설의 설치 허가 또는 신고 대상이 아닌 공장으로 한정한다)은 제외한다.

(1) 별표 19 제2호자목(1)부터 (4)까지에 해당하는 것. 다만, 인쇄 · 출판시설이나 사진처리시설로서 「물환경보전법」 제2조제8호에 따라 배출되는 특정수질유해물질을 전량 위탁처리하는 경우는 제외한다.

(2) 화학제품시설(석유정제시설을 포함한다). 다만, 다음의 어느 하나에 해당하는 시설로서 폐수를 「하수도법」 제2조제9호에 따른 공공하수처리시설 또는 「물환경보전법」 제2조제

17호에 따른 공공폐수처리시설로 전량 유입하여 처리하거나 전량 재이용 또는 전량 위탁처리하는 경우는 제외한다.

(가) 물, 용제류 등 액체성 물질을 사용하지 않고 제품의 성분이 용해·용출되는 공정이 없는 고체성 화학제품 제조시설

(나) 「화장품법」 제2조제3호에 따른 유기농화장품 제조시설

(다) 「농약관리법」 제30조제2항에 따른 천연식물보호제 제조시설

(라) 「친환경농어업 육성 및 유기식품 등의 관리·지원에 관한 법률」 제2조제6호에 따른 유기농어업자재 제조시설

(마) 동·식물 등 생물을 기원(起源)으로 하는 산물(이하 '천연물'이라 한다)에서 추출된 재료를 사용하는 다음의 시설[「대기환경보전법」 제2조제11호에 따른 대기오염물질배출시설 중 반응시설, 정제시설(분리·증류·추출·여과 시설을 포함한다), 용융·용해시설 및 농축시설을 설치하지 않는 경우로서 「물환경보전법」 제2조제4호에 따른 폐수의 1일 최대 배출량이 20세제곱미터 이하인 제조시설로 한정한다.]

1) 비누 및 세제 제조시설

2) 공중위생용 해충 구제제 제조시설(밀폐된 단순혼합 공정만 있는 제조시설로서 특별시장·광역시장·특별자치

시장·특별자치도지사·시장 또는 군수가 해당 지방도시계
획위원회의 심의를 거쳐 인근의 주거환경 등에 미치는 영향
이 적다고 인정하는 시설로 한정한다.)

(3) 제1차금속, 가공금속제품 및 기계장비 제조시설 중 「폐기
물관리법 시행령」 별표 1 제4호에 따른 폐유기용제류를
발생시키는 것

(4) 가죽 및 모피를 물 또는 화학약품을 사용하여 저장하거
나 가공하는 것

(5) 섬유제조시설 중 감량·정련·표백 및 염색 시설. 다
만, 다음의 기준을 모두 충족하는 염색시설은 제외한다.

　(가) 천연물에서 추출되는 염료만을 사용할 것

　(나) 「대기환경보전법」 제2조제11호에 따른 대기오염물질
　　　배출시설 중 표백시설, 정련시설이 없는 경우로서 금
　　　속성 매염제를 사용하지 않을 것

　(다) 「물환경보전법」 제2조제4호에 따른 폐수의 1일 최대
　　　배출량이 20세제곱미터 이하일 것

　(라) 폐수를 「하수도법」 제2조제9호에 따른 공공하수처리
　　　시설 또는 「물환경보전법」 제2조제17호에 따른 공공
　　　폐수처리시설로 전량 유입하여 처리하거나 전량 재
　　　이용 또는 전량 위탁처리할 것

(6) 「수도권정비계획법」 제6조제1항제3호에 따른 자연보전
권역 외의 지역 및 「환경정책기본법」 제38조에 따른 특별
대책지역외의 지역의 사업장 중 「폐기물관리법」 제25조

에 따른 폐기물처리업 허가를 받은 사업장. 다만, 「폐기물관리법」 제25조제5항제5호부터 제7호까지의 규정에 따른 폐기물 중간 · 최종 · 종합재활용업으로서 특정수질유해물질이 「물환경보전법 시행령」 제31조제1항제1호에 따른 기준 미만으로 배출되는 경우는 제외한다.

(7) 「수도권정비계획법」 제6조제1항제3호에 따른 자연보전권역 및 「환경정책기본법」 제38조에 따른 특별대책지역에 설치되는 부지면적(둘 이상의 공장을 함께 건축하거나 기존 공장부지에 접하여 건축하는 경우와 둘 이상의 부지가 너비 8미터 미만의 도로에 서로 접하는 경우에는 그 면적의 합계를 말한다) 1만제곱미터 미만의 것. 다만, 특별시장 · 광역시장 · 특별자치시장 · 특별자치도지사 · 시장 또는 군수가 1만5천제곱미터 이상의 면적을 정하여 공장의 건축이 가능한 지역으로 고시한 지역 안에 입지하는 경우나 자연보전권역 또는 특별대책지역에 준공되어 운영 중인 공장 또는 제조업소는 제외한다.

지역 여건 등을 고려하여 「도시 · 군계획조례」로 정하는 바에 따라 건축할 수 없는 건축물

가. 4층 이하의 범위에서 도시 · 군계획조례로 따로 정한 층수를 초과하는 모든 건축물

나. 「건축법 시행령」 별표 1 제2호의 공동주택(제1호나목에 해당하는 것은 제외한다)

다. 「건축법 시행령」별표 1 제4호아목, 자목, 너목 및 러목(안마시술소만 해당한다)에 따른 제2종 근린생활시설

라. 「건축법 시행령」별표 1 제4호의 제2종 근린생활시설 중 일반음식점·휴게음식점·제과점으로서 도시·군계획조례로 정하는 지역에 설치하는 것과 안마시술소 및 같은 호 너목에 해당하는 것

마. 「건축법 시행령」별표 1 제5호의 문화 및 집회시설

바. 「건축법 시행령」별표 1 제6호의 종교시설

사. 「건축법 시행령」별표 1 제8호의 운수시설

아. 「건축법 시행령」별표 1 제9호의 의료시설 중 종합병원·병원·치과병원 및 한방병원

자. 「건축법 시행령」별표 1 제10호의 교육연구시설 중 같은 호 다목부터 마목까지에 해당하는 것

차. 「건축법 시행령」별표 1 제13호의 운동시설(운동장은 제외한다.)

카. 「건축법 시행령」별표 1 제15호의 숙박시설로서 도시·군계획조례로 정하는 지역에 설치하는 것

타. 「건축법 시행령」별표 1 제17호의 공장 중 다음의 어느 하나에 해당하는 것

(1) 「수도권정비계획법」제6조제1항제3호에 따른 자연보전권역 외의 지역 및 「환경정책기본법」제38조에 따른 특별대책지역 외의 지역에 설치되는 경우(제1호자목에 해당하는 것은 제외한다.)

(2) 「수도권정비계획법」 제6조제1항제3호에 따른 자연보전권역 및 「환경정책기본법」 제38조에 따른 특별대책지역에 설치되는 것으로서 제1호자목(7)에 해당하지 아니하는 경우

(3) 「공익사업을 위한 토지 등의 취득 및 보상에 관한 법률」에 따른 공익사업 및 「도시개발법」에 따른 도시개발사업으로 해당 특별시 · 광역시 · 특별자치시 · 특별자치도 · 시 또는 군의 관할구역으로 이전하는 레미콘 또는 아스콘 공장

파. 「건축법 시행령」 별표 1 제18호의 창고시설(창고 중 농업 · 임업 · 축산업 · 수산업용으로 쓰는 것은 제외한다.)

하. 「건축법 시행령」 별표 1 제19호의 위험물 저장 및 처리 시설

거. 「건축법 시행령」 별표 1 제20호의 자동차 관련 시설

너. 「건축법 시행령」 별표 1 제27호의 관광 휴게시설

[참고] 계획관리지역에서 건축할 수 있는 건축물

계획관리지역은 '녹 · 관 · 농 · 자' 8가지 용도지역 중에서 유일하게 '금지행위 열거방식'을 채택하고 있기 때문에 허용되는 건축물 여부를 판단하는 데 어려움이 있다. 따라서, 독자들의 이해를 돕기 위해 법 개정 전의 '허용행위 열거방식'에 의한 계획관리지역에서 건축할 수 있는 건축물을 첨부하니 참조하기 바란다.

「국토계획법 시행령」에 의하여 건축할 수 있는 건축물

가. 「건축법 시행령」 별표 1 제1호의 단독주택

나. 「건축법 시행령」 별표 1 제3호의 제1종 근린생활시설(휴게음식점 및 제과점을 제외한다)

다. 「건축법 시행령」 별표 1 제4호의 제2종 근린생활시설(동호 나목 및 사목에 해당하는 것과 일반음식 · 단란주점 및 안마시술소를

제외한다)

라. 「건축법 시행령」 별표 1 제9호의 의료시설(종합병원·병원·치과병원·한방병원을 제외한다)

마. 「건축법 시행령」 별표 1 제10호의 교육연구시설 중 동호 가목·나목 및 바목에 해당하는 것

바. 「건축법 시행령」 별표 1 제11호의 노유자시설

사. 「건축법 시행령」 별표 1 제12호의 수련시설

아. 「건축법 시행령」 별표 1 제13호의 운동시설 중 운동장

자. 「건축법 시행령」 별표 1 제17호의 공장 중 제2호 카목(1) 내지 (5)의 어느 하나에 해당하지 아니하는 것(다음의 어느 하나에 해당하는 공장을 기존 공장부지 안에서 증축 또는 개축하거나 부지를 확장하여 증축 또는 개축하는 경우에 한한다. 이 경우 확장하려는 부지가 기존 부지와 너비 8m 미만의 도로를 사이에 두고 접하는 경우를 포함한다)

1) 2002년 12월 31일 이전에 준공된 공장

2) 법률 제6655호 「국토의 계획 및 이용에 관한 법률」 부칙 제19조에 따라 종전의 「국토이용관리법」·「도시계획법」 또는 「건축법」의 규정을 적용받는 공장

차. 「수도권정비계획법」 제6조 제1항 제3호에 따른 자연보전권역 및 「환경정책기본법」 제22조에 따른 특별대책지역 외의 지역에 설치되는 「건축법 시행령」 별표 1 제17호의 공장 중 다음의 어느 하나에 해당하지 아니하는 것(이 조례에서 따로 건축을 제한하는 경우에는 그에 따른다)〈신설 2008. 8. 8〉

1) 제2호 카목 1)부터 5)까지에 해당하는 것

2) 삭제 〈2009. 10. 16〉

3) 「폐기물관리법」 제25조에 따른 폐기물처리업 허가를 받은 사업장. 다만, 「폐기물관리법」 제25조에 따른 폐기물 처리업 중 폐기물 중간처리업(재활용만을 하는 경우에만 해당한다)으로서 특정수질유해물질이 배출되지 아니하는 경우는 제외한다.

카. 「건축법 시행령」 별표 1 제18호의 창고시설(농업·임업·축산업·수산업용에 한한다)

타. 「건축법 시행령」 별표 1 제21호의 동물 및 식물관련시설

파. 「건축법 시행령」 별표 1 제22호의 분뇨 및 쓰레기처리시설

하. 「건축법 시행령」 별표 1 제23호의 교정 및 군사시설

거. 「건축법 시행령」 별표 1 제24호의 방송통신시설

너. 「건축법 시행령」 별표 1 제25호의 발전시설

더. 「건축법 시행령」 별표 1 제26호의 묘지관련시설

러. 「건축법 시행령」 별표 1 제28호의 장례식장

○○시 「도시·군계획조례」가 정하는 바에 의하여 건축할 수 있는 건축물(4층 이하 건축물에 한하되, 휴게음식점·일반음식점 및 숙박시설 중 다음 각 목의 어느 하나에 해당하는 건축물의 경우에는 별표 24의 지역에 설치하는 건축물에 한한다)

가. 「건축법 시행령」 별표 1 제2호의 공동주택(아파트 제외한다)

나. 「건축법 시행령」 별표 1 제3호의 제1종 근린생활시설 중 휴

게음식점

다. 「건축법 시행령」 별표 1 제4호의 제2종 근린생활시설 중 나
목·사목에 해당하는 것과 일반음식점 및 안마시술소

라. 「건축법 시행령」 별표 1 제5호의 문화 및 집회시설

마. 「건축법 시행령」 별표 1 제6호의 종교시설

바. 「건축법 시행령」 별표 1 제8호의 운수시설

사. 「건축법 시행령」 별표 1 제9호의 의료시설 중 종합병원·병
원·치과병원 및 한방병원

아. 「건축법 시행령」 별표 1 제10호의 교육연구시설 중 다목 내
지 마목에 해당하는 것

자. 「건축법 시행령」 별표 1 제13호의 운동시설(운동장을 제외한다)

차. 「건축법 시행령」 별표 1 제15호의 숙박시설(해당 용도에 쓰이
는 바닥면적의 합계가 660㎡ 이하이고, 3층 이하로 건축하는 것에 한
한다)

카. 「수도권정비계획법」 제6조 제1항 제3호에 따른 자연보전권
역 및 「환경정책기본법」 제22조에 따른 특별대책지역에 설치
되는 「건축법 시행령」 별표 1 제17호의 공장 중 부지면적(2 이
상의 공장을 함께 건축하거나 기존 공장부지에 접하여 건축하는 경
우와 2 이상의 부지가 너비 8m 미만의 도로에 서로 접하는 경우에는
그 면적의 합계를 말한다)이 1만㎡ 이상인 것과 시장이 1만5천
㎡ 이상의 면적을 정하여 공장의 건축이 가능한 지역으로 고
시한 지역 안에 입지하는 것으로서 다음의 어느 하나에 해당
하지 아니하는 것.

1) 별표 18 자목 1) 내지 4)에 해당하는 것

2) 화학제품제조시설(석유정제시설을 포함한다). 다만, 물·용제류 등 액체성 물질을 사용하지 아니하거나 제품의 성분이 용해·용출되지 아니하는 고체성 화학제품제조시설을 제외한다.

3) 제1차 금속·가공금속제품 및 기계장비제조시설 중 「폐기물관리법 시행령」 별표 1 제4호의 규정에 의한 폐유기용제류를 발생시키는 것

4) 가죽 및 모피를 물 또는 화학약품을 사용하여 저장하거나 가공하는 것

5) 섬유제조시설 중 감량·정련·표백 및 염색시설

타. 「공익사업을 위한 토지 등의 취득 및 보상에 관한 법률」에 따른 공익사업 및 「도시개발법」에 따른 도시개발사업으로 시 관할구역으로 이전하는 레미콘 또는 아스콘 공장

파. 「건축법 시행령」 별표 1 제18호의 창고시설(농업·임업·축산업·수산업용을 제외한다)

하. 「건축법 시행령」 별표 1 제19호의 위험물저장 및 처리시설

거. 「건축법 시행령」 별표 1 제20호의 자동차관련시설

너. 「건축법 시행령」 별표 1 제27호 관광휴게시설

허용되는 시설

「국토계획법 시행령」 및 시·군 「도시·군계획조례」에 의하여 주거용·상업용·공업용 건축물의 대부분이 허용되고 있다.

공동주택

아파트를 제외한 공동주택이 허용되고 있다.

제1종·제2종 근린생활시설

일반음식점, 인도어 골프연습장 등 핵심 건축물을 포함한 대부분의 근린생활시설이 허용되고 있다.

공장

공해와 무관한 대부분의 제조업종이 허용되고 있다.

창고

일반창고, 농업용 창고 모두가 허용되고 있다.

숙박시설

계획관리지역에서만 유일하게 숙박시설이 허용되고 있다. 다만, 도로법상 도로에서 50m 이상 떨어져야 한다.

기타

그 외에도 노유자 시설, 수련시설, 주유소 및 충전소, 장례시설, 야영장 시설 등이 허용되고 있다.

허용되지 않는 시설

공동주택 중 아파트와 공장 중 산업단지에 입지해야 하는 공해성 업종은 허용되지 않는다. 또한 4층을 초과하는 모든 건축물과 4층 이하의 범위에서 「도시·군계획조례」로 따로 정한 층수를 초과하는 모든 건축물도 건축이 허용되지 않는다.

준보전산지

해당 토지는 계획관리지역 임야로서 보전산지에 해당하지 않기 때문에 준보전산지라고 명백히 표시되어 있다.

계획관리지역에서의 숙박시설과 음식점의 허가

〈「국토계획법」 시행규칙 [별표]〉

계획관리지역에서 휴게음식점 등을 설치할 수 없는 지역(제12조 관련)

다음 각 호의 어느 하나에 해당하는 지역. 다만, 「하수도법」에 따른 공공하수처리시설이 설치·운영되거나 10호 이상의 자연마을이 형성된 지역은 제외한다.

1. 저수를 광역상수원으로 이용하는 댐의 계획홍수위선(계획홍수

위선이 없는 경우에는 상시만수위선을 말한다. 이하 같다)으로부터 1킬로미터 이내인 집수구역

2. 저수를 광역상수원으로 이용하는 댐의 계획홍수위선으로부터 수계상 상류방향으로 유하거리가 20킬로미터 이내인 하천의 양안(兩岸) 중 해당 하천의 경계로부터 1킬로미터 이내인 집수구역

3. 제2호의 하천으로 유입되는 지천(제1지류인 하천을 말하며, 계획홍수위선으로부터 20킬로미터 이내에서 유입되는 경우에 한정한다. 이하 이 호에서 같다)의 유입지점으로부터 수계상 상류방향으로 유하거리가 10킬로미터 이내인 지천의 양안 중 해당 지천의 경계로부터 500미터 이내인 집수구역

4. 상수원보호구역으로부터 500미터 이내인 집수구역

5. 상수원보호구역으로 유입되는 하천의 유입지점으로부터 수계상 상류방향으로 유하거리가 10킬로미터 이내인 하천의 양안 중 해당 하천의 경계로부터 500미터 이내인 집수구역

6. 유효저수량이 30만세제곱미터 이상인 농업용저수지의 계획홍수위선의 경계로부터 200미터 이내인 집수구역

7. 「하천법」에 따른 국가하천·지방하천(도시·군계획조례로 정하는 지방하천은 제외한다)의 양안 중 해당 하천의 경계로부터 직선거리가 100미터 이내인 집수구역(「하천법」제10조에 따른 연안구역을 제외한다.)

8. 「도로법」에 따른 도로의 경계로부터 50미터 이내인 지역(숙박시설을 설치하는 경우만 해당한다). 다만, 다음 각 목의 어느 하

나에 해당하는 경우는 제외한다.

가. 제주도 본도 외의 도서(島嶼) 가운데 육지와 연결되지 아니한 도서에 숙박시설을 설치하는 경우

나. 다음의 어느 하나에 해당하는 숙박시설을 증축 또는 개축하는 경우(2018년 12월 31일까지 증축 또는 개축 허가를 신청한 경우로 한정한다)

1) 계획관리지역으로 지정될 당시 「건축법 시행령」 별표 1 제15호나목에 따른 관광숙박시설로 이미 준공된 것

2) 계획관리지역으로 지정될 당시 관광숙박시설 외의 숙박시설로 이미 준공된 시설로서 관광숙박시설로 용도변경하려는 것

주

1) '집수구역'이란 빗물이 상수원 · 하천 · 저수지 등으로 흘러드는 지역으로서 주변의 능선을 잇는 선으로 둘러싸인 구역을 말한다.
2) '유하거리'란 하천 · 호소 또는 이에 준하는 수역의 중심선을 따라 물이 흘러가는 방향으로 잰 거리를 말한다.
3) '제1지류'란 본천으로 직접 유입되는 지천을 말한다.

〈7〉 농림지역과 건축할 수 있는 건축물

[별표 20] 농림지역 안에서 건축할 수 있는 건축물
농림지역은 허용되는 시설의 범위가 제한적이며, 국토계획법상 다음과 같은 건축물의 개발이 허용된다.

「국토계획법 시행령」에 의하여 건축할 수 있는 건축물

가. 「건축법 시행령」 별표 1 제1호의 단독주택으로서 현저한 자연훼손을 가져오지 아니하는 범위 안에서 건축하는 농어가 주택

나. 「건축법 시행령」 별표 1 제3호사목(공중화장실, 대피소, 그 밖에 이와 비슷한 것만 해당한다) 및 아목에 따른 제1종 근린생활시설

다. 「건축법 시행령」 별표 1 제10호의 교육연구시설 중 초등학교

라. 「건축법 시행령」 별표 1 제18호가목의 창고(농업·임업·축산업·수산업용만 해당한다)

마. 「건축법 시행령」 별표 1 제21호의 동물 및 식물관련시설 중 동호 마목 내지 아목에 해당하는 것

바. 「건축법 시행령」 별표 1 제25호의 발전시설

「도시·군계획조례」가 정하는 바에 의하여 건축할 수 있는 건축물

가. 「건축법 시행령」 별표 1 제3호의 제1종 근린생활시설[같은 호 나목, 사목(공중화장실, 대피소, 그 밖에 이와 비슷한 것만 해당한다) 및 아목은 제외한다.]

나. 「건축법 시행령」 별표 1 제4호의 제2종 근린생활시설[같은 호 아목, 자목, 너목, 더목 및 러목(안마시술소만 해당한다)은 제외한다.]

다. 「건축법 시행령」 별표 1 제5호의 문화 및 집회시설 중 동호 마목에 해당하는 것

라. 「건축법 시행령」 별표 1 제6호의 종교시설

마. 「건축법 시행령」 별표 1 제9호의 의료시설

바. 「건축법 시행령」 별표 1 제12호의 수련시설

사. 「건축법 시행령」 별표 1 제19호의 위험물저장 및 처리시설 중 액화석유가스충전소 및 고압가스충전 · 저장소

아. 「건축법 시행령」 별표 1 제21호의 동물 및 식물관련시설(동호 마목 내지 아목에 해당하는 것을 제외한다.)

자. 「건축법 시행령」 별표 1 제22호의 자원순환 관련 시설

차. 「건축법 시행령」 별표 1 제23호의 교정 및 국방 · 군사시설

카. 「건축법 시행령」 별표 1 제24호의 방송통신시설

타. 「건축법 시행령」 별표 1 제26호의 묘지관련시설

파. 「건축법 시행령」 별표 1 제28호의 장례시설

하. 「건축법 시행령」 별표 1 제29호의 야영장 시설

비고

「국토계획법」 제76조제5항제3호에 따라 농림지역 중 농업진흥지역, 보전산지 또는 초지인 경우에 건축물이나 그 밖의 시설의 용도 · 종류 및 규모 등의 제한에 관하여는 각각 「농지법」, 「산지관리법」 또는 「초지법」에서 정하는 바에 따른다.

농림지역 · 농업진흥지역 및 농림지역 · 보전산지에서 건축할 수 있는 건축물

앞의 비고에 대한 설명은 농림지역에서 건축할 수 있는 건축물을 판단하는 데 매우 중요한 규정이다. 농림지역 중에서도 농업진흥지역 농지와 보전산지 임야에서는 건축할 수 있는 건축물을 적용할 때 앞의 「국토계획법」상의 농림지역에서 건축할 수 있는 건축물을 적용하지 않고, 「농지법」 제32조(용도구역에서의 행위제한)와 「산지관리법」 제12조(보전산지 안에서

의 행위제한)를 적용한다는 점에 특히 유의하여야 한다. 그리고 투자가들이 실무적으로 접하는 농림지역 토지의 대부분은 그냥 농림지역이라기보다는 농업진흥지역인 농림지역 또는 보전산지인 농림지역에 해당하는 토지이다. 이 부분에 대한 설명은 '농지와 산지의 분석 및 개발'을 참조하기 바란다.

〈8〉 자연환경보전지역과 건축할 수 있는 건축물

지목	임야	면적	11556.0㎡
개별공시지가			
지역 지구 등 지정 여부	「국토의 계획 및 이용에 관한 법률」에 따른 지역·지구 등	자연환경보전지역	
	다른 법령 등에 따른 지역·지구 등	성장관리권역〈수도권정비계획법〉	
「토지이용규제 기본법 시행령」 제9조 제4항 각 호에 해당되는 사항		토지거래계약에 관한 허가구역	

[별표 21] 자연환경보전지역 안에서 건축할 수 있는 건축물
검토대상 토지는 자연환경보전지역의 임야이다. 자연환경보전지역은 녹지지역, 관리지역, 농림지역, 자연환경보전지역 토지 중에서 건축할 수 있는 건축물의 범위가 가장 좁은 토지이므로 투자에 유의해야 한다. 해당 토지에서는 원칙적으로 다음과 같은 건축물의 개발이 허용된다.

「국토계획법 시행령」에 의하여 건축할 수 있는 건축물

가. 「건축법 시행령」 별표 1 제1호의 단독주택으로서 현저한 자연훼손을 가져오지 아니하는 범위 안에서 건축하는 농어가

주택

나. 「건축법 시행령」 별표 1 제10호의 교육연구시설 중 초등학교

「도시·군계획조례」가 정하는 바에 의하여 건축할 수 있는 건축물(수질오염 및 경관 훼손의 우려가 없다고 인정하여 도시·군계획조례가 정하는 지역내에서 건축하는 것에 한한다.)

가. 「건축법 시행령」 별표 1 제3호의 제1종 근린생활시설 중 같은 호 가목, 바목, 사목(지역아동센터는 제외한다) 및 아목에 해당하는 것

나. 「건축법 시행령」 별표 1 제4호의 제2종 근린생활시설 중 종교집회장으로서 지목이 종교용지인 토지에 건축하는 것

다. 「건축법 시행령」 별표 1 제6호의 종교시설로서 지목이 종교용지인 토지에 건축하는 것

라. 「건축법 시행령」 별표 1 제19호바목의 고압가스 충전소·판매소·저장소 중 「환경친화적 자동차의 개발 및 보급 촉진에 관한 법률」 제2조제9호의 수소연료공급시설

마. 「건축법 시행령」 별표 1 제21호의 동물 및 식물관련시설 중 동호 마목 내지 아목에 해당하는 것과 양어시설(양식장을 포함한다.)

바. 「건축법 시행령」 별표 1 제22호가목의 하수 등 처리시설(「하수도법」 제2조제9호에 따른 공공하수처리시설만 해당한다.)

사. 「건축법 시행령」 별표 1 제23호라목의 국방·군사시설 중 관할 시장·군수 또는 구청장이 입지의 불가피성을 인정한 범

위에서 건축하는 시설

아. 「건축법 시행령」 별표 1 제25호의 발전시설

자. 「건축법 시행령」 별표 1 제26호의 묘지관련시설

허용되는 시설

「국토계획법 시행령」에 의하여 건축할 수 있는 건축물

단독주택 중 농어가주택이 허용되고 있다. 똑같은 단독주택일지라도 농어가주택은 허가신청자격이 매우 엄격해서 농림어업인이 아니면 아무나 허가 받을 수 없다.

「도시 · 군계획조례」가 정하는 바에 의하여 건축할 수 있는 건축물

제1종 근린생활시설 중에서 소매점 정도가 허용되고 있다.

허용되지 않는 시설

우선 '보전' 자가 들어가는 용도지역 즉, 보전녹지지역, 보전관리지역, 자연환경보전지역에서는 어떤 형태의 공장도 허용되지 않는다고 앞에서 설명하였다. 농어가주택과 소매점을 제외한 나머지 건축물은 허용되지 않는다. 앞에서 설명한 토지의 대부분에서 허용되던 야영장 시설도 허용되지 않는다.

준보전산지

해당 토지는 자연환경보전지역 임야로서 보전산지에 해당하지 않기 때문에 준보전산지라고 표시되어 있지는 않지만 준보전산지에 해당한다.

■ 용도지역과 건축물

앞에서 설명한 용도지역 안에서 건축할 수 있는 건축물을 OO시 조례를 적용하여 예시하면 옆의 표와 같다. 표에서 O는 가능이고 ×는 불가능을 의미한다.

건축할 수 있는 건축물의 범위가 넓은 계획관리지역, 자연녹지지역

계획관리지역은 건축할 수 있는 건축물의 범위가 가장 넓다. 그리고 '녹·관·농·자' 토지 중에서 유일하게 건폐율이 40%이다. 지구단위계획을 수립하면 공업단지, 물류단지, 관광휴양단지 등으로 개발할 수도 있다. 따라서 계획관리지역이 가장 가치가 높은 토지라고 할 수 있으며 토지투자대상 1위라는 자리를 차지하고 있다. 자연녹지지역은 계획관리지역 다음으로 건축할 수 있는 건축물의 범위가 넓다. 숙박시설이나 일반공장이 불가능하고 건폐율이 20%라는 단점이 있다. 「도시개발법」의 도시개발사업을 통하면 아파트를 건축할 수도 있다. 따라서 준농림지역 즉, 현재의 계획관리지역이 탄생하기 전에 토지투자대상 1위는 자연녹지지역이었다. 수도권을 중심으로 거래가격을 비교하면 계획관리지역은 건폐율이 40%이고 건축할 수 있는 건축물의 범위가 가장 넓다는 강점이 있지만 입지는 도시지역외 지역에 위치하고 있고, 자연녹지지역은 건축물의 종류와 건폐율 측면에서 계획관리지역에 비교열위이지만 입지가 도심지역에 가까이 있다는 장점이 있다. 자연녹지지역이 계획관리지역보다 비싼 것이 일반적이다.

〈「○○시 조례적용 예시」〉

건축물\용도지역	보전녹지	생산녹지	자연녹지	보전관리	생산관리	계획관리	농림지역	자연환경보전
숙박시설	×	×	×	×	×	○	×	×
공장(일반)	×	×	×	×	×	○	×	×
공장(첨단)	×	○	○	×	×	○	×	×
창고(일반)	×	○	○	×	×	○	×	×
창고(농림수)	○	○	○	○	○	○	○	×
주유소	×	○	○	○	○	○	×	×
충전소	○	○	○	○	○	○	○	×
골프연습장	×	○	○	×	○	○	×	×
승마장	×	○	○	×	○	○	×	×
어린이집	○	○	○	○	○	○	×	×
일반음식점	×	○	○	×	×	○	×	×
휴게음식점	○	○	○	×	×	○	×	×
소매점	○	○	○	○	○	○	○	○
단독주택	○	○	○	○	○	○	농어가주택	농어가주택
다세대	×	○	○	×	○	○	×	×
연립	×	○	○	×	○	○	×	×
야영장 시설	○	○	○	○	○	○	○	×

계획관리지역보다 가치가 낮은 보전관리지역, 생산관리지역

세분화 이후에는 숙박시설·공장·일반창고·골프연습장·일반음식점 등이 허용되지 않는다. 건폐율도 20%다. 따라서 계획관리지역에 비해 가치가 현저히 낮다고 볼 수 있다.

건축할 수 있는 건축물의 범위가 가장 좁은 자연환경보전지역

농어가주택과 소매점을 제외하고는 투자 가치 있는 건축물은 거의 건축이 불가능하다. 그러나 농어가주택은 단독주택에 해당하므로 민박펜션으로 활용할 수 있다. 외지인은 오로지 소매점 하나 정도로만 허가 받을 수 있다.

숙박시설

숙박시설은 계획관리지역에서만 허용되고 있다.

일반공장과 첨단공장

용인, 파주, 김포, 평택, 화성, 안성 등 수도권 성장관리권역에서 가장 일반적인 개발행위는 공장부지를 개발해서 분양하는 것이다. 따라서 해당지역에서는 공장허가 가능 여부가 토지의 가치를 결정하는 데 매우 중요한 기준이 된다. 공해와 관련되지 않은 일반적인 공장은 계획관리지역에서만 허가가 가능하다. 그리고 자연녹지와 생산녹지에서는 일반공장은 불가능하고 첨단업종의 공장 허가가 가능하다. (일반공장은 「건축법」상 용어가 아니며 이해의 편의를 위해 첨단업종공장과 도정공장·식품공장·제재업을 제외한 공장을 일반공장이라고 표현하였다.)

일반창고와 농업용 창고

경기도 용인, 광주, 이천 등지에서 비오수배출시설인 창고를 개발해서 분양하는 일이 가장 일반적인 개발행위이다. 그러므로 해당 지역에서는 창고 허가의 가능 여부가 토지의 가치를 결정하는 데 매우 중요한 기준이 된다. 생산녹지지역, 자연녹지지역, 계획관리지역에서 일반창고의 허가가 가능하다. 농업용 창고는 조례로 건폐율이 50%까지 허용되며, 대개 농업진흥지역 안의 농업보호구역 위에 건축되어 있으면서 주변 또한 대부분 창고 등으로 개발되어 있는 경우가 많다. (일반창고도 「건축법」상 용어가 아니며 농업·임업·축산업·수산업용 창고를 제외한 것을 일반창고라고 표현하였다.)

일반음식점과 휴게음식점

일반음식점과 휴게음식점의 차이는 술을 팔 수 있느냐 없느냐에 있다. 일반음식점은 술을 팔 수 있다. 양평·광주·가평 등의 경치 좋은 한강변에서 소위 '카페'를 하고자 하는 사람은 해당 토지의 용도지역이 반드시 계획관리지역인가 확인해봐야 한다. 관리지역에서는 계획관리지역에서만 일반음식점이 허용되기 때문이다. (일반음식점은 제2종근린생활시설에 해당하는 「건축법」상 용어이다.)

단독주택

단독주택은 모든 용도지역에서 건축할 수 있다. 다만 농림지역과 자연환경보전지역은 단독주택 중에서도 농어가주택만이 가능하다. 단독주택과 농어가주택의 차이는 분양사업을 할 수 있느냐 없느냐에 있다. 단독주택이 가능한 용도지역에서는 여러 세대의 허가를 받아 전원주택의 분양사업이 가능하지만, 농어가주택만이 가능한 용도지역에서는 허가를 받을 때 농업인의 자격을 요하기 때문에 1세대밖에 허가를 받을 수 없고 결국 전원주택 분양사업은 불가능하다.

「도시·군계획조례」에서 건폐율, 용적률, 건축할 수 있는 건축물 알아보기

해당 토지의 토지이용계획확인서를 발급받아 용도지역 확인하기

조회용은 토지이용규제서비스에서 온라인으로 쉽게 조회할 수 있으며 정부24에서 신청해서 발급받을 수도 있다. 모바일 앱 토지이용규제서비스에서도 조회가 가능하다.

「도시·군계획조례」에서 열거된 건축물 확인하기

「도시·군계획조례」를 통해 건폐율, 용적률, 건축할 수 있는 건축물을 확인하는 순서를 용인시의 예로 설명하면 다음과 같다. 모바일 앱 국가법령정보센터에서도 조회가 가능하다.

> 국가법령정보센터(www.law.go.kr)
> 자치법규 → 용인시도시계획조례로 검색 → 제50조 용도지역에서의 건폐율, 제55조 용도지역에서의 용적률, 별표 1~21 용도지역 안에서 건축할 수 있는 건축물

지목변경 제2단계 분석
개발행위허가기준

지목변경 제2단계 분석 전략

지목변경 제1단계 분석으로 용도지역에서 건축할 수 있는 건축물을 확인한 후, 두 번째 확인하여야 할 사항이 개발행위허가기준 저촉여부이다. 개발행위허가기준의 주된 골자는 개발행위허가 규모와 경사도·표고·입목축적의 3종 세트 두 가지가 있다.

■ 용도지역별 개발행위허가의 규모

국토계획법상 개발행위허가의 기준(「국토계획법」 제58조)

개발행위허가의 신청 내용은 다음의 기준에 적합해야 한다. 첫 번째 항목으로 용도지역별 규모의 기준에 적합할 것을 요구하고 있다.

- 용도지역별 특성을 고려한 개발행위의 규모에 적합할 것.
- 도시 · 군관리계획 및 성장관리방안의 내용에 어긋나지 아니할 것
- 도시 · 군계획사업의 시행에 지장이 없을 것
- 주변지역의 토지이용실태 또는 토지이용계획, 건축물의 높이, 토지의 경사도, 수목의 상태, 물의 배수, 하천 · 호소 · 습지의 배수 등 주변환경이나 경관과 조화를 이룰 것
- 해당 개발행위에 따른 기반시설의 설치나 그에 필요한 용지의 확보계획이 적절할 것

개발행위허가의 규모

개발행위허가기준으로서 개발행위규모는 옆의 표에 나오는 용도지역별 허용 규모에 적합해야 한다. 다만, 관리지역 및 농림지역에 대하여는 3만㎡를 한도로 하여 시 · 군의 「도시 · 군계획조례」로 따로 정하고 있으므로 해당 시 · 군의 「도시 · 군계획조례」를 확인해야 한다.

개발행위허가의 규모를 적용함에 있어서 개발행위허가의 대상인 토지가 2 이상의 용도지역에 걸치는 경우에는 각각의 용도지역에 위치하는 토지 부분에 대하여 각각의 용도지역의 개발행위의 규모에 관한 규정을 적용한다. 다만, 개발행위허가의 대상인 토지의 총면적이 당해 토지가 걸쳐 있는 용도지역 중 개발행위의 규모가 가장 큰 용도지역의 개발행위의 규모를 초과해서는 아니 된다.

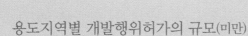

용도지역별 개발행위허가의 규모(미만)

국토계획법(㎡)		「도시 · 군계획조례」(㎡) (경기도 화성시 예시)		산지관리법(㎡)
보전녹지지역	5천	보전관리지역	1만	
생산녹지지역	1만	생산관리지역	2만	3만
자연녹지지역	1만	계획관리지역	3만	
자연환경보전지역	5천	농림지역	2만	
전국 공통		시 · 군마다 상이		전국 공통

■ 「도시 · 군계획조례」에 의한 개발행위허가기준

지방자치단체는 「국토계획법」의 위임에 의하여 ①경사도, ②표고, ③ 입목축적 등을 기준으로 개발행위허가 기준을 조금씩 다르게 규정하고 있으며, 허가 대상 부지는 해당 기준이 모두 충족되어야 개발행위허가를 받을 수 있다.

경사도(평균경사도)

경사도는 개발행위허가대상 부지의 평균경사도를 의미한다. 25도를 최고한도로 하여 시 · 군마다 조례로 다르게 정하고 있다. 대개 개발압력이 많은 지역은 개발을 억제하기 위해 경사도 기준을 낮게, 개발수요를 적극적으로 유치하여야 하는 지역은 경사도 기준을 높게 책정하여 운영하고 있다. 예를 들면 같은 용인시라도 수지구와 기흥구는 17.5

도 이하 기준, 처인구는 20도 이하 기준을 적용하고 있다. 경사도 측정은 허가대상 부지를 가로·세로 10m칸으로 나누어서 분석한다. 인·허가 실무에서는 토목설계사무소에 의뢰하여 해결한다.

표고

표고란 기준점에서 개발행위허가 대상 토지까지의 높이를 말하는 것으로, 기준점 및 표고에 대한 허가 기준 역시 시·군마다 조례로 조금씩 다르게 규정하고 있다. 예를 들면 경기도 광주시는 '기준지반고를 기준으로 50미터 미만에 위치하는 토지'라는 기준을 적용하고 있다. 이 경우 광주시의 기준지반고는 개발행위허가 대상 토지를 기준으로 하여 진입이 연결되는 최단거리에 위치한 도로(비도시 지역은 「도로법」제11조에 따른 시도급 이상의 도로 및 「농어촌 도로 정비법」제4조제2항제2호에 따른 리도급이상의 농어촌도로를 말하며, 도시계획구역, 도시지역 외 지역에서의 지구단위계획구역, 개발진흥지구 등 토지이용계획 또는 개발계획이 수립되어 있는 구역·지구일 경우에는 관련법령에 따라 도로의 구조·시설기준에 관한 규칙에 부합하도록 6미터 이상 개설완료된 도시계획도로)의 표고를 말한다.

표고와 관련된 사항 역시 인·허가 실무에서는 토목설계사무소에 의뢰하여 해결한다.

입목축적

입목축적은 시·군에 따라서 「산지관리법」상의 150% 이하를 그대로 차용하여 기준으로 사용하거나 또는 조례로 강화하여 조금씩 다르게 규정하고 있다. 예를 들면 성남시는 개발행위허가 대상토지의 헥타르당 입목축적이 성남시 헥타르당 평균 입목축적의 100퍼센트 미만인 경우를 허가기준으로 하고 있으며, 경기도 광주시는 개발행위허가 대상토지의 헥타르당 입목축적이 광주시 헥타르당 평균 입목축적의 150퍼센트 이하인 경우를 허가기준으로 하고 있다. 한편, 「산지관리법」에서는 개발(전용)하려는 산지의 ha당 입목축적이 산림기본통계상의 관할 시·군·자치구의 ha당 입목축적의 150% 이하를 기준으로 한다. 다만, 산불발생·솎아베기·벌채를 실시한 후 5년이 지나지 아니한 때에는 그 산불발생·솎아베기 또는 벌채 전의 입목축적을 환산하여 조사·작성 시점까지의 생장률을 반영한 입목축적을 적용한다. 인·허가 실무에서는 토목설계사무소에 의뢰하면 산림조사전문기관에 재의뢰하여 해결한다.

〈용인시 도시계획조례 제20조〉

① 시장은 다음 각 호의 요건을 모두 갖춘 토지에 대하여 개발행위를 허가할 수 있다.

1. 입목 축적의 적용은 「산지관리법」을 따를 것

2. 평균경사도의 경우 처인구 지역은 20도 이하인 토지, 기흥구 지역은 17.5도 이하인 토지, 수지구 지역은 17.5도 이하인 토지로 할 것. 다만, 평균경사도가 처인구 지역은 20도, 기흥구 지역은 17.5도, 수지구 지역은 17.5도를 초과하면서 공공·공익목적으로 시장이 필요하다고 판단한 시설·건축물은 시 도시계획위원회의 심의를 거쳐 허가할 수 있다.

3. 제2호의 경우 경사도 측정 및 산정방식은 「국토계획법 시행규칙」에 따를 것

4. 창고시설에 대한 개발행위허가(기반시설) 기준은 시행규칙으로 정할 것

5. 수지구 내 녹지지역 중 성장관리방안이 미 수립된 지역에 대한 개발행위허가의 기준은 시장이 고시한 성장관리방안의 '산지입지형'을 준용할 것

② 제1항은 주거지역, 상업지역, 공업지역, 지구단위계획구역(지구단위계획이 수립된 경우에 한한다)과 제24조 및 제25조에 따라 개발행위를 허가하는 경우에는 적용하지 아니한다.

〈경기도 광주시 도시계획조례 제23조〉

개발행위허가의 기준

시장은 다음 각 호의 요건을 모두 갖춘 토지에 한정하여 개발행위를 허가할 수 있다.

1. 다음 각 목의 입목본수도 요건을 모두 갖춘 토지. 다만, 판매를 목적으로 재배하는 나무는 입목본수도 산정시 이를 산입하지 아니한다.

   가. 개발행위허가 대상토지의 헥타르당 입목축적이 우리시 헥타르당 평균 입목축적의 150퍼센트 이하인 경우

나. 개발행위허가 대상 토지 안에 평균나이가 50년생 이상
   인 활엽수림의 점유면적이 50퍼센트 이하인 경우
2. 경사도가 20도 미만인 토지(경사도 산정방식은 별지 제2호서식
   에 따른다) 다만, 「건축법 시행령」별표 1 제3호바목, 제14호
   가목, 제23호부터 제25호까지의 건축물의 건축을 위한 토지
   중 시도시계획위원회의 자문을 거친 경우에는 제외한다.
3. 기준지반고를 기준으로 50미터 미만에 위치하는 토지[기준지
   반고는 개발행위허가 대상 토지를 기준으로 하여 진입이 연결되는
   최단거리에 위치한 도로(비도시 지역은 「도로법」제11조에 따른 시도
   급 이상의 도로 및 「농어촌 도로 정비법」제4조제2항제2호에 따른 리
   도급 이상의 농어촌도로를 말하며, 도시계획구역, 도시지역 외 지역
   에서의 지구단위계획구역, 개발진흥지구 등 토지이용계획 또는 개발
   계획이 수립되어 있는 구역·지구일 경우에는 관련법령에 따라 도로
   의 구조·시설기준에 관한 규칙에 부합하도록 6미터 이상 개설완료
   된 도시계획도로)의 표고를 말한다]. 다만, 기존 지목상 대지 위
   의 적법한 건축물을 증축·개축 또는 재축하는 경우에는 기
   준지반고 규정을 적용하지 아니할 수 있다.

〈화성시 도시계획조례 제18조〉

시장은 다음 각 호의 요건을 모두 갖춘 토지에 한하여 개발행위
를 허가할 수 있다. 다만, 주·상·공업지역, 지구단위계획 수립

지역, 성장관리지역, 자연취락지구 안에서는 1호부터 3호를 적용하지 아니한다

1. 입목축적의 적용은「산지관리법」을 준용한다.

2. 경사도가 15도 미만인 토지.

3. 아래의 지역별 기준 지반고를 기준으로 50미터 미만에 위치한 토지. 이 경우, 기준 지반고는 지형도 기준으로 한다.

   가. 우정읍, 장안면 기준 지반고: 해발표고 15미터

   나. 마도면, 송산면, 서신면 기준 지반고: 해발표고 20미터

   다. 진안동, 병점1동, 병점2동, 반월동, 기배동, 화산동 기준 지반고: 해발표고 30미터

   라. 향남읍, 양감면 기준 지반고: 해발표고 40미터

   마. 봉담읍, 남양읍, 비봉면, 팔탄면, 정남면, 새솔동 기준 지반고: 해발표고 45미터

   바. 매송면 기준 지반고: 해발표고 40미터

   사. 동탄1동, 동탄2동, 동탄3동, 동탄4동, 동탄5동, 동탄6동, 동탄7동, 동탄8동 기준 지반고: 해발표고 50미터

4. 환경·생태적으로 보전가치가 있는 생태자연도 Ⅰ등급권역과 녹지자연도 8등급 이상 지역이 아닌 토지

5. 제1항제2호 및 제3호의 규정에 불구하고 가목부터 바목까지 어느 하나에 해당하는 경우에는 시도시계획위원회 자문을 거치며 사목에 해당하는 경우에는 시도시계획위원회 심의를 거쳐 허가할 수 있다.

   가. 10호 이상의 자연마을이 형성된 인접지역에서 단독주택

을 건축하기 위한 개발행위(단, 단독주택이라 함은 「건축법 시행령」 별표 1제1호의 가목에 한하며, 그 부지면적은 660제곱미터 미만)

나. 「공익사업을 위한 토지 등의 취득 및 보상에 관한 법률」 제4조 각 호 어느 하나에 해당되는 사업

다. 기존도로(2차로 이상의 일반국도, 지방도, 시도, 도시계획도로, 농어촌도로로서 조례 시행 당시 준공되어 사용하고 있는 도로를 말한다)에 접한 토지로서 도로의 표고보다 같거나 낮은 토지에서의 개발행위

라. 재난 · 재해위험이 예상되거나 기훼손지로서 경관 또는 미관에 현저히 지장을 초래하는 경우

마. 국가, 지방자치단체, 「공공기관의 운영에 관한 법률」 제4조에 따른 공공기관, 「지방공기업법」에 따른 지방공기업이 투자하는 사업

바. 공공 · 공익을 위하여 시장이 필요하다고 인정한 개발행위

사. 「전통사찰의 보존 및 지원에 관한 법률」제2조제1호에 따른 전통사찰 중 기존 사찰과 연접되어 설치되는 사찰 및 부대시설

<인천광역시 도시계획조례 제20조>

제20조 (개발행위허가의 기준)

① 영 별표 1의2 제1호가목(3)에 따라 시장은 다음 각 호의 요건을 모두 갖춘 토지에 한하여 개발행위를 허가할 수 있다.

　1. 개발행위허가대상 토지의 평균입목축적비율(해당 군·구의 헥타르당 평균입목축적 대비 개발행위허가대상 토지의 헥타르당 평균입목축적의 비율을 말한다)이 다음 각 목 미만인 경우. 다만, 판매를 목적으로 재배하는 나무는 입목축적 산정 시 이를 산입하지 아니한다.

　　가. 도시지역: 70퍼센트

　　나. 관리지역 1)보전관리지역 및 생산관리지역: 100퍼센트 2)계획관리지역: 130퍼센트

　　다. 농림지역 및 자연환경보전지역: 100퍼센트

　2. 개발행위허가대상 토지의 평균경사도가 다음 각 목 미만인 경우

　　가. 도시지역: 17도

　　나. 관리지역, 농림지역 및 자연환경보전지역: 20도

　3. 개발행위허가대상 토지가 기준지반고(해발 0미터)를 기준으로 65미터 미만에 위치하는 경우(도시지역에 한하여 적용한다)

② <삭제 2016-12-30>

③ 제1항에도 불구하고 허가권자가 공익상 필요하다고 인정하는 경우에는 해당 도시계획위원회의 심의를 거쳐 토지의 형질변

경이나 토석채취의 허가를 할 수 있다.

④ 영 별표 1의2 제1호마목(3)에 따라 건축물의 용도·규모(대지규모를 포함한다)·층수·주택호수 등에 따른 도로의 너비 또는 교통소통에 관한 기준은 별표6과 같다. 다만, 도시지역의 경우 지형적 조건 등에 따른 도로의 구조와 너비는 「건축법」에 따른다. 〈신설 2012-10-02〉

입목훼손지 등에 대한 조치

허가대상토지의 입목축적이 개발행위허가 기준을 초과하여 입목을 고의로 훼손하였다가 적발될 경우에는 어떻게 처리될 것인가? 그런 경우에는 '사고지'로서 토지이용계획확인서에 명시가 되고 지방자치단체에서 정하는 기준으로 훼손된 입목을 원상회복하였을 경우에 그 명시가 해제된다.

1. 조례 예시1 (입목 훼손지 등에 대한 조치)

① 허가권자는 고의 또는 불법으로 임목이 훼손되었거나 지형이 변경되어 회복이 이루어지지 않은 토지(이하 '사고지'라 한다)는 개발행위를 제한하여야 하며, 제86조의2제3호에 따라 토지이용계획확인서에 그 사실을 명시하여야 한다.

② 허가권자는 사고지가 「산림자원의 조성 및 관리에 관한 법률」 및 「산지관리법」에 따라 복구(회복)절차가 완료되었거나 법 제133조에 따른

시정명령 등이 완료된 경우에는 완료일로부터 7년이 되는 날에 토지이용·계획확인서의 사고지 명시를 해제하여야 한다.

③ 사고지 명시가 해제된 토지는 개발행위를 신청할 수 있으며, 이 경우 면적·규모 등에 관계없이 해당 도시계획위원회 심의를 거쳐야 한다. (인천광역시 도시계획조례 제20조의2)

2. 조례 예시2 (불법 훼손된 임목 등의 사실 명시 및 해제)

구청장은 조례 별표 1 제1호라목(2)(마)에서 정하는 고의 또는 불법으로 입목이 훼손되었거나 허가를 받지 않은 지형의 변경, 포장, 공작물을 설치하고 원상회복이 이루어지지 않은 토지는 토지이용계획확인서에 그 사실을 명시하여야 하며, 그 명시의 해제는 별표 2의 방법에 따른다. (서울시 도시계획조례 시행규칙 제9조)

[별표 2] 불법 훼손된 입목 등의 사실 명시 해제 방법(제9조 관련)

토지소유자 등이 원상회복 계획서, 복구 계획도면, 공사비 산출액 등을 작성 제출한 경우, 원상회복 계획의 적합 여부는 관계부서 협의를 거쳐 도시계획위원회에 상정하여 그 결정에 따른다.

가. 입목 훼손의 경우

　(1) 복원방법

　　• 서울특별시 ha당 평균입목축적의 120퍼센트 이상이 되도록 식재하여야 한다.

　　• 식재 후 3년 이상의 입목의 활착을 위한 유예기간을 주어

야 하며, 그 기간 동안 입목을 관리하여야 한다. 수목의 생존율이 저조하여 재식재(보식)한 경우 또한 같다.

- 활착된 입목축적을 측정하여 서울특별시 ha당 평균입목축적의 120퍼센트 이상 되어야 해제할 수 있다.

(2) 식재한 입목의 관리

- 토지소유자 등은 식재한 입목에 대하여 매년 생육상태를 조사하여 그 결과를 제출하여야 한다. 이 경우 공인기관의 기술자에게 그 관리를 위임할 수 있다.
- 제출된 생육상태에 대하여는 관리대장에 그 관리상황을 기록하여야 한다.

(3) 식재할 입목은 산림청에서 정한 조림 권장수종 중 용재수종으로 하되, 도시생태현황도의 현존식생도를 참조하여 주변 경관과 환경에 잘 어울리는 수종으로 한다. 이때 식재한 입목은 판매를 목적으로 재배하는 나무로 보지 아니한다.

나. 무단 형질변경의 경우

(1) 복원방법

- 훼손 전 경사도의 110퍼센트 이상을 성·절토 하여야 하며 재해방지를 위하여 최선을 다하여야 한다. 이 경우 훼손 전 경사도의 산정은 가장 최근에 작성된 지형도에 따른다.
- 복구 후 3년 이상 토양의 안정화 기간을 주어야 하며 그 기간 동안 토양의 상태를 지속적으로 관리하여야 한다.

- 토양의 안정화가 이루어졌을 경우 경사도는 훼손 전 경사도의 105퍼센트 이상 되어야 해제할 수 있다. 다만, 훼손된 성·절토량을 파악할 수 있는 경우에는 그 이상을 성·절토하여 복원할 수 있다.
(2) 토지소유자 등은 성·절토한 토양의 상태, 재해의 우려 등에 대하여 조사하고 그 결과를 매년 제출하여야 한다. 이 경우 담당자는 현장조사를 통하여 토양의 상태 등을 확인하고 관리대장에 기록하여야 한다.
(3) 암반 훼손의 경우에는 어떠한 방법으로도 절대 해제할 수 없다.
다. 무단으로 포장 또는 공작물을 설치했을 경우도 원상복구 되었을 경우 해제할 수 있다.

복구 완료된 토지에 대하여는 토지이용계획확인서의 명시를 지체 없이 삭제하여야 한다.

■ 산지와 농지의 전용허가기준

「산지관리법」상 산지전용허가 기준

허가 대상 부지가 산지라면 「산지관리법」상의 산지전용허가 기준이 별도로 충족되어야 한다. '평균경사도 25도 이하'와 '입목축적 150% 이하'

를 기본으로 하여 여러 가지 사항이 규정되어 있으며 이해의 편의를 돕기 위하여 중요 부분은 밑줄을 쳐서 표시하였다.

산지전용허가기준의 적용범위와 사업별·규모별 세부기준은 「산지관리법 시행령」 제20조에 나와 있다. (뒷장 참조)

전원주택부지를 개발하고자 하는 경우 유의하여야 하는 것은 이 중에 11)의 규정이다. 부지가 농지인 경우에는 토지사용승낙서로 허가를 신청할 수 있지만, 부지가 임야인 경우에는 11)의 규정에 의하여 토지사용승낙서로 허가를 신청할 수 없으며 반드시 등기상 소유자만이 허가를 신청할 수 있다. 즉 사전에 허가를 받을 사람 명의로 임야의 소유권을 이전하여 놓거나 또는 소유자 명의로 허가를 받은 후 이전하여야 한다. 다만 이 규정은 공장부지나 창고부지와는 무관하고 단독주택에만 해당되는 규정이다.

산지전용시 공통으로 적용되는 허가기준

허가기준	세부기준
마. 사업계획 및 산지전용면적이 적정하고 산지전용방법이 자연경관 및 산림훼손을 최소화하고 산지전용 후의 복구에 지장을 줄 우려가 없을 것	1) 산지전용행위와 관련된 사업계획의 내용이 구체적이고 타당하여야 하며, 허가신청자가 허가받은 후 지체 없이 산지전용의 목적사업 시행이 가능할 것 2) 목적사업의 성격, 주변경관, 설치하려는 시설물의 배치 등을 고려할 때 전용하려는 산지의 면적이 과다하게 포함되지 아니하도록 하되, 공장 및 건축물의 경우는 다음의 기준을 고려할 것 　가) 공장: 「산업집적활성화 및 공장설립에 관한 법률」 제8조에 따른 공장입지의 기준 　나) 건축물: 「국토의 계획 및 이용에 관한 법률」 제77조에 따른 건축물의 건폐율 3) 가능한 한 기존의 지형이 유지되도록 시설물이 설치될 것 4) 산지전용으로 인한 비탈면은 토질에 따라 적정한 경사도와 높이를 유지하여 붕괴의 위험이 없을 것 5) 산지전용으로 인하여 주변의 산림과 단절되는 등 산림생태계가 고립되지 아니할 것. 다만, 생태통로 등을 설치하는 경우에는 그러하지 아니하다. 6) 전용하려는 산지의 표고(標高)가 높거나 설치하려는 시설물이 자연경관을 해치지 아니할 것 7) 전용하려는 산지의 규모가 별표 4의2의 기준에 적합할 것 8) 「장사 등에 관한 법률」에 따른 화장장·납골시설·공설묘지·법인묘지·장례식장 또는 「폐기물관리법」에 따른 폐기물처리시설을 도로 또는 철도로부터 보이는 지역에 설치하는 경우에는 차폐림을 조성할 것 9) 사업계획부지 안에 원형으로 존치되거나 조성되는 산림 또는 녹지에 대하여 적정한 관리계획이 수립될 것 10) 다음의 어느 하나에 해당하는 도로를 이용하여 산지전용을 할 것. 다만, 개인묘지의 설치나 광고탑 설치 사업 등 그 성격상 가)부터 바)까지의 규정에 따른 도로를 이용할 필요가 없는 경우로서 산림청장이 산지구분별로 조건과 기준을 정하여 고시하는 경우는 제외한다.

가) 「도로법」, 「사도법」, 「농어촌도로 정비법」 또는 「국토의 계획 및 이용에 관한 법률」(이하 '도로관계법'이라 한다)에 따라 고시·공고된 후 준공검사가 완료되었거나 사용개시가 이루어진 도로

나) 도로관계법에 따라 고시·공고된 후 공사가 착공된 도로로서 준공검사가 완료되지 않았으나 도로관리청 또는 도로관리자가 이용에 동의하는 도로

다) 이 법에 따른 산지전용허가 또는 도로관계법 외의 다른 법률에 따른 허가 등을 받아 준공검사가 완료되었거나 사용개시가 이루어진 도로로서 가)에 따른 도로와 연결된 도로

라) 이 법에 따른 산지전용허가 또는 도로관계법 외의 다른 법률에 따른 허가 등을 받아 공사가 착공된 후 준공검사가 완료되지 않았으나 실제로 차량 통행이 가능한 도로로서 다음의 요건을 모두 갖춘 도로

- 가)에 따른 도로와 연결된 도로일 것
- 산지전용허가를 받은 자 또는 도로관리자가 도로 이용에 동의할 것

마) 지방자치단체의 장이 공공의 목적으로 사용하기 위하여 토지 소유자의 동의를 얻어 설치한 도로

바) 도로 설치 계획이 포함된 산지전용허가를 받은 자가 계획상 도로의 이용에 동의하는 경우 해당 계획상 도로(「산업집적활성화 및 공장설립에 관한 법률」에 따른 공장설립 승인을 받으려는 경우에만 해당한다.)

11) 「건축법 시행령」 별표 1 제1호에 따른 단독주택을 축조할 목적으로 산지를 전용하는 경우에는 자기 소유의 산지일 것(공동 소유인 경우에는 다른 공유자 전원의 동의가 있는 등 해당 산지의 처분에 필요한 요건과 동일한 요건을 갖출 것)

12) 「사방사업법」 제3조제2호에 따른 해안사방사업에 따라 조성된 산림이 사업계획부지 안에 편입되지 아니할 것. 다만, 원형으로 보전하거나 시설물로 인하여 인근의 수목생육에 지장이 없다고 인정되는 경우에는 그러하지 아니한다.

13) 분묘의 중심점으로부터 5미터 안의 산지가 산지전용예정지에 편

입되지 아니할 것. 다만, 다음의 어느 하나에 해당하는 조치를 할 것을 조건으로 허가하는 경우에는 그러하지 아니하다.

가) 해당 산지의 산지전용에 대하여 「장사 등에 관한 법률」 제2조 제16호에 따른 연고자의 동의를 받을 것(연고자기 있는 경우에 한정한다.)

나) 연고자가 없는 분묘의 경우에는 「장사 등에 관한 법률」 제27조 또는 제28조에 따라 분묘를 처리할 것

14) 산지전용으로 인하여 해안의 경관 및 해안산림생태계의 보전에 지장을 초래하지 아니할 것

15) 농림어업인이 자기 소유의 산지에서 직접 농림어업을 경영하면서 실제로 거주하기 위하여 건축하는 주택 및 부대시설을 설치하는 경우에는 자기 소유의 기존 임도를 활용하여 시설할 수 있다.

산지전용면적에 따라 적용되는 허가기준

허가기준	전용면적	세부기준
나. 토사의 유출·붕괴 등 재해발생이 우려되지 아니할 것	2만제곱미터 이상이 산지전용에 적용	1) 산지전용을 하려는 산지 및 그 주변 지역에 산사태가 발생할 가능성이 높지 않을 것 다만, 산림청장은 산지전용을 하려는 자에게 재해방지시설을 설치할 것을 조건으로 산지전용허가를 할 수 있다. 2) 산지전용으로 인하여 홍수 시 하류지역의 유량상승에 현저한 영향을 미치거나 토사유출이 우려되지 아니할 것. 다만, 홍수조절지, 침사지 또는 사방시설을 설치하는 경우에는 그러하지 아니하다.
다. 산지의 형태 및 임목의 구성 등의 특성으로 인하여 보호할 가치가 있는 산림에 해당되지 아니할 것	660제곱미터 이상의 산지전용에 적용. 다만, 비고 제1호에 해당하는 시설에는 적용하지 아니한다.	1) 전용하려는 산지의 평균경사도는 다음의 기준을 모두 충족하여야 한다. 다만, 산지 외의 토지로 둘러싸인 면적이 1만제곱미터 미만인 일단의 산지를 산지전용으로 비탈면 없이 평탄지로 조성하려는 경우와 법 제8조에 따라 산지에서의 구역 등의 지정을 위한 협의 과정에서 평균경사도 기준을 이미 검토한 경우에는 평균경사도 산정대상에서 제외할 수 있다. 가) 전용하려는 산지의 평균경사도가 25도(스키장업의 시설을 설치하는 경우에는 35도) 이하일 것 나) 전용하려는 산지를 면적 100제곱미터의 지역으로 분할하여 각 지역의 경사도를 측정하는 경우 경사도가 25도 이상인 지역의 면적이 전체 지역 면적의 100분의 40 이하일 것 다만, 스키장업의 시설을 설치하는 경우에는 그렇지 않다. 2) 전용하려는 산지의 헥타르당 입목축적이 산림기본통계상의 관할 시·군·구의 헥타르당 입목축적(산불발생·솎아베기·벌채를 실시한 후 5년이 지나지 않은 때에도 해당 시·도별 평균생장률을 적용하여 그 산불발생·솎아베기 또는 벌채 전의 입목축적을 환산한다)의 150% 이하일 것 3) 전용하려는 산지 안에 생육하고 있는 50년생 이상인 활엽수림의 비율이 50퍼센트 이하일 것

산지전용대상 사업에 따라 적용되는 허가기준

허가기준	적용대상 사업	세부기준
가. 사업계획 및 산지 전용면적이 적정하고 산지전용방법이 자연 경관 및 산림훼손을 최소화하고 산지전용 후의 복구에 지장을 줄 우려가 없을 것	공장	공장부지 면적(「환경영향평가법」에 따른 협의 시 원형대로 보전하도록 한 지역을 포함한다)이 1만제곱미터(둘 이상의 공장을 함께 건축하거나 기존 공장부지에 접하여 건축하는 경우와 둘 이상의 부지가 너비 8미터 미만의 도로에 서로 접하는 경우에는 그 면적의 합계를 말한다) 이상일 것. 다만, 다음의 어느 하나에 해당하는 경우에는 그러하지 아니하다. 1) 「국토의 계획 및 이용에 관한 법률」 제36조에 따른 관리지역 안에서 농공단지 내에 입주가 허용되는 업종의 공장을 설치하기 위하여 전용하려는 경우 2) 「산업집적활성화 및 공장설립에 관한 법률」 제9조 제2항에 따라 고시한 공장설립이 가능한 지역 안에서 공장을 설치하기 위하여 전용하려는 경우 3) 「국토의 계획 및 이용에 관한 법률」 제36조에 따른 주거지역, 상업지역, 공업지역, 계획관리지역, 생산녹지지역, 자연녹지지역에서 공장을 설치하기 위하여 전용하려는 경우

농지법상 농지전용허가 기준

허가 대상 부지가 농지라면 농지법상의 농지전용허가 기준이 별도로 충족되어야 한다. 농지의 전용허가 기준은 산지의 전용허가 기준보다는 단순하며 심사기준은 다음과 같다. 특히, 허가 실무에서는 인근농지의 농업경영 환경을 저해하여 민원의 발생 소지가 없도록 유의하여야 한다. 진입로, 배수로, 농기계의 통행로 등과 관련된 민원이 허가의 발목을 잡는 경우가 많으므로 사전에 꼼꼼하게 검토해야 한다.

TIP 「농지법 시행령」 제33조(농지전용허가의 심사)

1. 법 제32조 (농업진흥지역의 농지인 경우에 한한다) 및 법 제37조에 위배되지 아니할 것

2. 다음 각 목의 사항 등을 참작할 때 전용하려는 농지가 전용목적사업에 적합하게 이용될 수 있을 것으로 인정될 것
   가. 시설의 규모 및 용도의 적정성
   나. 건축물의 건축에 해당하는 경우에는 도로·수도 및 하수도의 설치 등 해당 지역의 여건

3. 다음 각 목의 사항 등을 참작할 때 전용하려는 농지의 면적이 전용목적사업의 실현을 위하여 적정한 면적일 것
   가. 「건축법」의 적용을 받는 건축물의 건축 또는 공작물의 설치에 해당하는 경우에는 건폐율 등 「건축법」의 규정
   나. 건축물 또는 공작물의 기능·용도 및 배치계획

4. 다음 각 목의 사항 등을 참작할 때 전용하려는 농지를 계속하여 보전할 필요성이 크지 아니할 것
   가. 경지정리 및 수리시설 등 농업생산기반정비사업 시행 여부
   나. 해당 농지가 포함된 지역농지의 집단화 정도
   다. 해당 농지의 전용으로 인하여 인근 농지의 연쇄적인 전용 등 농지잠식 우려가 있는지의 여부
   라. 해당 농지의 전용으로 인근농지의 농업경영 환경을 저해할 우려가 있는지의 여부
   마. 해당 농지의 전용으로 인하여 농지축(農地築)이 절단되거나 배수가 변경되어 물의 흐름에 지장을 주는지의 여부

5. 해당 농지의 전용이 인근 농지의 농업경영과 농어촌생활환경의 유지에 피해가 없을 것. 다만, 그 피해가 예상되는 경우에는 다음 각 목의 사항 등을 고려할 때 그 피해방지계획이 타당하게 수립되어 있을 것
   가. 해당 농지의 전용이 농지개량시설 또는 도로의 폐지·변경을 수반하는 경우 예상되는 피해 및 피해방지계획의 적절성
   나. 해당 농지의 전용이 토사의 유출, 폐수의 배출, 악취·소음의 발생을 수반하는 경우 예상되는 피해 및 피해방지계획의 적절성
   다. 해당 농지의 전용이 인근 농지의 일조·통풍·통작(通作)에 현저한 지장을 초래하는 경우 그 피해방지계획의 적절성

6. 해당 농지의 전용이 용수의 취수를 수반하는 경우 그 시기·방법·수량 등이 농수산업 또는 농어촌생활환경유지에 피해가 없을 것. 다만, 그 피해가 예상되는 경우에는 그 피해방지계획이 타당하게 수립되어 있을 것

7. 사업계획 및 자금조달계획이 전용목적사업의 실현에 적합하도록 수립되어 있을 것

8. 전용목적사업이 농지전용의 허가 또는 변경허가를 받으려는 자에게 관련 법령에서 허용된 사업일 것

전용된 농지의 용도변경

「농지법」에 따라 농지전용허가나 농지전용협의 또는 농지전용신고를 하고 목적사업에 사용되고 있거나 사용된 토지를 5년 이내에 다른 목적으로 사용하고자 하는 경우에는 시장·군수의 승인을 받아야 한다. 5년의 기간은 해당 시설물의 준공검사필증을 교부한 날 또는 건축물대장에 등재된 날부터 계산한다.

지목변경
제3단계 분석전략

지목변경 제3단계 분석전략

토지개발허가를 받기 위해서는 지목변경 제2단계에서 설명한 개발행위허가기준을 충족하여야 하고 또한 이번 PART에서 설명하고자 하는 진입도로를 확보하여야 한다.

검토대상 부지가 도로에 접하고 있다면 접하고 있는 도로의 종류가 무엇인지 확인하고 진출입을 위한 점용허가나 연결허가를 받는 데 지장이 없는지 확인하여야 한다. 도로에 접하지 않은 토지인 경우에는 주변에 존재하는 도로의 종류가 무엇인지 확인하고 해당 도로까지 어떻게 진입도로를 확보할 것인지를 검토하여야 한다. 또한, 검토대상 토지와 도로 사이에 하천, 소하천이나 구거 등이 존재한다면 점용허가를 받아 진입도로를 확보할 수 있는지 여부를 검토하여야 한다. 반복해서 익히고 사례를 대입시켜 보면 투자가들이 검토 대상 토지가 처한 도로의 상황을 정확히 이해하고 진입도로 개설전략을 모색하는 데 도움이 될 수 있을 것이다.

지목변경 제3단계 분석
도로와 진입도로

건축허가와 개발행위허가에서의 진입도로 문제

도로와 진입도로 부분은 허가대상 토지의 '도로의 너비' 등에 대하여 「건축법」에 의한 접도의무(건축법 제44조 대지와 도로의 관계)와 「국토계획법」에 의한 기반시설 기준(국토계획법 시행령 제56조 개발행위허가기준)이 중첩되어 적용되고 있다. 세부적으로 들어가면 도시지역(주거지역, 상업지역, 공업지역, 녹지지역)과 도시지역외 지역(관리지역, 농림지역, 자연환경보전지역)을 구분하여 적용하는 문제도 발생된다. 일반적으로 개발행위허가는 주로 농지와 임야에서 이루어지는데 농지와 임야는 도시지역의 녹지지역과 도시지역외지역인 관리지역, 농림지역, 자연환경보전지역에 소재하며, 시·군의 「도시·군계획조례」 개발행위허가기준에서 도로를 「건축법」상의 도로(건축법 제2조제1항제11호)로 정의하고 도로 기준을 「건축법」에 적합할 것으로 요구함으로써 토지개발이나 투자 측면에서 건축허가기준과 개발행위허가기준을 구분할 실익이 거의 없다. 여기에서는 「건축법」에 의한 대지와 도로의 관계를 먼저 설명하고, 이어서 개발행위허가기준에 의한 기반시설로서 진입도로 기준을 설명하고 있다. 투자가 수준에서는 궁극적으로 개발행위허가기준에 의한 기반시설로서 진입도로기준을 기준으로 도로와 진입도로 문제를 이해하고 접근하면 될 것으로 보인다.

건축허가(건축법)	개발행위허가(국토계획법)

1. 도로의 정의
  '도로'란 보행과 자동차 통행이 가능한 너비 4미터 이상의 도로를 말한다.
2. 접도의무(건축법제44조): 대지와 도로와의 관계
  건축물의 대지는 2미터 이상이 도로에 접하여야 한다.
3. 적용제외
  도시지역, 지구단위계획구역, 동이나 읍이 아닌 지역은 제44조부터 제47조까지를 적용하지 아니한다.
	다음과 같이 3단계를 적용한다
	
	1. 「개발행위허가운영지침」의 도로 기준 적용
	2. 「도시·군계획조례」의 개발행위허가기준에 의한 건축물의 용도·규모(대지의 규모를 포함)·층수 또는 주택호수 등에 따른 도로의 너비 기준 적용
	3. 산지의 경우 「산지관리법 시행령」 제20조 및 [별표4]의 산지전용허가기준의 적용범위와 사업별 규모별 세부기준 적용

■ 건축허가와 도로

접도의무와 도로의 너비 기준

「건축법」상 도로란 보행과 자동차 통행이 가능한 너비 4미터 이상의 도로를 말하며, 건축물의 대지는 2미터 이상이 도로(자동차만의 통행에 사용되는 도로는 제외한다)에 접하여야 한다.

접도의무와 도로의 너비 기준 적용 예외 규정

1. 접도의무의 예외
   - 해당 건축물의 출입에 지장이 없다고 인정되는 경우
   - 건축물의 주변에 대통령령으로 정하는 공지가 있는 경우
     '대통령령으로 정하는 공지'란 광장, 공원, 유원지, 그 밖에 관계
     법령에 따라 건축이 금지되고 공중의 통행에 지장이 없는 공지로
     서 허가권자가 인정한 것을 말한다.
   - 「농지법」 제2조 제1호 나목에 따른 농막을 건축하는 경우
2. 연면적 2,000제곱미터 이상 건축물
   연면적의 합계가 2천 제곱미터(공장인 경우에는 3천 제곱미터) 이상인 건축
   물(축사, 작물 재배사, 그 밖에 이와 비슷한 건축물로서 건축조례로 정하는 규모의
   건축물은 제외한다)의 대지는 너비 6미터 이상의 도로에 4미터 이상 접하
   여야 한다.
3. 막다른 도로의 기준

막다른 도로의 길이	도로의 너비
10미터 미만	2미터
10미터 이상 35미터 미만	3미터
35미터 이상	6미터(도시지역이 아닌 읍·면 지역은 4미터)

도로의 종류

「건축법」상 '도로'란 보행과 자동차 통행이 가능한 너비 4미터 이상의 도
로로서 다음의 어느 하나에 해당하는 도로나 그 예정도로를 말한다. 「건
축법」상의 도로는 5가지가 있다. 「국토계획법」의 도로, 「도로법」의 도로,

「사도법」의 도로, 기타관계법령의 도로, 지정도로가 그것이다.

> 가. 「국토계획법」, 「도로법」, 「사도법」, 그 밖의 관계 법령에 따라
>   신설 또는 변경에 관한 고시가 된 도로
> 나. 건축허가 또는 신고시에 특별시장 · 광역시장 · 특별자치시
>   장 · 도지사 · 특별자치도지사 또는 시장 · 군수 · 구청장(자
>   치구청장)이 위치를 지정하여 공고한 도로

실무적으로는 통상 가항의 도로를 '법정도로'('도로관계법'에 따라 고시 · 공고
된 후 준공검사가 완료되었거나 사용개시가 이루어진 도로)라 하고, 나항의 도로를
'지정도로'라 부른다.

■ 「국토계획법」에 의한 도로

도시 · 군계획시설 도로

「국토계획법」에 의한 도로는 '도시 · 군계획시설'로서의 도로를 말한다.
도로, 철도, 항만, 공항, 공원, 녹지, 학교, 병원 등 도시의 유지에 필요한
기본적인 물리적 시설을 '기반시설'(7개군 46종)이라 하며, '기반시설' 중에
서도 특별히 도시 · 군관리계획으로 결정된 시설을 '도시 · 군계획시설'이
라 한다. '도시 · 군계획시설'로서의 도로는 「도시 · 군계획시설의 결정구
조 및 설치 기준에 관한 규칙」에서 3가지 기준에 의해 구분하고 있다.

사용 및 형태별 구분

1. 일반도로: 폭 4미터 이상의 도로로서 통상의 교통소통을 위하여 설치되는 도로

2. 자동차전용도로: 특별시 · 광역시 · 특별자치시 · 시 또는 군내 주요 지역간이나 시 · 군 상호간에 발생하는 대량교통량을 처리하기 위한 도로로서 자동차만 통행할 수 있도록 하기 위하여 설치하는 도로

3. 보행자전용도로: 폭 1.5미터 이상의 도로로서 보행자의 안전하고 편리한 통행을 위하여 설치하는 도로

4. 보행자우선도로: 폭 10미터 미만의 도로로서 보행자와 차량이 혼합하여 이용하되 보행자의 안전과 편의를 우선적으로 고려하여 설치하는 도로

5. 자전거전용도로: 하나의 차로를 기준으로 폭 1.5미터(지역 상황 등에 따라 부득이하다고 인정되는 경우에는 1.2미터) 이상의 도로로서 자전거의 통행을 위하여 설치하는 도로

6. 고가도로: 시 · 군내 주요지역을 연결하거나 시 · 군 상호간을 연결하는 도로로서 지상교통의 원활한 소통을 위하여 공중에 설치하는 도로

7. 지하도로: 시 · 군내 주요지역을 연결하거나 시 · 군 상호간을 연결하

는 도로로서 지상교통의 원활한 소통을 위하여 지하에 설치하는 도로(도로 · 광장 등의 지하에 설치된 지하공공보도시설을 포함한다). 다만, 입체교차를 목적으로 지하에 도로를 설치하는 경우를 제외한다.

규모별 구분

1. 광로
   (1) 1류: 폭 70미터 이상인 도로
   (2) 2류: 폭 50미터 이상 70미터 미만인 도로
   (3) 3류: 폭 40미터 이상 50미터 미만인 도로

2. 대로
   (1) 1류: 폭 35미터 이상 40미터 미만인 도로
   (2) 2류: 폭 30미터 이상 35미터 미만인 도로
   (3) 3류: 폭 25미터 이상 30미터 미만인 도로

3. 중로
   (1) 1류: 폭 20미터 이상 25미터 미만인 도로
   (2) 2류: 폭 15미터 이상 20미터 미만인 도로
   (3) 3류: 폭 12미터 이상 15미터 미만인 도로

4. 소로
   (1) 1류: 폭 10미터 이상 12미터 미만인 도로

(2) 2류: 폭 8미터 이상 10미터 미만인 도로

(3) 3류: 폭 8미터 미만인 도로

기능별 구분

1. 주간선도로: 시·군내 주요지역을 연결하거나 시·군 상호간을 연결하여 대량통과교통을 처리하는 도로로서 시·군의 골격을 형성하는 도로

2. 보조간선도로: 주간선도로를 집산도로 또는 주요 교통발생원과 연결하여 시·군 교통이 모였다 흩어지도록 하는 도로로서 근린주거구역의 외곽을 형성하는 도로

3. 집산도로(集散道路): 근린주거구역의 교통을 보조간선도로에 연결하여 근린주거구역내 교통이 모였다 흩어지도록 하는 도로로서 근린주거구역의 내부를 구획하는 도로

4. 국지도로: 가구(街區,도로로 둘러싸인 일단의 지역을 말한다)를 구획하는 도로

5. 특수도로: 보행자전용도로·자전거전용도로 등 자동차 외의 교통에 전용되는 도로

〈도시 · 군계획시설도로 소로1류에 접한 주거지역 대지〉

지목	답	면적	
개별공시지가	2,629,000원(2019/01)		
지역 지구 등 지정 여부	「국토의 계획 및 이용에 관한 법률」에 따른 지역 · 지구 등	도시지역, 제1종일반주거지역, 지구단위계획구역, 소로1류 (접함)	
	다른 법령 등에 따른 지역 · 지구 등	가축사육제한구역(가축분뇨 관리 및 이용에 관한 법률)	
「토지이용규제 기본법 시행령」 제9조 제4항 각호에 해당되는 사항			

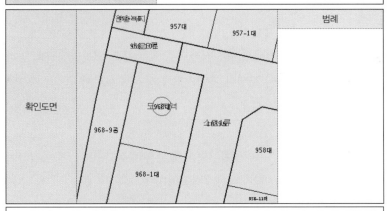

☞ 사례의 토지는 택지개발지구내 주거지역 토지로서 필지 우측으로 '도시 · 군계획시설 도로'에 접하고 있으며 해당 도로의 규모는 소로1류(폭 10미터 이상 12미터 미만)에 해당한다.

■ 「도로법」에 의한 도로

「도로법」상 도로의 종류

「도로법」상 '도로'란 차도, 보도(步道), 자전거도로, 측도(側道), 터널, 교량, 육교 등 대통령령으로 정하는 시설로 구성된 것을 말하며, '도로구역'이란 도로를 구성하는 일단의 토지로서 도로법 제25조에 따라 결정된 구역을 말한다. 「도로법」에 의한 도로는 다음의 7가지가 있다.

1. 고속국도(고속국도의 지선 포함)

   도로교통망의 중요한 축을 이루며 주요 도시를 연결하는 도로로서 자동차 전용의 고속교통에 사용되는 도로를 말하며 국토교통부장관이 지정 · 고시한다.

2. 일반국도(일반국도의 지선 포함)

   주요 도시, 지정항만, 주요 공항, 국가산업단지 또는 관광지 등을 연결하여 고속국도와 함께 국가간선도로망을 이루는 도로 노선을 말하며 국토교통부장관이 지정 · 고시한다.

3. 특별시도(特別市道) · 광역시도(廣域市道)

   특별시장 또는 광역시장은 해당 특별시 또는 광역시의 관할구역에 있는 도로 중 다음 각 호의 어느 하나에 해당하는 도로 노선을 정하여 특별시도 · 광역시도를 지정 · 고시할 수 있다.

   • 해당 특별시 · 광역시의 주요 도로망을 형성하는 도로

- 특별시 · 광역시의 주요 지역과 인근 도시 · 항만 · 산업단지 · 물류 시설 등을 연결하는 도로

4. 지방도

도지사 또는 특별자치도지사는 도 또는 특별자치도의 관할구역에 있는 도로 중 해당 지역의 간선도로망을 이루는 다음 각 호의 어느 하나에 해당하는 도로 노선을 정하여 지방도를 지정 · 고시할 수 있다.
- 도청 소재지에서 시청 또는 군청 소재지에 이르는 도로
- 시청 또는 군청 소재지를 연결하는 도로
- 도 또는 특별자치도에 있거나 해당 도 또는 특별자치도와 밀접한 관계에 있는 공항 · 항만 · 역을 연결하는 도로
- 도 또는 특별자치도에 있는 공항 · 항만 또는 역에서 해당 도 또는 특별자치도와 밀접한 관계가 있는 고속국도 · 일반국도 또는 지방도를 연결하는 도로

5. 시도

특별자치시장 또는 시장(행정시의 경우에는 특별자치도지사를 말한다)은 특별자치시, 시 또는 행정시의 관할구역에 있는 도로 노선을 정하여 시도를 지정 · 고시할 수 있다.

6. 군도

군수는 해당 군의 관할구역에 있는 도로 중 다음 각 호의 어느 하나에 해당하는 도로 노선을 정하여 군도를 지정 · 고시할 수 있다.
- 군청 소재지에서 읍사무소 또는 면사무소 소재지에 이르는 도로

• 읍사무소 또는 면사무소 소재지를 연결하는 도로

7. 구도

구청장은 관할구역에 있는 특별시도 또는 광역시도가 아닌 도로 중
동(洞) 사이를 연결하는 도로 노선을 정하여 구도를 지정·고시할 수
있다.

〈도로 표지판의 구분〉

연결허가와 진출입로의 공동사용

「도로법」상 도로에 연결하여 허가에 필요한 진출입로를 확보하여야 하는 경우에 해당 부분에 먼저 연결허가를 받은 자가 있는 경우에도 제3자가 신규허가를 신청할 수 있다. 해당 사항 대하여는 「도로법」 제53조에서 아래와 같이 규정하고 있다.

TIP 「도로법」 제53조(진출입로 등의 사용 등)

① 연결허가를 받은 시설 중 도로와 연결되는 시설이 다른 도로나 통로 등 일반인의 통행에 이용하는 시설(이하 '진출입로'라 한다)인 경우 해당 연결허가를 받은 자는 일반인의 통행을 제한하여서는 아니 된다.

② 연결허가를 받은 자가 아닌 자가 새로운 연결허가를 받기 위하여 필요한 경우에는 다른 자가 먼저 연결허가를 받은 진출입로를 공동으로 사용할 수 있다. 이 경우 먼저 연결허가를 받은 자는 진출입로의 공동사용 동의 등 새로운 연결허가를 받으려는 자가 연결허가를 받는데 필요한 협력을 하여야 한다.

③ 제2항에 따라 먼저 연결허가를 받은 자는 새로운 연결허가를 받기 위하여 진출입로를 공동 사용하려는 자에게 공동사용 부분에 대한 비용의 분담을 요구할 수 있다.

④ 제3항에 따른 비용의 분담 금액은 진출입로의 사용면적을 기준으로 결정하되 구체적인 분담 금액의 결정 방법은 국토교통부령으로 정한다. 다만, 공동사용 부분에 대한 비용의 분담에 대해 다른 법령에서 달리 정하고 있는 경우에는 그에 따른다.

⑤ 제2항에 따라 새로운 연결허가를 받으려는 자는 먼저 연결허가를 받은 자가 정당한 이유 없이 진출입로의 공동사용에 응하지 아니하는 경우 제4항에 따라 산정한 비용을 공탁(供託)하고 도로관리청에 연결허가를 신청할 수 있다. 이 경우 연결허가 신청을 받은 도로관리청은 공탁이 적정한지 여부를 검토하고 새로운 연결허가를 할 수 있다.

■ 「사도법」상 사도

「사도법」상 사도의 개념

「사도법」상 '사도'란 다음 각 호의 도로가 아닌 것으로서 그 도로에 연결되는 길을 말한다.

1. 「도로법」 제2조제1호에 따른 도로
2. 「도로법」의 준용을 받는 도로: 준용도로

   준용도로란 「도로법」상의 도로 이외의 도로에 대하여 「도로법」을 준용하고자 할 때에 사용하는 개념으로서 「도로법」상의 도로에는 해당되지 않는다. 「국토계획법」에 의하여 도시·군계획시설사업으로 설치된 도로와 당해 도로의 소재지를 관할하는 지방자치단체장이 「도로법」 제99조제2항의 규정에 의하여 공고한 도로(준용도로 공고) 두 가지가 있다.
3. 「농어촌도로정비법」 제2조제1항에 따른 농어촌도로
4. 「농어촌정비법」에 따라 설치된 도로

다만, 제3호 및 제4호의 도로는 「도로법」 제50조에 따라 시도 또는 군도 이상에 적용되는 도로 구조를 갖춘 도로에 한정한다. 즉, 허가대상 사업부지부터 다음 각 호의 도로에까지 사업자가 「사도법」을 적용하여 허가를 받아서 개설한 도로를 말한다. 통상 리조트나 물류단지 등의 규모가 있는 시설을 개발할 때 「사도법」상 사도를 개설하여 진입로를 확보한다. 「사도법」상 사도는 지정·고시된 도로로서 공로로서의 성격을 가지며, 지정·고시의 절차 없이 단순히 지목만 '도'이며 해당 도로의 소유권이 개인에게 있는 '사실상 사도'와는 다른 개념이다.

사도의 개설 허가

사도를 개설하려면 시장·군수·구청장의 허가를 받아야 하며, 시장·군수·구청장은 허가를 하였을 때에는 지체 없이 그 내용을 공보에 고시하여야 하고, 사도 관리대장에 그 내용을 기록·보관하여야 한다.

사도의 관리 및 통행의 제한 또는 금지

사도는 사도개설자가 관리한다. 사도개설자는 법령으로 정한 경우로서 시장·군수·구청장의 허가를 받은 경우를 제외하고는 일반인의 통행을 제한하거나 금지할 수 없다.

〈사도개설 허가증〉

사도개설 허가(변경)증

가. 주   소: 경기도 이천시 마장면 해월리 산 28-1번지
나. 성   명: ○○리조트(주) 대표이사 ***
다. 위   치: 처인구 원삼면 좌항리 산 16-2번지 외 30필지
라. 사도연장: 744m
마. 사 도 폭: 15m
바. 목   적: ○○리조트 진출입로 조성

사도법 제4조 및 같은 법 시행령 제2조의 규정에 의거 아래 조건을 부여하여 사도개설을 허가합니다.

○○ 시 장

• 허가조건
1. 사도법 제9조(통행의 제한 또는 금지)의 규정에 의하여 주민통행을 제한 및 금지할 수 없음
2. 사도는 사도법 제7조(사도의 관리)의거하여 사도개설자가 유지관리하여야 함

■ 「농어촌도로정비법」상의 도로

「농어촌도로정비법」상의 도로의 개념

'그 밖의 관계 법령에 따라 신설 또는 변경에 관한 고시가 된 도로'의 대표적인 것이 「농어촌도로정비법」상의 도로이다. 일반적으로 도시지역외 지역에 있는 토지가 가장 흔하게 접하는 도로가 「농어촌도로정비법」상의 도로인 면도·리도·농도이다.

'농어촌도로'란 「도로법」에 규정되지 아니한 도로(읍 또는 면 지역의 도로만 해당한다)로서 농어촌지역 주민의 교통 편익과 생산·유통활동 등에 공용되는 공로(公路) 중 「농어촌도로정비법」 제4조 및 제6조에 따라 고시된 도로를 말한다.

1. 면도: 군도(郡道) 및 그 상위 등급의 도로와 연결되는 읍·면 지역의 기간 도로
2. 리도: 군도 이상의 도로 및 면도와 갈라져 마을 간이나 주요 산업단지 등과 연결되는 도로
3. 농도: 경작지 등과 연결되어 농어민의 생산활동에 직접 공용되는 도로

농어촌도로의 노선 번호

농어촌도로의 노선 번호는 면도는 100번, 리도는 200번, 농도는 300번 대를 사용한다. 국도나 지방도처럼 위성지도 등에서 노선 번호를 확인할 수 있는 것이 아니고 지자체에 비치된 관할 시·군·구 도로망도에 의하여 노선 및 노선번호 등을 확인할 수 있다.

차선 수와 차선 폭

면도는 2차선 이상, 리도와 농도는 1차선 이상으로 한다. 2차선 이상인 도로의 차선 폭은 3미터로 한다. 리도 및 농도를 1차선으로 설계할 경우 차선 폭은 리도는 5미터, 농도는 3미터 이상으로 한다. 다만, 부득이한 경우에는 리도의 차선 폭을 4미터 이상으로 할 수 있다.

〈농도 지정 공고 사례〉

도로의 노선지정(변경)에 관한 공고

용인시 처인구 이동면 묘봉리 361-21번지 일원의 농어촌도로[묘봉선(농도311호)]에 대하여 『농어촌도로정비법』 제9조제5항의 규정에 의거 아래와 같이 노선지정(변경)합니다.

○○ 시 장

1. 도로의 노선지정(변경)

구분	읍면	도로의 종류	노선명	노선 번호	도로구간 기점	도로구간 종점	총연장 (km)	주 요 경과지	개발계획 도로 너비 (m)	개발계획 포장 너비 (m)	지정 (폐지·변경) 사유
당초	이동면	농도	묘봉선	311	묘봉리 361-21	묘봉리 140-1	1,070	묘봉리 산102-3	8	8	
변경	이동면	농도	묘봉선	311	묘봉리 361-21	묘봉리 140-1	1,070	묘봉리 산102-3	8	8	측량성과에 따른 면적변경

<면도 지정 공고 사례>

도로의 노선지정(변경)에 관한 공고

용인시 처인구 백암면 백암리 310-3번지 일원의 농어촌도로[백고선(면도101호)]에 대하여 『농어촌도로정비법』 제9조제5항의 규정에 의거 노선지정(변경)공고하고, 같은 법 제12조(다른 법률에 따른 인가·허가 등의 의제) 규정에 의거 『국토의 계획 및 이용에 관한 법률』 제30조 규정의 도시관리계획(중로2-3호선)를 아래와 같이 결정(변경)합니다.

○○시 장

1. 도로의 노선지정(변경)

구분	읍면	도로의종류	노선명	노선번호	도로구간		총연장(km)	주요경과지	개발계획		지정(폐지·변경) 사유
					기점	종점			도로너비(m)	포장너비(m)	
기정	백암면	면도	백고선	101	백암리 310-3	박곡리 209	2.36	박곡리 산102-3	9.0	9.0	
변경	백암면	면도	백고선	101	백암리 310-3	박곡리 209	2.36	박곡리 산102-3	10~45	9.0	일부구간 선형변경

2. 도시관리계획 결정(변경)내용

가. 결정(변경) 조서

구분	규모				기능	연장(m)	기점	종점	사용형태	최초결정일	비고
	등급	류별	번호	폭원(m)							
기정	중로	2	3	15	국지도로	600	대로 1-1	박곡리 도시지역계	일반도로	'74.12.16 (경고440)	농어촌도로 101호
변경	중로	2	3	10~45	국지도로	2,330	대로 1-1	박곡리 도시지역계	일반도로		

나. 결정(변경)사유서

변경전 도로명	변경후 도로명	변경내용	변경사유
중로2-3호	중로2-3호	폭원변경: 15m→10~45m 연장변경: 600m→2,330m	도로선형 변경 및 농어촌도로 노선지정공고 사항을 도시관리계획으로 결정(변경) 하고자 함.

〈리도 지정 공고 사례〉

도로의 노선지정에 관한 공고

용인시 처인구 이동면 묵리 산80-14번지 일원의 농어촌도로[리도211호]에 대하여 「농어촌도로정비법」 제9조제5항의 규정에 의거 노선지정 공고하고, 같은 법 제12조(다른 법률에 따른 인가·허가 등의 의제) 규정에 의거 「국토의 계획 및 이용에 관한 법률」 제30조 규정의 도시관리계획(소로 3-15호)을 아래와 같이 결정합니다.

1. 도로의 노선지정

구분	읍면	도로의 종류	노선명	노선번호	도로구간		총연장 (㎞)	주요 경과지	개발계획		지정 (폐지·변경) 사유
					기점	종점			도로 너비 (m)	포장 너비 (m)	
시행	이동면	리도	이원선	211	묵리 산 80-14	묵리 727	0.148	묵리 산 80-2	6.0	6.0	리도지정

2. 도시관리계획 결정내용

구분	규모				기능	연장 (m)	기점	종점	사용 형태	최초 결정일	비고
	등급	류별	번호	폭원 (m)							
신설	소로	3	15	6.0	국지도로	148.0	이동면 묵리 산 80-14	이동면 묵리 727	일반도로		

○○시 장

■ 「건축법」상 지정도로

「건축법」상 지정도로의 개념

건축허가 또는 신고 시에 특별시장·광역시장·특별자치시장·도지사·특별자치도지사 또는 시장·군수·구청장이 위치를 지정하여 공고한 도로를 실무적으로 '지정도로' 또는 '인정도로'라 한다. 「건축법」제45조에 의하여 허가권자는 도로의 위치를 지정·공고하려면 그 도로에 대한 이해관계인의 동의를 받아야 하며, 변경이나 폐지의 경우도 같다. 다만, 다음의 어느 하나에 해당하면 이해관계인의 동의를 받지 아니하고 건축위원회의 심의를 거쳐 도로를 지정할 수 있다.

> 1. 허가권자가 이해관계인이 해외에 거주하는 등의 사유로 이해관계인의 동의를 받기가 곤란하다고 인정하는 경우
> 2. 주민이 오랫동안 통행로로 이용하고 있는 사실상의 통로로서 해당 지방자치단체의 조례로 정하는 것인 경우

허가권자는 제1항과 제2항에 따라 도로를 지정하거나 변경하면 도로관리대장(건축법상 도로관리대장)에 이를 적어서 관리하여야 한다.

〈도로관리대장 사례〉

■ 건축법 시행규칙[별지 제27호 서식] 〈개정 2012.12.12.〉

도로관리대장

(2면 중 제1면)

지정번호					

대지위치			지번		
경기도 용인시 기흥구 **동			7-6번지외 1필지		

건축주	생년월일(법인등록번호)		허가(신고)번호		
전종철	200101 / 1******				

도로길이	도로너비		도로면적		
8m	12.5m		101㎡		

이해관계인 동의서					

아래 부분을 「건축법」 제45조에 따른 도로로 지정함에 동의합니다.
※지정된 도로는 「건축법」 제2조에 따른 도로로 인정됩니다.

관련지번	동의면적(㎡)	동의일자	토지소유자	생년월일 (법인등록번호)	서명 또는 인
7-6	101㎡	2020.03	***신탁(주)	110111-3******	

작성자: 직급   성명::   (서명 또는 인)

확인자: 직급   성명: (서명 또는 인)

210×297mm[보존용지 2종] 70g/㎡

〈건축법상 지정도로 사례〉

공 고

○○시 **면 **리 134번지 외 1필지 상 건축주로부터 건축허가(변경) 신청서가 제출되어 「건축법」 제16조 규정에 따라 허가변경 처리하고, 진입도로는 같은 법 제2조제11호나목 및 제45조제1항 규정에 따라 아래와 같이 지정 · 공고합니다.

○○구 청 장

1. 도로 지정 · 공고 내역

구분	지번	지목	지적(㎡)	편입면적(㎡)	비고
1	**면 **리 134번지	장	976	163	
2	**면 **리 134-1번지	장	14	1	
합계				164	

2. 공고기간: 30일

3. 기타관계도서는 ○○시 **구 건축허가2과에 비치 · 보관. 끝.

〈건축법상 지정도로 사례: 현황 위성지도(자료:카카오맵)〉

〈건축법상 지정도로 사례: 토지이용계획확인서〉

지목	공장용지	면적	976㎡
개별공시지가	299,800원(2019/01)		

지역 지구 등 지정 여부	「국토의 계획 및 이용에 관한 법률」에 따른 지역 · 지구 등	도시지역, 자연녹지지역
	다른 법령 등에 따른 지역 · 지구 등	가축사육제한구역(100m 이내–전 축종 제한)(가축분뇨의 관리 및 이용에 관한 법률), 배출시설설치제한지역(수질 및 수생태계 보전에 관한 법률), 수질보존특별대책지역(환경정책기본법)
「토지이용규제 기본법 시행령」 제9조 제4항 각호에 해당되는 사항		〈추가기재〉 건축법 제2조제1항제11호나목에 따른 도로(도로일부포함)
확인도면		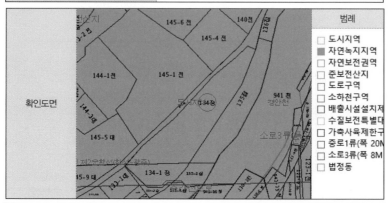

☞ 사례는 위성지도 상단의 현황도로 부분이 건축법상 도로로 지정되어서 해당 내용이 토지이용계획확인서에 표시되고 있다. 건축법상 지정도로는 지정된 후 필지 분할과 지목변경이 되기도 하고 되지 않기도 한다. 그리고 도로가 지정이 되면 공도의 성격을 갖게 되므로 제3자도 토지사용승낙서 없이 해당 도로를 진입로로 하여 건축허가를 받을 수 있다. 다만, 오수관로 매설을 위한 굴착 등의 행위는 토지소유자의 사용승낙서를 받아야 할 수 있다.

현황도로와 조례에 의한 도로의 지정

「건축법」상 지정도로와 관련하여 건축허가 또는 신고 시에 시장·군수·구청장 등 허가권자가 도로의 위치를 지정·공고하려면 그 도로에 대한 이해관계인의 동의를 받아야 하지만 주민이 오랫동안 통행로로 이용하고 있는 사실상의 통로로서 해당 지방자치단체의 조례로 정하는 것인 경우 이해관계인의 동의를 받지 아니하고 건축위원회의 심의를 거쳐 도로를 지정할 수 있다.

> **TIP** 조례에 의한 도로의 지정: ○○시 건축조례, □□시 건축조례
> 제22조 (도로의 지정)법 제45조제1항에 따라 주민이 장기간 통행로로 이용하고 있는 도로로서 허가권자가 이해관계인의 동의를 받지 아니하고 위원회의 심의를 거쳐 도로로 지정할 수 있는 경우는 다음 각 호와 같다.
> 1. 복개된 하천, 구거부지
> 2. 제방도로
> 3. 공원내 도로
> 4. 주민이 장기간 사용하고 있고 건축물이 접해 있는 사실상 통로(같은 통로를 이용하여 건축허가 또는 신고한 사실이 있는 도로 포함)
>
> 제24조 (도로의 지정)법 제45조제1항제2호에 따라 주민이 장기간 통행로로 이용하고 있는 사실상의 통로로서 건축위원회의 심의를 거쳐 허가권자가 법 제2조제1항 제11호나목에 따라 도로의 위치를 지정·공고하고자 할 때 이해관계인의 동의를 얻지 아니할 수 있는 경우는 다음 각 호의 어느 하나와 같다.
> 1. 「국토의 계획 및 이용에 관한 법률」에 의하여 결정고시가 되었으나 미개설된 도로 안에 포함되어 있는 통로
> 2. 「여객자동차 운수사업법」에 의한 시내버스(한정면허 포함) 노선으로 이용하고 있는 사실상의 통로
> 3. 복개된 하천, 구거부지로서 폭 4미터 이상의 포장된 통로
> 4. 제방도로 및 공원내 도로로서 건축물이 접하여 있는 통로
> 5. 사실상 주민이 이용하고 있는 통로를 도로로 인정하여 건축허가 하였으나 도로로 지정한 근거가 없는 통로

■ 기타: 「농어촌정비법」상 도로

「농어촌도로정비법」이 아닌 「농어촌정비법」에 의하여 농업생산기반시설 중의 하나로 설치된 도로가 이에 해당한다. 「농어촌정비법」에 의하면 '농업생산기반시설'이란 농업생산기반 정비사업으로 설치되거나 그 밖에 농지 보전이나 농업 생산에 이용되는 저수지, 양수장, 관정(우물) 등 지하수 이용시설, 배수장, 취입보, 용수로, 배수로, 유지(溜池: 웅덩이), 도로(「농어촌도로정비법」 제4조에 따른 농도(農道) 등 농로를 포함한다), 방조제, 제방(둑) 등의 시설물 및 그 부대시설과 농수산물의 생산·가공·저장·유통시설 등 영농시설을 말한다.

「농어촌정비법」에 의한 도로의 관리청은 한국농어촌공사이다. 따라서, 「농어촌정비법」에 의한 도로가 포장·너비 등이 도로의 기능을 갖춘 경우에는 도로로 인정받을 수 있지만, 개발행위허가시 한국농어촌공사의 협의를 통해 동의를 받아야 한다

■ 개발행위허가와 진입도로

「개발행위허가 운영지침」상의 진입도로
개발행위허가의 기준이 되는 「국토계획법」은 시행령 제56조에서 개발행

위허가기준을 규정하고 있으며, 해당 기준을 실무적으로 적용한 것이 「개발행위허가 운영지침」이다. 개발행위허가 기준 중 진입도로에 관한 부분은 다음과 같다.

개발행위허가 운영지침 3-2-5 기반기설

개발행위허가 운영지침 3-2-5는 진입도로의 확보 및 대지와 도로의 관계에 관하여 앞에서 설명한 「건축법」에 적합할 것을 규정하고 있다.

1. 진입도로는 「건축법」에 적합하게 확보(다른 법령에서 강화된 기준을 정한 경우 그 법령에 따라 확보)하되, 해당 시설의 이용 및 주변의 교통소통에 지장을 초래하지 아니할 것
2. 대지와 도로의 관계는 「건축법」에 적합할 것
3. 「도시 · 군계획조례」로 정하는 건축물의 용도 · 규모(대지의 규모를 포함한다) · 층수 또는 주택호수 등에 따른 도로의 너비 또는 교통소통에 관한 기준에 적합할 것

개발행위허가 운영지침 3-3-2-1 도로

진입도로와 관련하여 실무적으로 개발행위허가 여부를 사전에 검토하기 위해서는 먼저 개발행위허가운영지침 3-3-2-1상의 도로 기준 충족 여부를 검토하여야 하고, 두 번째는 개발행위허가 운영지침 3-2-5의 3항에 따라 해당 시 · 군의 「도시 · 군계획조례」에서 개발행위허가 기준으로 정하고 있는 건축물의 용도 · 규모(대지의 규모를 포함) · 층수 또는 주택호수 등에 따른 도로의 너비 또는 교통소통에 관한 기준을 충

족하는지 여부를 검토하여야 한다. 그리고 마지막으로 개발행위허가가 운영지침 3-3-2-1의 5항에 따라 산지(지목이 임야)인 경우에는 산지관리법령의 규정에도 적합하여야 한다. 다만, 보전산지에서는 「산지관리법」에서 정한 기준을 따른다.

1. 건축물을 건축하거나 공작물을 설치하는 부지는 도시·군계획도로 또는 시·군도, 농어촌도로에 접속하는 것을 원칙으로 하며, 위 도로에 접속되지 아니한 경우 2 및 3의 기준에 따라 진입도로를 개설해야 한다.

2. 1에 따라 개설(도로확장 포함)하고자 하는 진입도로의 폭은 개발규모(개설 또는 확장하는 도로면적은 제외한다)가 5천㎡ 미만은 4m 이상, 5천㎡ 이상 3만㎡ 미만은 6m 이상, 3만㎡ 이상은 8m 이상으로서 개발행위규모에 따른 교통량을 고려하여 적정 폭을 확보하여야 한다.

3. 다음 각 호의 어느 하나에 해당하는 경우에는 2의 도로확보 기준을 적용하지 아니할 수 있다.

   ① 차량진출입이 가능한 기존 마을안길, 농로 등에 접속하거나 차량통행이 가능한 도로를 개설하는 경우로서 농업·어업·임업용 시설(가공, 유통, 판매 및 이와 유사한 시설은 제외하되, 「농어업·농어촌 및 식품산업 기본법」제3조에 의한 농어업인 및 농어업 경영체, 「임업 및 산촌 진흥촉진에 관한 법률」에 의한 임업인, 기타 관련 법령에 따른 농업인·임업인·어업인이 설치하는 부지면적 2천㎡ 이하의 농수산물 가공, 유통, 판매 및 이와 유사한 시설은 포함), 부지면적 1천㎡ 미만으

로서 제1종 근린생활시설 및 단독주택(건축법 시행령 별표
1 제1호 가목에 의한 단독주택)의 건축인 경우

② 건축물 증축 등을 위해 기존 대지 면적을 10%이하로 확
장하는 경우

③ 부지확장 없이 기존 대지에서 건축물 증축·개축·재축
(신축 제외)하는 경우

④ 광고탑, 철탑, 태양광발전시설 등 교통유발 효과가 없거
나 미미한 공작물을 설치하는 경우

4. 1~2까지의 기준을 적용함에 있어 지역여건이나 사업특성을
고려하여 법령의 범위내에서 도시계획위원회 심의를 거쳐
이를 완화하여 적용할 수 있다.

5. 2와 3을 적용함에 있어 산지에 대해서는 산지관리법령의 규
정에도 적합하여야 한다. 다만, 보전산지에서는 「산지관리
법령」에서 정한 기준을 따른다.

4m 미만의 마을안길, 농로 등을 이용한 개발행위허가

진입도로의 폭은 개발규모가 5천㎡ 미만은 4m 이상, 5천㎡ 이상 3만㎡
미만은 6m 이상, 3만㎡ 이상은 8m 이상을 요구하고 있다. 폭이 4m 미
만인 차량진출입이 가능한 기존 마을안길, 농로 등을 이용하여서는 1천
㎡ 미만의 제1종 근린생활시설 및 단독주택의 허가가 가능하다. 그에
따라, 면적이 큰 토지인 경우에는 1천㎡ 미만의 개발을 수차례 반복하
여야 한다.

지방자치단체「도시ㆍ군계획조례」의 진입도로 기준

〈인천광역시 도시계획조례 제20조〉

④ 영 별표 1의2 제1호마목(3)에 따라 건축물의용도ㆍ규모(대지규모를 포함한다)ㆍ층수ㆍ주택호수 등에 따른 도로의 너비 또는 교통소통에 관한 기준은 [별표6]과 같다. 다만, 도시지역의 경우 지형적조건 등에 따른 도로의 구조와 너비는「건축법」에 따른다. 〈신설 2012-10-02〉

[별표6] 도로의 너비 또는 교통소통에 관한 기준

<table>
<tr><th colspan="2">구분</th><th>진입도로 너비(폭)</th><th>기타사항</th></tr>
<tr><td rowspan="2">건축물의
용도, 규모별</td><td>연면적의 합계가 2천제곱미터 이상인 건축물(공장인 경우 3천제곱미터)</td><td>6미터 이상
(2차로)</td><td rowspan="6">진입도로 연장이
50미터를 초과할
경우 대기차로 설치</td></tr>
<tr><td>11호 이상의 단독주택 및 공동주택</td><td>5미터 이상</td></tr>
<tr><td rowspan="4">개발
규모별
(토지형질
변경 등)</td><td>2천제곱미터 미만</td><td>3미터 이상</td></tr>
<tr><td>2천제곱미터 이상~5천제곱미터 미만</td><td>4미터 이상</td></tr>
<tr><td>5천제곱미터 이상~1만제곱미터 미만</td><td>5미터 이상</td></tr>
<tr><td>1만제곱미터 이상</td><td>6미터 이상
(2차로)</td></tr>
</table>

비고

1. '진입도로'란 너비 3미터 이상의 국도, 지방도, 시도, 군도, 농어촌도로, 기타 타법령에 따라 사용 중인 법정도로 및 기존도로에서 개발행위 신청부지까지 접속되는 도로를 말한다.
2. '대기차로'란 너비 2미터, 길이 5미터 이상을 말하며 간격은 50미터를 원칙으로 하되 적절히 배분할 수 있다.
3. 도로너비는 법면ㆍ갓길 등은 제외한 노면(차도 이용)을 기준으로 한다.
4. 부지 확장시 기존면적을 포함한 면적을 개발규모로 한다.
5. 신청부지가 기존도로에 접하는 경우 접하는 부분 전체를 진입도로로 하고 개발규모에 따른 진입도로 너비를 확보하여야 한다.
6. 제1호부터 제3호까지, 제5호에 의한 진입도로 및 대기차로는 분할 및 지목 변경을 하여야 한다.
7. 1호에도 불구하고 농어가창고, 축사, 식물재배사, 버섯재배사, 저온저장고 등 농업용ㆍ축산업용ㆍ어업용시설(유통ㆍ가공ㆍ판매시설 제외)과 2호 미만의 단독주택의 경우 진입도로 너비의 20퍼센트 범위에서 완화하여 적용할 수 있다.

〈제주특별자치도 도시계획조례 제24조〉

제24조(개발행위허가의 기준) ① 제주특별법 제406조제9항과 법 제58조제3항에 따른 개발행위허가의 기준은 별표 1과 같다.

[별표1] 개발행위허가 기준

건축물의 용도 · 규모(대지의 규모를 포함한다) · 층수 또는 주택호수 등에 따른 도로의 너비에 관한 다음의 기준에 맞아야 하며, 대지의 진입부는 차량의 회전반경을 고려하여 충분한 너비를 확보할 것. 다만, 주거지역, 상업지역, 공업지역과 부속 도서지역, 지구단위계획구역은 제외한다.

(가) 건축물의 용도 등에 따른 도로 기준(단, 임대주택의 경우 도시계획위원회 심의를 거쳐 완화하여 적용할 수 있다.)

건축물의 용도 등	도로 기준
「건축법시행령」별표 1 제1호에 따른 단독주택으로서 10가구 이상 30가구 미만인 것(읍면지역에 한정한다.)	너비 6미터 이상
「건축법시행령」별표 1 제2호에 따른 공동주택으로서 10세대 이상 30세대 미만인 것(읍면지역에 한정한다.)	
「건축법시행령」별표 1 제15호에 따른 숙박시설(특별법에 따른 휴양펜션업)	
「여객자동차운수사업법」에 따른 자동차대여사업 차고, 여객자동차운송사업(택시운송사업은 제외한다) 및 「건설기계관리법」에 따른 주기장	
「화물자동차 운수사업법」에 따른 차고	
「건축법시행령」별표 1 제1호에 따른 단독주택으로서 10가구 이상 50가구 미만인 것 다만, 읍면지역은 30가구 이상 50가구 미만인 것	너비 8미터 이상
「건축법시행령」별표 1 제2호에 따른 공동주택으로서 10세대 이상 50세대 미만인 것 다만, 읍면지역은 30세대 이상 50세대 미만인 것	
「건축법시행령」별표 1 제4호에 따른 일반음식점으로서 바닥면적의 합계가 500제곱미터 이상인 것	
「건축법시행령」별표 1 제5호에 따른 문화 및 집회시설로서 바닥면적의 합계가 2천제곱미터 이상인 것(관람장은 제외한다.)	
「건축법 시행령」별표 1 제14호에 따른 일반업무시설	
「건축법시행령」별표 1 제15호에 따른 숙박시설(특별법에 따른 휴양펜션업은 제외)	
「건축법 시행령」별표 1 제28호에 따른 장례식장으로서 분향소가 3개 이상인 것	
「건축법시행령」별표 1 제1호에 따른 단독주택으로서 50가구 이상인 것	너비 10미터 이상
「건축법시행령」별표 1 제2호에 따른 공동주택으로서 50세대 이상인 것	
「건축법시행령」별표 1 제7호에 따른 판매시설로서 바닥면적의 합계가 3천제곱미터 이상인 것	
「건축법 시행령」별표 1 제12호에 따른 유스호스텔	
「건축법 시행령」별표 1 제18호에 따른 창고시설로서 바닥면적의 합계가 1천제곱미터 이상인 것	

「건축법시행령」별표 1 제5호에 따른 문화 및 집회시설 중 관람장	너비 12미터 이상
「건축법시행령」별표 1 제8호에 따른 운수시설	
「건축법시행령」별표 1 제9호에 따른 의료시설 중 종합병원	

(나) 도로의 범위 및 너비

 1) 도로는 「도로법」에 의한 도로, 도시계획도로는 기반시설인 도로로 인정
하고, 「건축법」에 의해 지정·공고된 도로, 「사도법」에 의한 사도, 사설
도로 및 현황도로의 경우에는 건축법령에 적합하면 기반시설인 도로
로 인정한다.

 2) 도로의 너비는 도로 경사면을 제외한 차도, 보도, 자전거도로, 측도 등
「도로법 시행령」 제2조의 시설로서 도시계획도로 등 폭원이 결정되어
개설된 도로는 그 폭원을 말함

 3) 너비 6미터 이상의 도로인 경우에는 보행과 자동차 통행이 가능한 최
소너비 5.5미터 이상을 확보해야 한다.

(다) 도로의 너비 기준 적용

 1) 적용되는 도로의 구간은 도로 기준 너비 이상의 도로에서 해당부지 주
출입구까지 설치된 도로(내부도로는 제외)에 대하여 적용한다.

 2) 도로의 너비 기준은 사실상 도로의 너비와 지적상 도로의 너비를 충족
해야 한다. 단, 도로 연장의 10퍼센트 범위에서 그 도로의 너비가 도로
기준 너비의 10퍼센트를 미달하는 경우는 예외로 인정한다.

 3) 사실상 도로의 너비는 충족하나 지적상 도로의 너비가 미달하는 경우
와 지적상 도로의 너비는 충족하나 사실상 도로의 너비가 미달하는 경
우에는 도로의 개설 후 그 너비를 인정한다.

 4) 기존의 대지 안에서 2013년 6월 5일 이전에 착공하거나 준공된 건축물
을 개축·재축하는 경우와 연면적 50퍼센트 내에서의 증축인 경우에
는 적용하지 아니한다.

「산지관리법」상의 진입도로 기준

〈산지관리법 시행령 제20조 산지전용허가 기준〉

⑥ 산지전용허가기준의 적용범위와 사업별 · 규모별 세부기준은 별표 4와 같고, 산지의 면적에 관한 허가기준은 별표 4의 2와 같다

[별표4] 산지전용허가기준의 적용범위와 사업별 · 규모별 세부기준

10) 다음의 어느 하나에 해당하는 도로를 이용하여 산지전용을 할 것. 다만, 개인묘지의 설치나 광고탑 설치 사업 등 그 성격상 가)부터 바)까지의 규정에 따른 도로를 이용할 필요가 없는 경우로서 산림청장이 산지구분별로 조건과 기준을 정하여 고시하는 경우는 제외한다.

가) 「도로법」, 「사도법」, 「농어촌도로 정비법」 또는 「국토의 계획 및 이용에 관한 법률」(이하 '도로관계법'이라 한다)에 따라 고시 · 공고된 후 준공검사가 완료되었거나 사용개시가 이루어진 도로

나) 도로관계법에 따라 고시 · 공고된 후 공사가 착공된 도로로서 준공검사가 완료되지 않았으나 도로관리청 또는 도로관리자가 이용에 동의하는 도로

다) 이 법에 따른 산지전용허가 또는 도로관계법 외의 다른 법률에 따른 허가 등을 받아 준공검사가 완료되었거나 사용개시가 이루어진 도로로서 가)에 따른 도로와 연결된 도로

라) 이 법에 따른 산지전용허가 또는 도로관계법 외의 다른 법률에 따른 허가 등을 받아 공사가 착공된 후 준공검사가 완료되지 않았으나 실제로 차량 통행이 가능한 도로로서 다음의 요건을 모두 갖춘 도로
  • 가)에 따른 도로와 연결된 도로일 것
  • 산지전용허가를 받은 자 또는 도로관리자가 도로 이용에 동의할 것
마) 지방자치단체의 장이 공공의 목적으로 사용하기 위하여 토지 소유자의 동의를 얻어 설치한 도로
바) 도로 설치 계획이 포함된 산지전용허가를 받은 자가 계획상 도로의 이용에 동의하는 경우 해당 계획상 도로 (『산업집적활성화 및 공장설립에 관한 법률』에 따른 공장설립 승인을 받으려는 경우에만 해당한다.)

15) 농림어업인이 자기 소유의 산지에서 직접 농림어업을 경영하면서 실제로 거주하기 위하여 건축하는 주택 및 부대시설을 설치하는 경우에는 자기 소유의 기존 임도를 활용하여 시설할 수 있다.

농림어업인주택에 대하여는 기존 임도를 활용하여 허가를 받을 수 있다고 규정하고 있다.

■ 도로의 점용허가 및 연결허가

도로의 점용허가

진출입로의 확보나 그 밖의 법에 정한 사유로 도로(도로구역)를 점용하려는 자는 「도로법」 제61조에 의하여 도로관리청의 허가를 받아야 한다. 점용물의 종류에 따른 점용기간은 10년 이내와 3년 이내의 2가지가 있다. 예를 들면 공장설립목적의 개발행위허가를 받기 위한 진입도로의 확보는 10년을 적용받는다. 점용기간을 연장하려는 경우에는 허가기간이 끝나기 1개월 전까지 연장허가를 받아야 한다.

TIP 각 도로별 도로관리청

1. 고속도로: 한국도로공사
2. 일반국도: 해당 국토관리청
   * 단, 특별시(광역시)나 시(市)의 동(洞) 구간은 해당 특별(광역)시 또는 시가 도로관리청
   * 국도대체우회도로는 시의 동 구간이어도 국토관리청(사무소)이 도로관리청
3. 지방도: 해당 도청
   * 단, 특별시(광역시)나 시(市)의 동(洞) 구간은 해당 특별(광역)시 또는 시가 도로관리청
4. 일반 시·군·구도: 해당 지방자치단체

점용료의 산정 기준

점용료는 개별공시지가를 기준으로 부과한다. 개별공시지가는 도로점용 부분과 닿아 있는 토지(도로부지는 제외한다)의 「부동산 가격공시 및 감정평가에 관한 법률」에 의한 개별공시지가로 한다.

〈도로점용허가 신청서〉

도로점용허가 신청서

(앞쪽)

접수번호	접수일	처리기간

신청인	성명(법인의 경우는 그 명칭 및 대표자 성명) 홍길동		주민등록번호 123456-1345667
	주소(법인의 경우 주사무소 소재지) 서울시 마포구 마포동 123		전자우편
	전화번호 02-1234-5678		휴대전화 010-1234-5678

신청내용	도로의 종류 시도	노선번호 (노선명) (	시도3호선)
	①점용의 목적 공장부지 진출입로		
	②점용의 장소 및 면적 경기도 화성시 팔탄면 율암리 123,600㎡		
	점용기간 2020.1.1.~2029.12.31.(10년)	굴착기간	
	점용물의 구조		
	③공사의 방법 인력		
	공사의 시기 공장준공시 까지		
	④도로의 복구방법 귀청의 지시에 따름		

「도로법」 제61조 및 같은 법 시행령 제54조제1항에 따라 위와 같이 도로점용허가를 신청합니다.

2020 년 1 월 1 일

신청인 　　　　　　　홍 길 동(서명 또는 인)

도로관리청 귀하

도로의 연결허가: 「도로와 다른 도로 등과의 연결에 관한 규칙」

접함과 연결

「건축법」상의 접도의무는 단지 필지가 도로에 접하는 것으로 충족이 된다. 그에 비하여 연결이란 허가신청지에서 도로까지 진입도로 확보시 통행의 안전성을 확보할 수 있도록 자동차를 가속시키거나 감속시키는 변속차로를 설치하여서 도로에 접하도록 하는 것을 말한다. 통상 주거지역, 상업지역, 공업지역 토지에서 '도시·군계획시설도로'에 접하는 경우에는 접도의무만으로 진입도로에 대한 건축허가 기준이 충족이 된다. 그 외의 경우에는 단지 도로에 접했다는 것만으로 개발행위허가에 대한 진입도로 기준을 충족했다고 볼 수 없으며 허가대상 시설(또는 부지)규모, 종류에 따라 연결허가를 받아야 하는 경우가 발생한다.

〈접함 예시도〉

〈연결 예시도〉

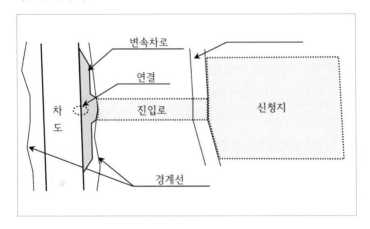

도로와 다른 시설의 연결: 「도로법」 제52조

일반국도, 지방도, 4차로 이상으로 도로구역이 결정된 도로의 차량 진행방향의 우측으로 진입도로의 확보 목적으로 연결시키려는 경우에는 도로관리청의 허가를 받아야 한다. 허가 시 일반국도(시·도지사 또는 시장·군수·구청장이 도로관리청이 되는 일반국도는 제외한다)인 경우에는 국토교통부령인 「도로와 다른 시설의 연결에 관한 규칙」을 적용하고, 그 밖의 도로인 경우에는 그 도로의 관리청이 속해 있는 지방자치단체의 조례인 「○○시 도로와 다른 시설의 연결에 관한 조례」를 적용한다. 연결허가를 받은 경우에는 도로점용허가도 받은 것으로 본다.

연결허가의 신청

「도로법」 제52조에 따라 일반국도에 다른 도로 등을 연결하려면 도로 등의 연결허가 신청서를 도로관리청에 제출해야 한다.

〈연결허가 신청서〉

도로와 다른 시설의 연결허가신청서

접수번호	접수일자		처리기간
			21일

신청인	성명(법인명) 서울테크(주)		생년월일(법인등록번호) 123456-1234567	
	주소(법인의 경우 주사무소 소재지) 경기도 경기시 경기동 123			
	연락처	전화 02-123-4567	휴대전화	전자우편

신청 내용	① 연결 목적 공장부지 진입도로 설치	② 점용기간
	점용장소 · 점용면적 16 + 900　　　　　　　(500 ㎡)	
	공사 실시방법	공사시기 년 월 일 ~ 년 월 일
	도로 복구방법	
	③ 도로 종류 및 노선명 국도 45호선 (안성~광주 간)	
	도로와 연결하는 다른 시설의 종류 및 명칭 공장부지 진입 연결로	

「도로법」 제52조, 제61조 및 「도로와 다른 시설의 연결에 관한 규칙」 제4조에 따라 도로에 다른 도로, 통로, 그 밖의 시설을 연결하기 위하여 위와 같이 허가를 신청합니다.

2020 년 1 월 1 일

신청인　　　　홍 길 동(서명 또는 인)

도로관리청 귀하

- '변속차로'란 자동차를 가속시키거나 감속시키기 위하여 설치하는 차로를 말한다.
- '테이퍼'란 주행하는 자동차의 차로 변경을 원활하게 유도하기 위하여 차로가 분리되는 구간이나 차로가 접속되는 구간에 설치하는 삼각형 모양의 차도 부분을 말한다.
- '교차로'란 세갈래교차로, 네갈래교차로, 회전교차로, 입체교차로 등 둘 이상의 도로가 교차되거나 접속되는 공간을 말한다.

연결허가의 금지구간: 「도로와 다른 시설의 연결에 관한 규칙」제6조

도로관리청은 다음 각 호의 어느 하나에 해당하는 일반국도의 구간에 대해서는 다른 시설의 연결을 허가해서는 아니 된다. 다만, 제1호, 제2호, 제5호 및 제6호는 도시지역에 있는 일반국도로서 ①해당 일반국도가 국토계획법에 따른 도시 · 군관리계획에 따라 정비되어 있는 경우와 ②도로와 다른 시설의 연결허가 신청일에 해당 일반국도에 대하여 국토계획법 제85조에 따른 단계별 집행계획 중 제1단계 집행계획이 수립되어 있는 경우의 어느 하나에 해당하는 경우에는 적용하지 아니한다.

1. 곡선반지름이 280미터(2차로 도로의 경우에는 140미터) 미만인 곡선구간의 안쪽 차로 중심선에서 장애물까지의 거리가 본 규칙 별표 3에서 정하는 최소거리 이상이 되지 아니하여 시거(視距)를 확보하지 못하는 경우의 안쪽 곡선구간
2. 종단(縱斷) 기울기가 평지는 6퍼센트, 산지는 9퍼센트를 초과

하는 구간. 다만, 오르막 차로가 설치되어 있는 경우 오르막 차로의 바깥쪽 구간에 대해서는 연결을 허가할 수 있다.

3. 일반국도와 다음 각 목의 어느 하나에 해당하는 도로를 연결하는 교차로에 대하여 본 규칙 별표 4에 따른 교차로 연결 금지구간 산정 기준에서 정한 금지구간 이내의 구간. 다만, 일반국도로서 본 규칙 제5조 제1항 각 호의 어느 하나에 해당하거나 5가구 이하의 주택과 농어촌 소규모 시설(「건축법」 제14조에 따라 건축신고만으로 건축할 수 있는 소규모 축사 또는 창고 등을 말한다)의 진출입로를 설치하는 경우에는 본 규칙 별표 4 제2호 및 제3호에 따른 제한거리를 금지구간에 포함하지 아니한다.

  가. 「도로법」 제2조 제1호에 따른 도로

  나. 「농어촌도로 정비법」 제4조에 따른 면도(面道) 중 2차로 이상으로 설치된 면도

  다. 2차로 이상이며 그 차도의 폭이 6미터 이상이 되는 도로

  라. 관할 경찰서장 등 교통안전 관련 기관에 대한 의견조회 결과, 도로 연결에 따라 교통의 안전과 소통에 현저하게 지장을 초래하는 것으로 인정되는 도로

4. 삭제 〈2014. 12. 29.〉

5. 터널 및 지하차도 등의 시설물 중 시설물의 내부와 외부 사이의 명암 차이가 커서 장애물을 알아보기 어려워 조명시설 등을 설치한 경우로서 다음 각 목의 어느 하나에 해당하는 구간

5가구 이하의 주택과 농어촌 소규모 시설(신고 대상 소규모 축사 또는 창고)을 제외하고는 연결허가 대상에 포함됨에 유의하여야 한다. 연결허가를 받지 못하면 '허가상 맹지'가 된다.

교차로의 연결 금지구간 예시도

예시도상에서 음영으로 처리된 구간은 '교차로의 연결 금지구간'에 해당되어 해당 구간에서는 5가구 이하의 주택과 농어촌 소규모 시설(신고 대상 소규모 축사 또는 창고)을 제외한 시설은 진입도로 확보를 위한 연결허가를 받을 수 없다. 즉, 부지가 외견상은 '일반국도, 지방도, 4차로 이상으로 도로구역이 결정된 도로'에 접해 있지만 연결허가를 받지 못하면 개발허가나 건축허가를 받을 수 없고 결국 실무상 용어인 '허가상 맹지'가 될 수 있음에 유의하여야 한다.

〈예시도1〉 변속차로가 설치되지 않았거나 설치 계획이 없는 평면교차로의 연결 금지 구간

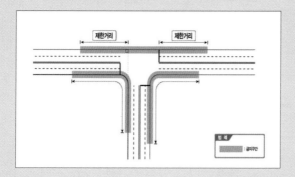

〈예시도2〉 변속차로가 설치되었거나 설치예정인 평면교차로의 연결 금지구간

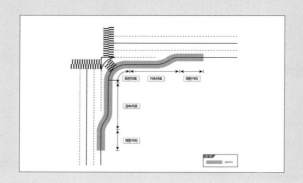

〈예시도3〉입체교차로의 연결 금지구간1

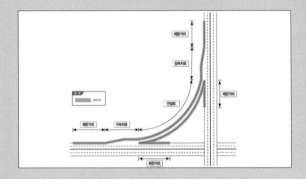

〈예시도4〉입체교차로의 연결 금지구간 2

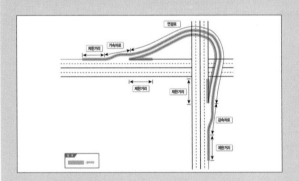

☞ 허가 실무에서는 변속차로(가속차로, 감속차로)나 제한거리의 길이는 도로의 설계속
도와 지구단위계획구역 여부 등에 따라 달라진다.

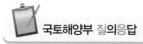
국토해양부 질의응답

● ● ○ ○ ●

도로점용허가

Q 국도변에 공장을 신축하기 위하여 도로점용허가를 득하고자 할 경우 당해 도로의 부지에 사유지가 포함되어 있을 때에 그 소유자의 동의를 받아야 하나요?

A 도로를 구성하는 부지, 옹벽, 기타의 물건에 대하여는 사권의 행사가 제한되므로 도로법 제40조의 규정에 의하여 도로의 점용허가를 득하고자 하는 경우 점용하고자 하는 도로의 부지에 사유지가 포함되어 있다 하더라도 당해 도로관리청으로부터 점용허가를 받으면 되는 것이며, 소유자의 동의서는 불필요한 것으로 판단됩니다.

Q 「도로법」상 도로의 공장부지 진출입로를 위한 도로점용에 있어 지목이 도로가 아닌 경우 도로점용허가 대상인가요?

A 「도로법」상의 도로구역 내라면 지목이나 소유권자에 관계없이 도로관리청에 도로점용허가를 받아야 하고, 도로구역 내가 아니라면 국유지인 경우는 「국유재산법」에 의한 사용수익허가를 받아야 할 것입니다.

■ 진입도로 확보를 위한 하천 등의 점용허가

점용허가의 종류

점용허가의 종류는 일반적으로 지목에 따라 구분되지만 더 정확하게는 점용의 대상이 되는 국·공유지의 관리청이 어디냐에 따라 구분된다. 관리청은 국토교통부 같은 중앙행정기관이나 지방자치단체나 또는 한국농어촌공사 등이 해당된다.

1. 도로부지: 도로점용허가, 도로연결허가
2. 하천부지: 하천(소하천)점용허가
3. 구거, 유지(저수지, 호소 등)부지
   - 공유수면점용허가(국토교통부, 지자체 소유)
   - 목적외사용승인(농림축산식품부, 한국농어촌공사 소유)
4. 그 외 국·공유 토지: 국·공유재산 사용·수익허가

하천, 소하천 및 공유수면의 점용허가

개발행위허가와 관련하여 허가대상 필지 주변에 구거나 하천 등이 존재하고, 해당 구거나 하천 등을 활용해서 진입도로 등을 확보해야 허가가 가능하거나 토지의 활용성을 현격히 높일 수 있다면 점용허가 여부를 검토해야한다. 하천이나 구거는 어떤 법의 적용을 받는 하천·구거냐에 따라서 점용허가가 달라진다. 하천의 점용허가, 소하천의 점용허가, 공유수면의 점용·사용허가로 다르게 받아야 한다.

하천, 소하천 및 공유수면의 구분

하천(「하천법」)

하천이란 지표면에 내린 빗물 등이 모여 흐르는 물길로서 공공의 이해에 밀접한 관계가 있어 「하천법」 제7조에 따라 국가하천 또는 지방하천으로 지정된 것을 말한다. 하천구역과 하천시설을 포함한다.

소하천(「소하천정비법」)

소하천이란 「하천법」의 적용 또는 준용을 받지 아니하는 하천으로서 「소하천정비법」 제3조에 따라 그 명칭과 구간이 지정·고시된 하천을 말한다. 특별자치시장·특별자치도지사·시장·군수 또는 자치구의 구청장이 지정하는 소하천은 일시적이 아닌 유수가 있거나 있을 것이 예상되는 구역으로서 평균 하천 폭이 2m 이상이고 시점에서 종점까지의 전체길이가 500m 이상인 것이어야 한다.

공유수면(「공유수면관리 및 매립에 관한 법률」)

공유수면이란 다음 각 목의 것을 말한다.

가. 바다: 「공간정보의 구축 및 관리 등에 관한 법률」 제6조 제1항 제4호에 따른 해안선으로부터 「배타적 경제수역 및 대륙붕에 관한 법률」에 따른 배타적 경제수역 외측 한계까지의 사이

나. 바닷가: 「공간정보의 구축 및 관리 등에 관한 법률」 제6조 제1항 제4호에 따른 해안선으로부터 지적공부(地籍公簿)에 등록된 지역까지의 사이

다. 하천 · 호소 · 구거, 그 밖에 공공용으로 사용되는 수면 또는 수류로
서 국유인 것

점용허가 대상 종류 및 점용기간

여기에서는 하천 점용허가를 예로 들어 설명해보기로 한다. 점용기간
은 점용허가대상 종류에 따라 달라진다. 점용허가의 연장은 통상 점용
허가기간이 만료되기 1개월 전에 점용허가기간연장신청서, 현장사진,
공사비산출내역서(연장시점 기준)를 첨부, 해당 관리청에 제출하면 검토
후 기간연장허가 여부를 통보받을 수 있다.

하천점용의 유형	점용기간
1. 토지의 점용	5년
2. 하천시설의 점용	5년
3. 공작물의 신축 · 개축 · 변경	
가. 공공용 또는 공용의 교량 · 철도 · 상수 도관로 · 통신선로 등의 설치	영구
나. 그 밖의 공작물의 설치(관로 등을 매설하 는 것을 포함한다.)	5년
다. 공작물의 신축 · 개축 · 변경공사를 하 기 위한 점용	설계서에 적혀 있는 공사기간
4. 토지의 굴착 · 성토 · 절토, 그 밖의 토지의 형질변경	1년
5. 토석 · 모래 · 자갈 기타 하천산출물의 채취	5년 이내
6. 스케이트장 · 도선장 또는 유선장의 설치	
가. 스케이트장의 설치	1년
나. 유선장 또는 도선장의 설치	3년
7. 식물의 식재	1년
8. 수상레저사업 목적의 물놀이 행위	3년
9. 선박의 운항	3년

기득 점용 · 사용자의 보호

하천관리청이나 공유수면 관리청은 점용 · 사용허가를 함에 있어서 이미 점용허가를 받은 자 등 법령으로 정하는 권리를 가진 자가 그 허가로 인하여 진출입제한 등 손실을 받게 됨이 명백한 경우에는 해당 신규신청인으로 하여금 기득 점용 · 사용자의 동의를 얻도록 하고 있다. 즉, 타인이 이미 점용허가를 받아 사용하고 있는 부분을 이용하여 인 · 허가를 받으려면 허가를 먼저 받은 타인으로부터 동의를 받아야 한다. 그러나, 2017년 「하천법」이 개정되어 기득점용 · 사용자의 사업시행에 지장이 없다고 인정되는 경우 등에는 동의를 요하지 않게 되었다. 다만, 「소하천정비법」이나 「공유수면관리및매립에관한법률」에서는 동 사항에 대한 「하천법」 수준의 법령 개정이 이루어지지 않은 상태이다.

기득하천사용자의 동의를 요하지 않는 경우: 「하천법」

1. 그 하천점용에 관한 사업이 기득하천사용자의 하천사용에 관한 사업에 비하여 공익성이 뚜렷하게 큰 경우
2. 손실을 방지하기 위한 시설을 설치하여 기득하천사용자의 하천사용에 관한 사업의 시행에 지장이 없다고 인정되는 경우

기득하천사용자의 동의를 요하는 경우: 「하천법」

하천점용허가로 인하여 다음 각 호의 어느 하나에 해당하는 결과가 발생하여 기득하천사용자의 기존의 하천에 관한 권리행사가 현저히 곤란해지는 등 손실을 받게 됨이 명백한 경우에는 신규 하천점용허가 신청

인은 기득하천사용자의 동의를 받아야 한다.

1. 진출입 제한
2. 수질지표의 악화, 수생물종 또는 개체수의 감소 등 수질·수생태계 훼손
3. 하천의 수위 상승, 유수(流水) 소통 지장, 하천의 유실(流失)·세굴 등 하천의 안전성 저해
4. 그 밖에 제1호부터 제3호까지와 유사한 결과

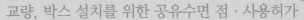
교량, 박스 설치를 위한 공유수면 점 · 사용허가

E회사는 계획관리지역 임야에 소규모 공장신축을 위한 개발행위허가를 받으려고
한다. E회사의 토지는 진출입도로로 사용이 가능한 도로와 약 5m 폭의 하천을 사
이에 두고 있다. 어떤 절차를 거쳐야 할까?

☞ 사례의 경우는 도로에서 해당 부지까지 하천을 횡단하는 교량을 설치하여 개발
행위허가를 받을 수 있다. 해당 시 · 군에 문의하였더니 해당 하천은 하천법의 적용
을 받는 하천이 아니고 「공유수면관리 및 매립에 관한 법률」의 적용을 받는 하천이
었다. 따라서 「공유수면관리 및 매립에 관한 법률」에 근거한 공유수면의 점용 · 사
용허가를 받아야 한다.

공유수면 점용 · 사용 [　]허가 [　]협의 [　]승인 신청서

* 유의사항을 읽고 작성하여 주시기 바라며 해당되는 곳에 V표시를 합니다.　　　　(앞쪽)

접수번호	접수일	처리일	처리기간	뒤쪽 유의사항참조
신청인	성명 홍길동		주민등록번호 123456-1234567	
	주소 서울시 서초구 서초동 1		전화번호 02-1234-5678	
대리인	성명		전화번호	
장소 : 포항시 북구 죽장면 침곡리 1234				
면적 (또는 채취량 투기량)　　　49.25　　㎡ (또는　　　㎥)				
목적 : 공장부지조성에 따른 교량개설				
설치하는 인공구조물 : 교량				
허가기간 : 허가일로부터 3년				
허가조건 :				

「공유수면관리 및 매립에 관한 법률」 제8조 제1항 · 제10조 제1항, 같은 법 시행령
제4조 · 제10조 제1항 및 같은 법 시행규칙 제4조 제1항 · 제2항 및 제9조에 따라
공유수면 점용 · 사용([　]허가 [　] 협의 [　]승인)을 신청합니다.

2020년 1월 1일

신청인 홍길동　　　(서명 또는 인)

(공유수면관리청) 귀하

■ 접도구역

접도구역

도로를 확인하다 보면 실과 바늘처럼 나타나는 것이 접도구역이다. 접도구역이란 도로의 관리청이 도로 구조의 파손 방지, 미관의 훼손 또는 교통에 대한 위험을 방지하기 위하여, 도로경계선으로부터 양안으로 20m(고속국도의 경우 50m)를 초과하지 아니하는 범위 안에서 대통령령이 정하는 바에 의하여 지정하는 구역을 말한다.

접도구역의 지정 기준

접도구역의 지정 기준은 2020년 현재 10m와 5m 기준을 적용하고 있다. 도로경계선에서 양안으로 각각 다음 표의 구역을 접도구역으로 지정할 수 있다

도로의 종류	구분	지정 폭(양측 각각)
고속국도	전구간	10m
일반국도	전구간	5m
지방도	전구간 또는 일부	5m

고속국도, 일반국도, 지방도 3개 도로만이 접도구역 지정대상이 되며, 시·군·구도에는 접도구역이 지정되지 않는다. 또한, 국토계획법에 의하여 도시지역으로 결정·고시된 구역 안의 도로는 접도구역 지정대상에서 제외된다.

개발행위허가와 접도구역

접도구역 안에서 금지되는 행위

접도구역 안에서는 다음의 행위가 금지된다. 즉, 접도구역으로 지정된 부분 위에서는 공장 등의 설립목적으로 토지의 형질을 변경하는 행위나 건축물의 신축 허가를 받을 수 없다.

> 1. 토지의 형질을 변경하는 행위
> 2. 건축물, 그 밖의 공작물을 신축 · 개축 또는 증축하는 행위

접도구역 안에서 허용되는 행위

접도구역 안에서는 다음과 같은 제한적인 행위가 허용이 된다. 개발행위허가와 관련하여 접도구역 안에서 허용되는 행위 중 가장 의미 있는 행위는 개발이나 건축에 필요한 진입도로로 사용될 수 있다는 데 있다.

> 1. 다음 각 목의 어느 하나에 해당하는 건축물의 신축
>   가. 연면적 10제곱미터 이하의 화장실
>   나. 연면적 30제곱미터 이하의 축사
>   다. 연면적 30제곱미터 이하의 농 · 어업용 창고
>   라. 연면적 50제곱미터 이하의 퇴비사
> 2. 증축되는 부분의 바닥면적의 합계가 30제곱미터 이하인 건축물의 증축
> 3. 건축물의 개축 · 재축 · 이전(접도구역 밖에서 접도구역 안으로 이전하는 경우는 제외한다) 또는 대수선

4. 도로의 이용 증진을 위하여 필요한 주차장의 설치

5. 도로 또는 교통용 통로의 설치

6. 도로와 잇닿아 있지 아니하는 용수로 · 배수로의 설치

7. 기타 도로법시행령 제 39조에서 허용되는 행위

접도구역과 건폐율 · 용적률

개발행위허가를 받기 위한 대지에서 접도구역으로 지정된 부분 위에서는 건축행위는 금지되지만, 해당 부분이 건폐율 및 용적률 산정 대상 면적에서는 제외되지 않는다. 또한 접도구역은 해당부분이 필지가 분할이 되거나 지목이 변경되지는 않는다. 또한, 접도구역으로 지정되었다고 해서 수용되지도 않는 것이 일반적이다.

접도구역에 저촉된 토지에서의 개발행위허가

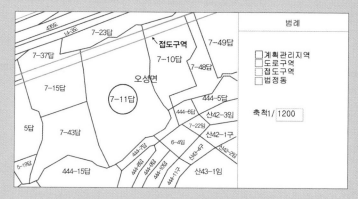

접도구역에 접한 계획관리지역 농지에서 개발행위허가 기준을 검토하고 있다. 어떤 점에 유의해야 할까?

☞ 오른쪽 범례를 참조하면서 사례 토지의 지적도를 보면 검토대상 필지에서 도로구역선과 그 아래 평행으로 그어진 접도구역선을 확인할 수 있다. 접도구역은 면적 개념이 아닌 이격거리 개념이므로 별도의 필지분할은 되지 않는다. 사례와 같이 개발행위허가 대상 토지 일부에 접도구역이 지정되어 있을 경우에는 개발행위허가는 접도구역을 포함하여 허가를 득하여야 하며, 건폐율과 용적율 계산시에도 접도구역의 면적만큼을 포함하여 계산해야 한다. 또한 건축물의 건축과 관련하여 유의할 점은 접도구역은 지적상 일반도로경계선에서부터 5m이나 현황도로에서 5m로 착각하고 건축물을 신축하였다가 건축물이 접도구역에 저촉되어 준공처리가 불가하게 되고, 결국은 건축물을 철거해야 하는 상황까지 이르게 된 사례도 종종 있으므로 접도구역에서는 이 점을 유의해야 한다.

PART
5

지목변경
제4~제5단계 분석전략

지목변경 제4단계 분석전략

지목변경 제3단계까지의 분석에 의하여 건축할 수 있는 건축물과 개발행위허가기준 검토 및 진입도로 확보 등이 충족되었다면 네 번째로 검토해주어야 할 사항이 배수로의 확보이다. 토지의 개발에서 해당 부지로 차량과 사람이 통행할 수 있는 진입도로의 확보 못지않게 중요한 것이 해당 부지 및 건축물에서 배출되는 하수(=오수와 우수 등)를 처리할 수 있는 배수로를 확보하는 것이다. 공공하수도와 함께 하천, 구거가 주요 배수로에 해당한다.

지목변경 제5단계 분석전략

지목변경 제1단계에서 제4단계까지의 분석은 개발행위허가를 받으려는 모든 토지가 반드시 거쳐야 하는 필수 분석절차이다. 그러나, 제5단계 '군사기지 및 군사시설보호구역'은 지역적 규제로서 해당되는 토지도 있고, 해당되지 않는 토지도 있기 때문에 필수 분석절차는 아니다. 다만, 토지와 관련된 일에 직업적으로 종사하다 보면 매우 빈번하게 접하게 되는 구역이고, 필자의 책을 제외하면 '군사기지 및 군사시설보호구역'에 대한 대처방안을 체계적으로 정리해놓은 해설서도 없기 때문에 제5단계에서 분석기법을 소개하고 있다.

지목변경 제4단계 분석
배수로

■ 배수로 관련 규정

「하수도법」에 의한 용어의 정의

하수: 오수와 우수 등

하수란 오수(사람의 생활이나 경제활동으로 인하여 액체성 또는 고체성의 물질이 섞여 오염된 물)와 건물·도로 그 밖의 시설물의 부지로부터 하수도로 유입되는 빗물·지하수를 말한다. 다만, 농작물의 경작으로 인한 것을 제외한다.

공공하수도

하수와 분뇨를 유출 또는 처리하기 위하여 설치되는 하수관거·공공하수처리시설·분뇨처리시설·배수설비·개인하수처리시설 그 밖의 공작물·시설의 총체를 하수도라 하며, 공공하수도는 지방자치단체가 설치 또는 관리하는 하수도를 말한다.

공공하수처리시설
하수를 처리하여 하천 · 바다 그 밖의 공유수면에 방류하기 위하여 지방자치단체가 설치 또는 관리하는 처리시설과 이를 보완하는 시설을 말한다.

개인하수처리시설
건물 · 시설 등에서 발생하는 오수를 침전 · 분해 등의 방법으로 처리하는 시설을 말한다. 개인이 설치하는 정화조 등을 말한다.

합류식 하수관거와 분류식 하수관거
오수와 하수도로 유입되는 빗물 · 지하수가 함께 흐르도록 하기 위한 하수관거를 합류식 하수관거라 하고, 각각 구분되어 흐르도록 하기 위한 하수관거를 분류식 하수관거라 한다.

배수구역과 하수처리구역
배수구역은 공공하수도에 의하여 하수를 유출시킬 수 있는 지역으로서 공고된 구역을 말하며, 하수처리구역은 하수를 공공하수처리시설에 유입하여 처리할 수 있는 지역으로서 공고된 구역을 말한다.

필수 기반시설의 확보
개발행위허가의 필수 기반시설은 도로 · 상수도 및 하수도이며 도로 · 상수도 및 하수도가 규정에 따라 설치되지 아니한 지역에 대하여는 건축물

266

의 건축행위(건축을 목적으로 하는 토지의 형질변경 포함)는 원칙적으로 허가하지 아니한다. 다만, 무질서한 개발을 초래하지 아니하는 범위 안에서 도시·군계획조례로 정하는 경우에는 예외적으로 허가를 받을 수 있다.

그에 따라 지방자치단체마다 도시·군계획조례로 상수도의 경우는 상수도에 갈음하여 「먹는 물 관리법」에 따른 먹는 물 수질기준에 적합한 지하수 개발·이용시설을 설치하여 허가를 받을 수 있도록 예외적인 규정을 하고 있다. 또한, 하수도 역시 단독주택의 경우에는 하수도에 갈음하여 「하수도법」에 따른 '개인하수처리시설'로 허가를 할 수 있도록 대부분의 지방자치단체에서 규정하고 있지만, 수도권 'ㅅ'시의 경우처럼 난개발과 오염 방지를 위해 특히 예외적인 경우를 제외하고는 '개인하수처리시설'의 설치를 인정하지 않고 공공하수도만을 허가 기준으로 엄격히 규정하고 있는 지방자치단체도 있음에 유의하여야 한다.

> **「개발행위허가 운영지침」3-3-2-4: 기반시설의 적정성**
> 도로·상수도 및 하수도가 규정에 따라 설치되지 아니한 지역에 대하여는 건축물의 건축행위(건축을 목적으로 하는 토지의 형질변경 포함)는 원칙적으로 허가하지 아니한다. 다만, 무질서한 개발을 초래하지 아니하는 범위 안에서 도시·군계획조례로 정하는 경우에는 그러하지 아니한다.

일반적인 배수로 관련 규정 사례

아래의 규정은 배수로와 관련하여 개인하수처리시설을 일반적으로 인정하는 사례이다.

「○○시 도시·군계획조례」 제19조 도로 등이 미설치된 지역에서의 건축물의 건축

시장은 다음 각 호의 어느 하나에 해당하는 경우에는 영 별표 1의2 제2호 가목에 따른 도로·상수도 및 하수도가 설치되지 아니한 지역에 대해서는 무질서한 개발을 초래하지 아니하는 범위에서 건축물의 건축 및 건축을 목적으로 하는 토지의 형질변경을 허가할 수 있다. 이 경우 도로는 「건축법」제2조제1항제11호에 따른 도로를 말한다.

1. 신청지역에 신청인이 인접의 기존시설과 이어지는 도로·상수도 및 하수도를 설치할 것을 조건으로 하는 경우(이 경우 도로는 「건축법」제44조에 적합하게 하여야 하며, 시장은 도시지역, 도시지역 외의 지구단위계획구역외의 지역에 도로를 설치한 경우에는 「건축법」제45조에 따라 그 위치를 지정·공고할 수 있다.)
2. 창고 등 상수도·하수도의 설치를 필요로 하지 아니하는 건축물을 건축하고자 하는 경우로서 도로가 설치되어 있거나 도로의 설치를 조건으로 하는 경우
3. 생산녹지지역·자연녹지지역·생산관리지역·계획관리지역 또는 농림지역 안에서 농업·임업·어업 또는 광업에 종사하는 사람이 해당 지역 안에서 거주하는 기존의 주거용 건축물 및 그 부대시설의 건축(신축을 제외한다)을 목적으로 1천 제곱

미터 미만의 토지의 형질을 변경하고자 하는 경우

4. 신청지에 상수도 공급이 불가할 경우 상수도에 갈음하여 「먹는물 관리법」에 따른 먹는 물 수질기준에 적합한 지하수개발 이용시설을 설치할 경우

5. 신청지에 하수도 설치가 불가하여 「하수도법」에 따른 개인하수처리시설을 설치할 경우

강화된 배수로 관련 규정 사례

아래의 규정은 배수로와 관련하여 공공하수도를 원칙으로 하고, 개인하수처리시설을 제한적으로 인정하는 사례이다.

「○○시 도시·군계획조례」 제22조: 기반시설이 설치되지 아니한 지역에서의 건축물의 건축

시장은 다음 각 호의 어느 하나에 해당하는 경우에는 영 별표 1의 2 제2호 「건축물의 건축 또는 공작물의 설치」 단서에 따라 무질서한 개발을 초래하지 아니하는 범위에서 건축물의 건축과 그를 목적으로 하는 토지의 형질변경을 허가할 수 있다

1. 신청지역에 인접한 기존 도시계획시설과 연계되는 도로·상수도 및 하수도를 신청인이 설치할 것을 조건으로 하는 경우에는 다음 각 목의 요건을 모두 갖추어야 한다.

가. 도로는 「건축법」제2조제1항제11호에 따른 도로로서, 같은 법 제44조에 적합한 도로

나. 상수도는 「수도법」에 따른 수도시설. 다만, 2001. 10. 17. 이전 지목이 '대'로 변경된 토지, 개발제한구역에서 해제되어 지구단위계획 구역으로 지정된 지역과 기존 건축물의 재축·개축·대수선의 경우에는 「먹는 물 관리법」에 따라 먹는 물 수질기준에 적합한 지하수의 개발·이용시설로 대체

다. 하수도는 「하수도법」에 따른 공공하수도. 다만, 자연녹지지역(필지 일부가 보전녹지지역으로 자연녹지지역 부분 면적보다 작고 제25조제1항 분할제한 면적에 미달된 경우 포함한다)에서의 단독주택(「건축법 시행령」별표 1 제1호가목), 2001. 10. 17 이전 지목이 '대'로 변경된 토지, 개발제한구역에서 해제되어 지구단위계획 구역으로 지정된 지역, 기존건축물의 재축·개축·대수선과 용도변경(자연녹지지역에서 2019. 7. 1. 이전에 「건축법」 제22조에 따라 사용승인 된 건축물로서 추가적인 개발을 초래하지 아니하고 도시계획위원회 심의를 거친 경우로 한정한다)의 경우에는 하수도에 갈음하여 「하수도법」에 따른 개인하수처리시설

2. 창고 등 상수도 및 하수도의 설치를 필요로 하지 아니하는 건축물을 건축하고자 하는 경우로서 도로가 설치된 경우

3. 녹지지역 안에서 농업·임업·광업에 종사하는 사람이 해당 지역 안에서 거주하는 기존의 주거용 건축물 및 그 부대시설

을 건축(증축·개축·재축에 한정한다)하기 위하여 1천제곱미터 미만(기존부지 포함)의 토지의 형질변경을 하는 경우

4. 제1호부터 제3호까지에도 불구하고 택지개발 및 난개발이 예상될 경우에는 허가할 수 없다. 다만, 개발제한구역에서 해제되어 지구단위계획 구역으로 지정된 지역 내에는 그러하지 아니하다.

■ 법정배수로와 비법정배수로

공공하수도와 함께 하천, 구거가 주요 배수로에 해당한다. 법정배수로는 관리권과 소유권이 국가나 지방자치단체 등에 속하는 하천과 소하천이 있고, 비법정배수로는 「농어촌정비법」에 의한 배수로(구거)나 「공유수면관리법」에 의한 배수로(하천, 호소, 구거 등), 마을 공공사업으로 설치된 배수로(인정 배수로), 민간이 공장부지 등을 개발할 때 설치한 사설 배수로 등이 있다.

법정배수로

법정배수로의 대표적인 것이 「하천법」에 의한 하천과 「소하천법」에 의한 소하천이다. 「하천법」에 의한 하천은 국가하천과 지방하천이 있으며, '소하천'이란 「하천법」의 적용 또는 준용을 받지 아니하는 하천으로서 「소하천법」에 따라 그 명칭과 구간이 지정·고시된 하천을 말한다. 하천구역이나 소하천구역은 토지이용규제정보서비스에서 제공하는 토지이용계획확인서의 확인도면으로도 확인이 가능하다.

<사례: 소하천구역과 소하천예정구역>

소재지	경기도 용인시 수지구 고기동 일반 755		
지목	하천	면적	9,595㎡
개별공시지가	188,100원(2019/01)		
지역 지구 등 지정 여부	「국토의 계획 및 이용에 관한 법률」에 따른 지역·지구 등	도시지역, 자연녹지지역, 성장관리방안 수립지역, 소로1류(폭 10M~12M)(접함)	
	다른 법령 등에 따른 지역·지구 등	가축사육제한구역(가축분뇨의 관리 및 이용에 관한 법률), 소하천구역(광교산천)(소하천정비법), 성장관리권역(수도권 정비계획법)	
「토지이용규제 기본법 시행령」 제9조 제4항 각호에 해당되는 사항	중점경관관리구역		

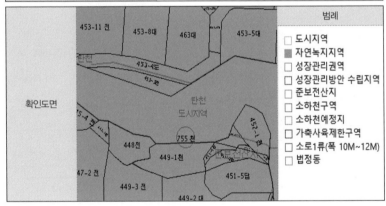

비법정배수로

법정배수로는 아니지만 배수로의 기능을 수행할 수 있어서 개발 허가시 배수로로 인정받을 수 있는 구거 등을 비법정배수로라고 하며 다음과 같은 것이 있다. 다만, 동의 등의 조건이 붙을 수도 있고, 비법정배수로의 소유자 또는 관리청으로부터 동의를 받지 못해 허가를 받지 못할 수도 있다.

국 · 공유지 배수로

- 「농어촌정비법」에 의한 배수로: 구거

  '농업생산기반시설'이란 농업생산기반 정비사업으로 설치되거나 그 밖에 농지 보전이나 농업 생산에 이용되는 저수지, 배수로, 유지(웅덩이), 도로, 방조제, 제방 등의 시설물과 농수산물의 저장 · 유통시설 등 영농시설을 말한다. 「농어촌정비법」에 의한 배수로는 농업생산기반시설 중의 하나로서 관리청(소유자)은 한국농어촌공사 등 국 · 공유지이며, 지목은 '구거'이고, 현황은 경지정리지역이나 집단화된 농지의 배수에 이용되는 수로로서 배수로로서 인정받을 수 있다. 다만, 허가를 위한 관리청인 한국농어촌공사와 협의 과정에서 해당 수로를 이용하여 농사를 짓고 있는 농민의 동의나 대체시설의 설치를 필요로 하거나 또는 부동의 될 수 있음에 유의하여야 한다.

- 「공유수면법」에 의한 배수로

  「공유수면법」에 의한 '공유수면'이란 바다, 바닷가, 하천 · 호소(湖沼) · 구거, 그 밖에 공공용으로 사용되는 수면 또는 수류로서 국유인 것을 말하며, 「하천법」, 「소하천법」 또는 「농어촌정비법」이 적용되거나 준용되는 공유수면은 제외한다. 따라서, 「공유수면법」에 의한 배수로는 하천, 구거 등을 통틀어서 법정하천과 농업용 배수로를 제외한 물의 흐름에 실질적으로 이용되는 국 · 공유지를 말하는 것으로 개발행위허가시 배수로로 인정받을 수 있다.

- 국 · 공유재산법에 의한 배수로

  국 · 공유지 배수로는 지목은 하천 · 구거이지만 법정배수로 등 타법에 의해 관리되는 배수로 이외의 배수로를 말하며, 국유지인 경우 「국유재산법」 및 공유지인 경우 「공유재산법」에 의해 관리되고 있다. 지목만 배수로인 토지이지만 현황은 경작지로 이용되거나 지형변화에 의한 배수로의 기능상실 등으로 인하여 사실상 용도가 폐지된 배수로로서 배수로로 인정되지 않는다. 다만, 국 · 공유지 사용허가(기 사용자의 동의 포함)를 받아 배수로를 개설하면 배수로로 인정받을 수 있다.

사유지 배수로

- 공공 배수로(인정 배수로)

  관급공사나 공공사업을 통해 마을이나 농경지의 오수 또는 우수를 배수하기 위하여 사유지에 설치된 배수로를 말한다. 실무상 인정 배수로로 부른다.

- 사설 배수로(동의 배수로)

  사인이 공장부지, 주택부지 등 개발행위허가에 수반되는 배수계획에 의해 설치된 사유 소유 및 관리의 배수로를 말한다. 실무상 동의 배수로로 부른다.

배수로의 확보

배수는 통상 공공하수도, 공공하수처리시설, 하천, 구거 등 공유수면 등의 배수로를 통해 처리한다. 진입도로와 마찬가지로 배수로가 잘 정비되어 있어 어느 토지에서나 쉽게 연결이 가능하다면 문제가 없겠지만 개발현장의 실상은 그렇지 못하기 때문에 주의해야 한다. 대개의 경우 개발행위허가 대상 부지에서 배수가 가능한 하수관로, 하천, 구거 등까지에 타인 소유의 토지가 존재하고 해당 부지에 배수관로를 매설하려면 해당 토지를 매수하거나 사용승낙서를 받아야 하는 등 진입도로의 확보와 유사한 경우가 발생하게 된다. 타인이 설치한 배수로를 이용하여 처리하는 경우도 많으며 항상 사용승낙과 관련하여 비용문제가 수반되게 된다. 전문적인 사항이기 때문에 투자가 수준에서 판단하기는 다소 어려운 문제이지만, 필수 검토항목 중의 하나로 '지목변경 제4단계 분석: 배수로' 부분을 잘 기억해두었다가 토목설계사무소와 상의하여 사전에 대책을 마련해두고 접근해야 한다.

지목변경 제5단계 분석
군사기지 및 군사시설보호구역

■ 군사기지 및 군사시설 보호구역

용어의 정의

'군사기지 및 군사시설 보호구역'(이하 '보호구역'이라 한다)이란 군사기지 및 군사시설을 보호하고 군사작전을 원활히 수행하기 위하여 국방부장관이 법에 따라 지정하는 구역을 말한다. 보호구역과 관련된 용어의 정의는 다음과 같다.

군사기지

군사시설이 위치한 군부대의 주둔지·해군기지·항공작전기지·방공기지·군용전기통신기지, 그 밖에 군사작전을 수행하기 위한 근거지를 말한다.

군사시설

전투진지, 군사목적을 위한 장애물, 폭발물 관련 시설, 사격장, 훈련장,

군용전기통신설비, 군사목적을 위한 연구시설 및 시험시설·시험장, 그 밖에 군사목적에 직접 공용되는 시설을 말한다.

해군기지

군의 해상작전의 근거지로서 다음 각 목의 것을 말한다.

가. 군항: 해군 주세력의 근거지

나. 해군작전기지: 함대별 작전근거지

항공작전기지

군의 항공작전의 근거지로서 다음 각 목의 것을 말한다.

가. 전술항공작전기지: 군의 전술항공기를 운용할 수 있는 기지

나. 지원항공작전기지: 군의 지원항공기를 운용할 수 있는 기지

다. 헬기전용작전기지: 군의 회전익항공기를 운용할 수 있는 기지

라. 예비항공작전기지: 전시·사변 또는 이에 준하는 비상시에 항공작 전기지로 활용할 수 있는 비상활주로, 헬기예비작전기지 및 민간비 행장

군용항공기

군이 사용하는 비행기·회전익항공기·비행선·활공기, 그 밖의 항공 기기를 말한다.

군사기지 및 군사시설 보호구역

군사기지 및 군사시설을 보호하고 군사작전을 원활히 수행하기 위하여 국방부장관이 지정하는 구역으로서 다음 각 목의 것을 말한다.

가. 통제보호구역: 보호구역 중 고도의 군사활동 보장이 요구되는 군사

분계선의 인접지역과 중요한 군사기지 및 군사시설의 기능보전이 요구되는 구역

나. 제한보호구역: 보호구역 중 군사작전의 원활한 수행을 위하여 필요한 지역과 군사기지 및 군사시설의 보호 또는 지역주민의 안전이 요구되는 구역

민간인통제선

고도의 군사활동 보장이 요구되는 군사분계선의 인접지역에서 군사작전상 민간인의 출입을 통제하기 위하여 국방부장관이 지정하는 선을 말한다.

비행안전구역

군용항공기의 이착륙에 있어서의 안전비행을 위하여 국방부장관이 지정하는 구역을 말한다.

대공방어협조구역

대공방어작전을 보장하기 위하여 국방부장관이 지정하는 구역을 말한다.

관할부대장

작전책임지역 안의 군사기지 및 군사시설을 보호·관리하거나 비행안전 또는 대공방어 등에 관한 사항을 관장하는 부대의 장을 말한다.

관리부대장

관할부대장의 작전책임지역 안에 주둔하고 있으나 지휘계통이 달라 당해 지역의 관할 부대와 독립하여 일정한 범위의 군사기지 및 군사시설을 보호·관리하거나 비행안전 및 대공방어 등에 관한 사항을 관장하는

부대의 장을 말한다.

군부대의 협의를 거쳐야 하는 행정기관의 처분

보호구역에서 행정기관이 개발행위허가 신청에 대하여 처분을 하려면 사전에 군부대의 동의를 받아야 한다. 실무적으로는 개발행위허가를 신청할 때에 신청자가 군부대의 협의를 거치기 위한 서류도 동시에 만들어서 제출해야 한다. 군부대의 협의를 거쳐야 하는 행정기관의 처분은 다음과 같다.

- 건축물의 신축 · 증축 또는 공작물의 설치와 건축물의 용도 변경
- 도로 · 철도 · 교량 · 운하 · 터널 · 수로 · 매설물 등과 그 부속 공작물의 설치 또는 변경
- 하천 또는 해면의 매립 · 준설과 항만의 축조 또는 변경
- 광물 · 토석 또는 토사의 채취
- 해안의 굴착
- 조림 또는 임목의 벌채
- 토지의 개간 또는 지형의 변경
- 해저시설물의 부설 또는 변경
- 통신시설의 설치와 그 사용
- 총포의 발사 또는 폭발물의 폭발
- 해운의 영위
- 어업권의 설정, 수산동식물의 포획 또는 채취
- 부표 · 입표, 그 밖의 표지의 설치 또는 변경

- 대공방어협조구역 안에서 일정 높이(대공방어협조구역 안의 대공방어진지에 배치된 대공화기의 사정거리 안의 수평조준선 높이를 말한다) 이상의 건축물의 건축 및 공작물의 설치
- 비행안전구역 안에서 군사기지법 제10조제1항 제2호 · 제4호 및 제2항에 저촉될 우려가 있는 건축물의 건축, 공작물 · 등화의 설치 · 변경 또는 식물의 재배

협의업무의 처리기한

국방부장관 또는 관할부대장 등은 협의요청을 받은 경우 소관 군사기지 및 군사시설 보호 심의위원회의 심의를 거쳐 30일 이내에 그 의견을 관계 행정기관의 장에게 통보해야 한다. 이 경우 그 의견에 대한 구체적인 사유를 명시해야 한다.

협의를 거치지 아니한 행정처분의 효력

국방부장관 또는 관할부대장 등이 관계 행정기관의 장이 협의를 거치지 아니하거나, 협의조건을 이행하지 아니하고 허가 등을 한 경우에는 당해 행정기관의 장에게 그 허가 등의 취소, 행위의 중지, 시설물의 철거 등 원상회복에 필요한 조치를 할 것을 요청할 수 있고, 그 요청을 받은 행정기관의 장은 특별한 사유가 없는 한 이에 응해야 한다.

군부대의 협의를 거치지 않아도 되는 행정기관의 처분

보호구역의 보호 · 관리 및 군사작전에 지장이 없는 범위 안에서 다음의 사항은 군부대의 협의를 거치지 않아도 된다. 다만, 제1호, 제2호, 제7호 또는 제8호의 경우 통제보호구역과 폭발물 관련 군사시설이 있는 보호구역 안에서는 군부대의 협의를 거쳐야 한다.

① 기존의 건축물 · 공작물의 개축 · 재축 · 대수선

②「건축법 시행령」제15조 제5항에 따른 가설건축물의 건축. 다만, 전투진지 전방 500미터 이내 지역은 소각하거나 물리적으로 없애기 쉬운 시설에 한한다.

③ 입목의 간벌, 택벌 및 피해목 벌채

④「산림자원의 조성 및 관리에 관한 법률」제36조 제4항에 따른 입목 벌채 등

⑤「농어촌정비법」제2조 제5호 나목에 따른 경지 정리, 배수 개선, 농업생산기반시설의 개수 · 보수 및 준설 등 농업생산기반 개량사업

⑥「장사 등에 관한 법률」제14조 제1항 제1호에 따른 개인묘지의 설치 및 같은 법 제16조 제1항 제1호에 따른 개인 · 가족 자연장지의 조성

⑦「건축법」제14조 제1항 및 제16조 제2항에 따른 신고의 대상이 되는 행위. 다만,「건축법」제14조 제1항 제2호에 해당하는 건축으로서 다음 각 목의 어느 하나에 해당하는 경우는 제외한다.

　　가. 기존 건축물이 있는 하나의 대지에 새로 건축물을 건축

하여 이들 건축물의 연면적 합계가 200제곱미터 이상이 되는 경우

나. 하나의 대지에 둘 이상의 건축물을 건축하여 이들 건축물의 연면적 합계가 200제곱미터 이상이 되는 경우

⑧ 「건축법」 제19조 제2항에 따른 건축물의 용도변경. 다만, 「건축법」 제19조 제2항 제1호에 따른 허가 대상인 건축물의 용도변경 중 같은 법 시행령 제14조 제5항 제2호 라목에 따른 위험물저장 및 처리시설, 같은 항 제3호가목에 따른 방송통신시설 및 같은 호 나목에 따른 발전시설로의 용도변경은 제외한다.

■ 통제보호구역 vs 제한보호구역

보호구역은 크게 통제보호구역과 제한보호구역으로 구분된다. 투자대상 토지의 보호구역 해당 여부는 토지이용계획확인서 발급이나 열람을 통해서 확인할 수 있다. 두 구역은 개발행위허가를 위한 군부대의 동의를 받는 난이도에 있어 크게 차이가 난다.

통제보호구역의 개념
통제보호구역이란 보호구역 중 고도의 군사활동 보장이 요구되는 군사

분계선의 인접지역과 중요한 군사기지 및 군사시설의 기능보전이 요구되는 구역을 말하며, 지정범위는 다음과 같다. 통제보호구역은 민간인의 출입이 통제되는 지역으로서 특별한 경우를 제외하고는 개발행위허가를 위한 군부대의 동의를 받지 못하기 때문에 일반적으로 개발이 불가능한 토지라고 할 수 있다.

민간인통제선 이북지역

통제보호구역은 주로 민간인통제선 이북지역에 지정이 된다. 다만, 통일정책의 추진에 필요한 지역, 취락지역 또는 안보관광지역 등으로서 대통령령으로 정하는 기준에 해당하는 지역은 제한보호구역으로 지정할 수 있다. 민간인통제선은 군사분계선의 이남 10km 범위 이내에서 지정할 수 있다.

중요한 군사기지 및 군사시설 주변

민간인통제선 이북지역 외에도 중요한 군사기지 및 군사시설의 최외곽경계선으로부터 300m 범위 이내의 지역에 지정이 된다. 다만, 방공기지(대공방어임무를 수행하기 위하여 지대공 무기 등을 운용하는 기지를 말한다)의 경우에는 최외곽경계선으로부터 500m 범위 이내의 지역에 지정된다.

<사례 1: 민간인통제선 이북에 지정된 통제보호구역>

지목	임야	면적	5,401㎡
개별공시지가	10,600원(2020/01)		

지역 지구 등 지정 여부	「국토의 계획 및 이용에 관한 법률」에 따른 지역·지구 등	농림지역
	다른 법령 등에 따른 지역·지구 등	통제보호구역(민통선이북: 10km)(08.12.30)(군사기지 및 군사시설 보호법), 임업용산지(산지관리법)
「토지이용규제 기본법 시행령」 제9조 제4항 각 호에 해당되는 사항		토지거래계약에 관한 허가구역

☞ 사례 토지는 보호구역 중 통제보호구역에 해당하며, 괄호 안에 (민통선이북: 10km)로 표시되어 있으므로, 민간인통제선 이북지역에 지정된 통제보호구역에 해당됨을 알 수 있다.

제한보호구역

보호구역 중 군사작전의 원활한 수행을 위하여 필요한 지역과 군사기지 및 군사시설의 보호 또는 지역주민의 안전이 요구되는 구역을 말하며 다음의 지역에 지정이 된다.

- 군사분계선의 이남 25km 범위 이내의 지역 중 민간인통제선 이남 지역
- 군사분계선의 이남 25km 범위 이내의 지역 중 민간인통제선 이남 지역 외의 지역에 위치한 군사기지 및 군사시설의 최외곽 경계선 으로부터 500m 범위 이내의 지역. 다만, 취락지역에 위치한 군사 기지 및 군사시설의 경우에는 당해 군사기지 및 군사시설의 최외

곽경계선으로부터 300m 범위 이내의 지역으로 한다.

- 폭발물 관련 시설, 방공기지, 사격장 및 훈련장은 당해 군사기지 및 군사시설의 최외곽경계선으로부터 1km 범위 이내의 지역

- 전술항공작전기지는 당해 군사기지 최외곽경계선으로부터 5km 범위 이내의 지역, 지원항공작전기지 및 헬기전용작전기지는 당해 군사기지 최외곽경계선으로부터 2km 범위 이내의 지역

- 군용전기통신기지는 군용전기통신설비 설치장소의 중심으로부터 반지름 2km 범위 이내의 지역

〈사례 2: 민간인통제선 이남에 지정된 제한보호구역〉

지목	구거		면적	8,405㎡
개별공시지가	10,600원(2020/01)			
지역 지구 등 지정 여부	「국토의 계획 및 이용에 관한 법률」에 따른 지역·지구 등		농림지역, 생산녹지지역	
	다른 법령 등에 따른 지역·지구 등		제한보호구역(전방지역: 25km)〈군사기지 및 군사시설 보호법〉, 농업진흥구역〈농지법〉, (한강)폐기물매립시설 설치제한지역(2009. 11. 26) 〈한강수계 상수원수질개선 및 주민지원 등에 관한 법률〉	
「토지이용규제 기본법 시행령」 제9조 제4항 각 호에 해당되는 사항			토지거래계약에 관한 허가구역	

☞ 사례 토지는 보호구역 중 제한보호구역에 해당하며, 괄호 안에 (전방지역: 25km)로 표시되어 있으므로, 군사분계선 이남 25km 범위 이내에서 민간인통제선 이남에 지정된 제한보호구역에 해당됨을 알 수 있다.

〈사례 3: 폭발물 관련 시설 주변에 지정된 제한보호구역〉

지목	전	면적	195㎡
개별공시지가	43,200원 (2020/01)		
지역 지구 등 지정 여부	「국토의 계획 및 이용에 관한 법률」에 따른 지역·지구 등	계획관리지역	
	다른 법령 등에 따른 지역·지구 등	제한보호구역(폭발물관련: 1km)(군사기지 및 군사시설 보호법)	
「토지이용규제 기본법 시행령」 제9조 제4항 각 호에 해당되는 사항			

☞ 사례 토지는 보호구역 중 제한보호구역에 해당하며, 괄호 안에 (폭발물 관련: 1km)로 표시되어 있으므로 앞의 설명 중 세 번째 '폭발물 관련 시설 주변에 지정된 제한보호구역'에 해당됨을 알 수 있다.

■ 위탁(임)지역 vs 협의지역

보호구역은 개발행위허가시 군부대의 동의가 필요하느냐 여부에 따라 위탁지역과 협의지역으로 구분된다.

위탁(임)지역

국방부장관 또는 관할부대장 등은 도시 지역 안의 보호구역, 농공 단지 등 작전에 미치는 영향이 경미하면서 지역사회발전 및 주민 편익을 도모할 수 있는 지역으로 법령으로 정하는 일정한 보호구역, 비행안전구역 또는 대공방어협조구역에 있어서의 협의업무를 소관 군사기지 및 군사시설 보호 심의위원회의 심의를 거쳐 관계 행정기관의 장에게 위탁할 수 있다. 협의업무의 위탁은 건축물의 고도를 기준으로 위탁하며, 위임지역이라고도 한다. 따라서 위탁지역에서 위탁된 건축물의 고도한도 내에서의 개발행위허가는 군부대의 협의는 별도로 거치지 않고 행정기관의 허가만 받으면 된다. 위탁지역 여부와 위탁고도는 토지이용계획확인서에서 확인할 수 있다.

〈사례 4: 제한보호구역 8m 위탁(임)지역〉

지목	공장용지	면적	3,580㎡
개별공시지가	266,000원 (2020/01)		
지역 지구 등 지정 여부	「국토의 계획 및 이용에 관한 법률」에 따른 지역·지구 등	계획관리지역	
	다른 법령 등에 따른 지역·지구 등	군사기지 및 군사시설 기타 (8미터 위임)(군사기지 및 군사시설보호법) 제한보호구역(전방지역 25km)(군사기지 및 군사시설보호법)	
「토지이용규제 기본법 시행령」 제9조 제4항 각 호에 해당되는 사항		토지거래계약에 관한 허가구역	

☞ 사례 토지는 '다른 법령 등에 따른 지역·지구등'에서 제한보호구역에 해당되며, 아울러 '8m 위임지역'임을 표시하고 있다. 즉, 보호구역의 규제를 받지만 개발이나 건축 허가를 받을 때 건축물의 높이 8m까지는 협의업무가 행정기관에 위임되었으니, 별도의 군부대 협의 절차를 거치지 않아도 된다.

협의지역

협의지역은 보호구역 중 개발행위허가 등의 행정처분시 반드시 군부대의 협의를 필요로 하는 지역을 말한다. 즉, 개발행위허가 신청시 별도의 군부대의 협의를 거쳐 동의를 받아야 하는 토지를 말한다.

〈사례 5: 제한보호구역의 협의지역〉

지목	답	면적	1,051㎡
개별공시지가	96,100원 (2020/01)		

지역 지구 등 지정 여부	「국토의 계획 및 이용에 관한 법률」에 따른 지역·지구 등	농림지역
	다른 법령 등에 따른 지역·지구 등	군사기지 및 군사시설 보호구역〈군사기지 및 군사시설 보호법〉 **제한보호구역**(전방지역 25km)**(협의지역)** 〈군사기지 및 군사시설 보호법〉, 농업진흥구역〈농지법〉, 성장관리지역〈산업직접활성화 및 공자설립에 관한 법률〉, 성장관리권역〈수도권정비계획법〉
「토지이용규제 기본법 시행령」 제9조 제4항 각 호에 해당되는 사항		토지거래계약에 관한 허가구역〈시민봉사과 확인〉

☞ 사례 토지는 제한보호구역에 해당되며 협의지역이라고 표시하고 있다. 이렇게 위탁지역이 아닌 협의지역 토지는 토지이용계획확인서에 표시해주는 시·군도 있고 그렇지 않은 시·군도 있다. 따라서 토지이용계획확인서에 '군사기지 및 군사시설보호구역'으로 표시되어 있으면서 추가로 협의지역이라고 표시되어 있거나, 위탁(임)지역이라고 표시되어 있지 않으면 협의지역이라고 판단할 수 있다.

■ 협의업무의 처리절차

보호구역에서 협의 업무의 처리는 사전상담과 본 협의 두 가지가 있다.

협의의 요청

보호구역에서 협의대상 업무를 처리하고자 하는 자는 관계 행정기관을
통해 다음의 서류를 첨부하여 국방부장관 또는 관할부대장 등에게 협의
를 요청할 수 있다. 관할군부대로부터 동의나 조건부 동의를 받아야 개
발행위허가를 받을 수 있다.

TIP 보호구역 내 협의대상 업무처리에 필요한 서류

- 위치도(축척 5만분의 1, 2만 5천분의 1 또는 5천분의 1인 지형도 중 어느 하나.
  어업을 목적으로 하는 경우에는 축척 2만 5천분의 1인 어장도) 1부
- 사업계획 개요서 1부
- 사업계획구역이 도시된 지적도 등본 또는 임야도 등본 1부
- 시설물 배치도 및 평면도(요약도) 1부(주택이나 그 밖의 구조물에 한한다.)
- 시설물의 입면도(요약도) 1부(주택이나 그 밖의 구조물에 한하고, 모든 장애물을
  포함한 최고 높이를 표시하여야 한다.)
- 지표면(지반고) 변경 계획도 1부
- 사전상담 확인서(사전상담을 받은 경우에 한정하고, 통지를 받은 날부터 1년 이
  내의 것이어야 한다.)

사전상담 요청

신청인은 다음의 서류를 첨부하여 관할부대장 등에게 사전상담을 요청
할 수 있다. 첨부하는 서류는 유효기간이 넘지 아니한 것으로서 제출일

전 3개월 이내에 발행된 것이어야 한다. 신청인은 사전상담 요청서와 첨부서류를 관계 행정기관의 장을 거쳐 관할부대장 등에게 제출할 수 있다. 이 경우 관계 행정기관의 장은 허가 등의 신청인으로부터 제출받은 사전상담 요청서와 첨부서류를 관할부대장 등에게 송부하여야 한다. 사전상담을 요청받은 관할부대장 등은 사전상담을 실시하고 사전상담 확인서를 허가 등의 신청인에게 통지하여야 한다.

> **TIP** 사전상담 요청시 필요 서류
> 1. 토지대장
> 2. 지적도
> 3. 현장사진(원·근경 사진)
> 4. 신분증명서 사본(주민등록증, 운전면허증, 장애인등록증, 여권에 한정한다.)
> 5. 어업면허 또는 해상운송여객사업면허 사본(해당하는 자에 한정한다.)
> 6. 위임장(대리인이 신청하는 경우에 한정한다.)

〈군사시설보호구역 작전성 검토 협의 신청(자료: 파주시청)〉

협의대상	군사시설보호구역 내에서 군사기지 및 군사시설 보호법 제13조에 관한 허가 등을 받으려는 자
협의시기	군사기지 및 군사시설 보호 심의위원회의 자체 일정
접수	파주시청 투자진흥과
처리기관	파주시 관할 군부대 (제1보병사단, 제9보병사단, 제72보병사단, 제25보병사단, 제28보병사단, 제60보병사단)
처리기간	법정일: 30일(사전상담 결과를 요청인에게 알려준 경우: 20일) 이내

구비서류	1. 사업계획서(사업 개요서) 1부
	2. 위치도(축적 1:50,000, 1:25,000, 1:5,000 중 하나) 1부
	3. 현장 사진(원·근경: 최근 1개월 이내 촬영사진, 붉은색으로 현장 표시) 각 1부
	4. 시설배치도(평면도, 입면도) 각 1부
	5. 지표면(지반고) 변경 계획도 1부
	6. 지적도 등본, 토지이용계획확인원 각 1부
	7. 등기부등본 1부
	※토지소유자와 일치하지 않을 경우 토지사용승낙서, 인감증명서 첨부(원본제출)
	-토지가 공동소유일 경우 공동소유자 모두의 토지사용승낙서, 인감증명서 첨부
	※기존 건축물의 증·개축일 경우 건축물대장 첨부 및 신청서상에 건축면적, 연
	면적, 기존/증축 구분표시 요망
	※제1·9·72보병사단: 3부(원본 1부, 사본 2부), 제25·28·60보병사단: 1부
	(원본 1부) 제출
처리 심사기준	군사기지 및 군사시설 보호 심의위원회의 심의에 따라 처리
처리시 유의사항	1. 첨부서류 내역이 미흡하거나 누락시 회송 처리됨
	2. 처리결과 조건부 동의로 통보받을 경우: 15일 이내에 투자진흥과로 조건부
	동의 이행각서 제출→인·허가 준공 전에 투자진흥과로 조건부 동의 이행확
	인 요청서 제출하여야 함
군협의 유효기간	-제1보병사단: 허가일로부터 2~3년 기준(건물신축 2년, 공장설립 3년, 농지전
	용 2년, 기타는 관련법 적용)
	-제9보병사단: 2년(※101여단 기 검토된 것도 2년으로 동일함)
	-제72보병사단: 건물신축 2년, 공장설립 3년, 농지전용 2년, 기타는 관련법 적용
	※합참 지침에 의거(군사시설보호과-605, '06.02.09)
	(공문 시행일로부터 착공시까지)
	-제25보병사단: 2년
	-제28보병사단: 건물신축 2년, 공장설립 3년
	-제60보병사단: 2년

〈처리절차〉

접수 → 협의 서류 군부대 이관 → 군부대에서 심의 후 파주시로 결과 통보
→ 민원인에게 처리 결과 통보 처리

보호구역에서의 토지의 개발

파주나 김포 등 군부대시설이 광범위하게 존재하는 지역에서 토지이용
계획확인서를 발급받아 보면, 대부분 보호구역으로 표시되어 있음을 알
수 있다. 보호구역을 처음 접해보는 사람의 경우 단지 관련법인「군사기
지 및 군사시설보호법」만을 숙지한다고 해서 특별한 해결책이 주어지는
것이 아니기 때문에 상당히 난감함을 느낄 수 있다. 이런 지역에서 사업
이나 개발을 전제로 한 토지의 매매는 군사협의가 처리되어야 각종 개
발행위 등의 인·허가를 받을 수 있기 때문에 군 동의 여부를 사전에 판
단하는 것이 매우 중요하다. 다음과 같은 단계로 처리하면 어느 정도의
도움이 될 수 있을 것이다.

1단계: 위탁지역 여부 확인
토지이용계획확인서에 위탁지역 또는 위임지역으로 표시되어
있으면 위탁된 건축물의 고도한도 내에서의 군 동의 문제는 간
단히 해결이 된다. 보통 5.5m, 6m, 8m, 12m 등 위임된 고도를
함께 표시하고 있다.

2단계: 군사협의 동의를 전제로 매매

개발이나 사업을 전제로 하는 매매의 경우 토지소유주와의 사전합의를 통해 군부대 협의 동의를 포함한 허가조건부로 계약을 하면 불허가에 따른 분쟁이나 손해를 사전에 예방할 수 있다. 실제로 조건부 매매가 많이 이루어진다.

3단계: 군사협의 동의 가능성 여부 직접 판단

군 동의 가능 여부를 직접 판단하기 위해서는 우선 해당 지역의 지리나 사정 등에 정통해야 하고, 군사협의 업무경험도 있어야 한다. 해당 지역에서 개발 관련 업무에 오래 종사해온 사람들 중에는 군사협의 동의 여부를 판단하는 데 정통한 사람들이 많다. 그 사람들의 판단이 100% 정확한 것은 아니지만, 적어도 절대적으로 불가능한 지역에 대한 판단은 정확성이 매우 높다. 사격장 인근지역이라서, 또는 중요한 방공시설이나 통신시설이 주변에 위치하는 지역이라서 불가능하다는 등의 조언은 비교적 신뢰할 만하다. 개발행위시 군의 동의 가능 여부는 해당 시·군 앞에 있는 토목설계사무소에 가서 상담을 해도 상당한 도움이 된다. 해당 지역에서 오래 업무를 본 소장이나 실장이라면 특정 지역의 군 동의 가능 여부를 경험적으로 잘 꿰고 있기 때문이다.

위탁지역에서 위임된 고도보다 높은 건축물로 개발행위허가를 받는 방법

Q 보호구역 중 협의업무가 행정기관에 위임된 위탁지역에서 위임된 고도보다 높은 건축물을 건축하고자 하면 어떤 절차를 거쳐야 합니까?

A 위탁지역에서 위임된 고도보다 높은 건축물을 건축하려면 다음과 같은 2단계의 인허가 절차를 거쳐야 합니다. 먼저, 위탁된 고도 한도 내에서 건축 허가 등을 받습니다. 이 경우 군부대의 협의절차는 필요하지 않습니다. 그 다음, 건축물의 고도를 위임된 고도보다 높여 변경허가를 신청합니다. 이 경우에는 군부대의 작전성 검토 협의 절차를 거쳐야 합니다. 협의 결과 작전에 지장이 없다면 동의를 받을 수 있고, 작전에 지장을 초래한다면 동의를 받지 못할 수도 있습니다. 동의를 받지 못하면 당초에 허가받은 고도한도 내에서 건축할 수 있습니다.

PART
6

중요 지역·지구의 분석

중요 지역 · 지구의 분석

우리는 지목변경 제1단계 분석에서 용도지역에서의 건축제한을 배웠다. 용도지역 외에도 토지의 건축제한에 영향을 미치는 명칭불문의 모든 규제를 '지역 · 지구 등'이라 한다. '지역 · 지구 등' 중에서도 투자가들이 빈번하게 접하게 되는 것들로서 「국토계획법」에 의한 용도지역 · 용도지구 · 용도구역, 성장관리방안, 「농지법」에 의한 농업진흥지역 및 「산지관리법」에 의한 보전산지 등이 있다. 이 PART에서는 용도지역을 제외한 나머지 중요 지역 · 지구에 대한 분석방법을 배우게 된다. 지역 · 지구를 분석하기 위해서는 '지역 · 지구 등'과 「국토계획법」에 의한 '용도지역 · 용도지구 · 용도구역'을 구분할 줄 알아야 한다.

「토지이용규제기본법」에 의한 '지역 · 지구 등'

'지역 · 지구 등'이란 지역 · 지구 · 구역 · 권역 · 단지 · 도시 · 군계획시설 등 명칭에 관계없이 개발행위를 제한하거나 토지이용과 관련된 인가 · 허가 등을 받도록 하는 등 토지의 이용 및 보전에 관한 제한을 하는 일단의 토지로서 「토지이용규제기본법」 제5조 각 호에 규정된 것을 말한다. 바꾸어 말하면 명칭에 관계없이 토지에 가해지는 모든 규제를 '지역 · 지구 등'이라 한다. 그중에 가장 기본이 되는 것이 「국토계획법」에 의한 '용도지역 · 용도지구 · 용도구역'이다

용도지구·용도구역과
건축제한

「국토계획법」에 의한 용도지역·용도지구·용도구역

「국토계획법」에 의한 용도지역, 용도지구, 용도구역은 토지이용규제기본법에 의한 '지역·지구 등'에서 중심적인 기능을 하는 지역·지구이며 정의는 다음과 같다.

- 용도지역: 토지의 이용 및 건축물의 용도, 건폐율(「건축법」 제55조의 건폐율을 말한다. 이하 같다), 용적률(「건축법」 제56조의 용적률을 말한다. 이하 같다), 높이 등을 제한함으로써 토지를 경제적·효율적으로 이용하고 공공복리의 증진을 도모하기 위하여 서로 중복되지 아니하게 도시·군관리계획으로 결정하는 지역을 말한다.

- 용도지구: 토지의 이용 및 건축물의 용도·건폐율·용적률·높이 등에 대한 용도지역의 제한을 강화하거나 완화하여 적용함으로써 용도지역의 기능을 증진시키고 경관·안전 등을 도모하기 위하여 도시·군관리계획으로 결정하는 지역을 말한다.

● 용도구역: 토지의 이용 및 건축물의 용도 · 건폐율 · 용적률 · 높이 등에 대한 용도지역 및 용도지구의 제한을 강화하거나 완화하여 따로 정함으로써 시가지의 무질서한 확산방지, 계획적이고 단계적인 토지이용의 도모, 토지이용의 종합적 조정 · 관리 등을 위하여 도시 · 군관리계획으로 결정하는 지역을 말한다.

〈중요 지역 · 지구 등 개념도〉

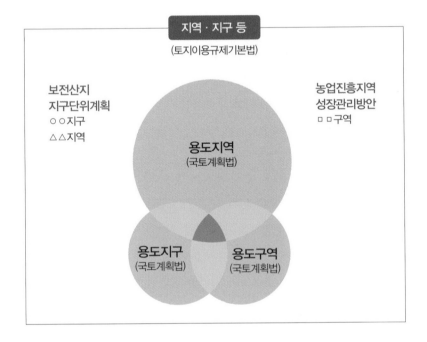

■ 용도지구와 건축제한

용도지구의 지정 및 세분
「국토계획법」에 의한 용도지구는 다음과 같이 10가지가 있다.

1. 경관지구
경관의 보전 · 관리 및 형성을 위하여 필요한 지구

가. 자연경관지구: 산지 · 구릉지 등 자연경관을 보호하거나 유지하기 위하여 필요한 지구

나. 시가지경관지구: 지역 내 주거지, 중심지 등 시가지의 경관을 보호 또는 유지하거나 형성하기 위하여 필요한 지구

다. 특화경관지구: 지역 내 주요 수계의 수변 또는 문화적 보존가치가 큰 건축물 주변의 경관 등 특별한 경관을 보호 또는 유지하거나 형성하기 위하여 필요한 지구

2. 고도지구
쾌적한 환경 조성 및 토지의 효율적 이용을 위하여 건축물 높이의 최고 한도를 규제할 필요가 있는 지구

3. 방화지구
화재의 위험을 예방하기 위하여 필요한 지구

4. 방재지구

풍수해, 산사태, 지반의 붕괴, 그 밖의 재해를 예방하기 위하여 필요한 지구

가. 시가지방재지구: 건축물 · 인구가 밀집되어 있는 지역으로서 시설
    개선 등을 통하여 재해 예방이 필요한 지구

나. 자연방재지구: 토지의 이용도가 낮은 해안변, 하천변, 급경사지 주변
    등의 지역으로서 건축 제한 등을 통하여 재해 예방이 필요한 지구

5. 보호지구

문화재, 중요 시설물(항만, 공항 등 대통령령으로 정하는 시설물을 말한다) 및 문
화적 · 생태적으로 보존가치가 큰 지역의 보호와 보존을 위하여 필요한
지구

가. 역사문화환경보호지구: 문화재 · 전통사찰 등 역사 · 문화적으로 보
    존가치가 큰 시설 및 지역의 보호와 보존을 위하여 필요한 지구

나. 중요시설물보호지구: 중요시설물(제1항에 따른 시설물을 말한다. 이하 같
    다)의 보호와 기능의 유지 및 증진 등을 위하여 필요한 지구

다. 생태계보호지구: 야생동식물서식처 등 생태적으로 보존가치가 큰
    지역의 보호와 보존을 위하여 필요한 지구

6. 취락지구

녹지지역 · 관리지역 · 농림지역 · 자연환경보전지역 · 개발제한구역 또
는 도시자연공원구역의 취락을 정비하기 위한 지구

가. 자연취락지구: 녹지지역 · 관리지역 · 농림지역 또는 자연환경보전
    지역안의 취락을 정비하기 위하여 필요한 지구

나. 집단취락지구: 개발제한구역안의 취락을 정비하기 위하여 필요한 지구

7. 개발진흥지구

주거기능 · 상업기능 · 공업기능 · 유통물류기능 · 관광기능 · 휴양기능 등을 집중적으로 개발 · 정비할 필요가 있는 지구

가. 주거개발진흥지구: 주거기능을 중심으로 개발 · 정비할 필요가 있는 지구

나. 산업 · 유통개발진흥지구: 공업기능 및 유통 · 물류기능을 중심으로 개발 · 정비할 필요가 있는 지구

다. 관광 · 휴양개발진흥지구: 관광 · 휴양기능을 중심으로 개발 · 정비할 필요가 있는 지구

라. 복합개발진흥지구: 주거기능, 공업기능, 유통 · 물류기능 및 관광 · 휴양기능 중 2 이상의 기능을 중심으로 개발 · 정비할 필요가 있는 지구

마. 특정개발진흥지구: 주거기능, 공업기능, 유통 · 물류기능 및 관광 · 휴양기능 외의 기능을 중심으로 특정한 목적을 위하여 개발 · 정비할 필요가 있는 지구

8. 특정용도제한지구

주거 및 교육 환경 보호나 청소년 보호 등의 목적으로 오염물질 배출시설, 청소년 유해시설 등 특정시설의 입지를 제한할 필요가 있는 지구

9. 복합용도지구

지역의 토지이용 상황, 개발 수요 및 주변 여건 등을 고려하여 효율적이고 복합적인 토지이용을 도모하기 위하여 특정시설의 입지를 완화할 필요가 있는 지구

10. 그 밖에 대통령령으로 정하는 지구

용도지구와 건축제한

'용도지구'란 용도지역에 의하여 결정된 해당 토지에서의 건축제한(건폐율, 용적률, 건축물의 용도, 건축물의 높이)에 대하여, 추가로 해당 토지에서의 건축제한의 일부 또는 전부를 강화 또는 완화할 목적으로 지정되는 것이다. 토지 위의 용도지역은 혼자서 지정될 수 있지만 용도지구는 용도지역 없이 혼자 지정되지 않는다. 반드시, 용도지역이 지정된 바탕 위에 용도지구가 중복으로 지정이 된다. 따라서 투자가는 용도지역에서의 건축제한과 용도지구에서의 강화 또는 완화된 건축제한을 중복적용(강화 또는 완화된 용도지구에서의 건축제한이 우선적용 된다.)하여 해당 토지에서의 최종적인 건축제한을 도출할 수 있어야 한다. 다음과 같이 도표로써 설명하면 쉽게 이해할 수 있을 것이다.

구분	건축제한			
	건폐율	용적률	건축물의 용도	건축물의 높이
'A' 용도지역	50%	150%	a, b, c, d, e, f	6층 이하
'가' 용도지구	–	120%	건축할 수 없는 건축물 a, b, c	4층 이하
해당 토지에서의 최종 건축제한	50%	120%	d, e, f	4층 이하

국토계획법상 10개의 용도지구 중에서 빈번하게 접하는 '자연경관지구와 자연취락지구로 지정된 토지에서의 건축제한'을 사례로 들어 설명해 보겠다.

〈사례1: 제1종일반주거지역 · 자연경관지구 '대'〉

지목	대		면적	245㎡
개별공시지가	1,780,000원 (2020/01)			
지역 지구 등 지정 여부	「국토의 계획 및 이용에 관한 법률」에 따른 지역 · 지구 등		도시지역, 제1종일반주거지역, 자연경관지구	
	다른 법령 등에 따른 지역 · 지구 등			
「토지이용규제 기본법 시행령」 제9조 제4항 각호에 해당되는 사항				
확인도면				

건축제한의 도출(사례1)

사례1 토지의 용도지역은 제1종일반주거지역이며, 추가로 지정된 용도지구는 자연경관지구에 해당한다. 용도지역과 용도지구에서의 건축제한을 적용하여 다음과 같이 해당 토지에서의 최종 건축제한을 도출해낼 수 있다. 다만, 지면의 제한으로 열거는 생략하였다.

● 서울시 「도시계획조례」에 들어가서 제1종일반주거지역에서의 건폐

율, 용적률, 건축할 수 있는 건축물, 높이를 확인한다. 건폐율 60%
이하(동 조례 제54조 제1항 제3호), 용적률 150% 이하(동 조례 제55조 제1
항 제3호), 건축물의 높이 4층 이하(「국토계획법 시행령」 제71조 제1항 제3
호 및 동법 시행령 별표 4), 건축할 수 있는 건축물(동 조례 제27조의 제1종
일반주거지역 안에서 건축할 수 있는 건축물)을 적용받고 있다.

- 서울시 「도시계획조례」에 들어가서 자연경관지구에서 강화 또는 완
  화된 건폐율, 용적률, 건축할 수 있는(또는 없는) 건축물, 높이를 확
  인한다.
- 용도지역과 용도지구에서의 건축제한을 동시에 적용하되 강화 또
  는 완화된 용도지구에서의 건축제한을 우선 적용한다.

건축제한의 도출(사례2)
취락지구는 자연취락지구와 집단취락지구 두 가지가 있다. 여기에서는
자연취락지구를 사례로 설명해보겠다.

자연녹지지역에서의 건축제한
사례2 토지의 「국토계획법」상 용도지역은 자연녹지지역으로 지정되어
있다. 자연녹지지역은 건폐율 20% 이하, 용적률 100% 이하, 건축물의
높이 4층 이하, 건축물의 용도는 앞에서 배운 자연녹지지역에서 건축할
수 있는 건축물을 적용받고 있다.

자연취락지구에서의 건축제한
자연취락지구에서는 건폐율과 건축물의 용도 두 가지에 대하여 용도지
역보다 강화 또는 완화된 건축제한을 적용하고 있다. 자연취락지구에서

〈사례2: 자연녹지지역 · 자연취락지구 농지〉

지목	전	면적	853m²
개별공시지가	212,000원 (2015/01)		
지역 지구 등 지정 여부	「국토의 계획 및 이용에 관한 법률」에 따른 지역 · 지구 등	도시지역, **자연녹지지역, 자연취락지구**	
	다른 법령 등에 따른 지역 · 지구 등	가축사육제한구역(2013-02-25)(전부제한지역)(가축분뇨의 관리 및 이용에 관한 법률), 자연보전권역(수도권정비계획법), 배출시설설치제한지역(수질 및 수생태계 보전에 관한 법률), 수질보전특별대책지역(환경정책기본법)	
「토지이용규제 기본법 시행령」 제9조 제4항 각호에 해당되는 사항			

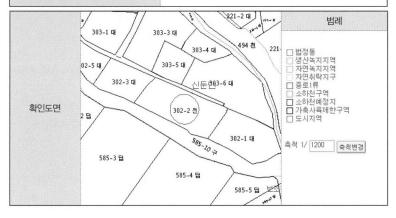

의 건폐율은 취락지구의 지정목적에 부합하도록 60% 이하에서 「도시 · 군계획조례」로 정하도록 하고 있다. 참고로 경기도 광주시는 60% 이하, 이천시는 60% 이하, 화성시는 50% 이하를 적용하고 있다.

자연취락지구에서 건축할 수 있는 건축물은 허용행위열거방식에 의하여 국토계획법 시행령 별표23에서 따로 정하고 있으며, 구체적으로는 토지가 소재하는 시 · 군의 「도시 · 군계획조례」를 보고 확인하여야 한다.

TIP 「국토계획법시행령」 [별표 23] 자연취락지구 안에서 건축할 수 있는 건축물

1. 건축할 수 있는 건축물(4층 이하의 건축물에 한한다. 다만, 4층 이하의 범위안에서 도시 · 군계획조례로 따로 층수를 정하는 경우에는 그 층수 이하의 건축물에 한한다)

   가. 「건축법 시행령」 별표 1 제1호의 단독주택

   나. 「건축법 시행령」 별표 1 제3호의 제1종 근린생활시설

   다. 「건축법 시행령」 별표 1 제4호의 제2종 근린생활시설[같은 호 아목, 자목, 너목, 더목 및 러목(안마시술소만 해당한다)은 제외한다]

   라. 「건축법 시행령」 별표 1 제13호의 운동시설

   마. 「건축법 시행령」 별표 1 제18호가목의 창고(농업 · 임업 · 축산업 · 수산업용만 해당한다)

   바. 「건축법 시행령」 별표 1 제21호의 동물 및 식물관련시설

   사. 「건축법 시행령」 별표 1 제23호의 교정 및 국방 · 군사시설

   아. 「건축법 시행령」 별표 1 제24호의 방송통신시설

   자. 「건축법 시행령」 별표 1 제25호의 발전시설

2. 도시 · 군계획조례가 정하는 바에 의하여 건축할 수 있는 건축물(4층 이하의 건축물에 한한다. 다만, 4층 이하의 범위 안에서 도시 · 군계획조례로 따로 층수를 정하는 경우에는 그 층수 이하의 건축물에 한한다.)

   가. 「건축법 시행령」 별표 1 제2호의 공동주택(아파트를 제외한다)

   나. 「건축법 시행령」 별표 1 제4호아목 · 자목 · 너목 및 러목(안마시술소만 해당한다)에 따른 제2종 근린생활시설

   다. 「건축법 시행령」 별표 1 제5호의 문화 및 집회시설

   라. 「건축법 시행령」 별표 1 제6호의 종교시설

   마. 「건축법 시행령」 별표 1 제7호의 판매시설 중 다음의 어느 하나에 해당하는 것

   - 「농수산물유통 및 가격안정에 관한 법률」 제2조에 따른 농수산물공판장

   - 「농수산물유통 및 가격안정에 관한 법률」 제68조제2항에 따른 농수산물직판장으로서 해당용도에 쓰이는 바닥면적의 합계가 1만제곱미터 미만인 것(「농어업 · 농어촌 및 식품산업 기본법」 제3조제2호에 따른 농업인 · 어업인, 같은 법 제25조에 따른 후계농어업경영인, 같은 법 제26조에 따른 전업농어업인 또는 지방자치단체가 설치 · 운영하는 것에 한한다.)

바. 「건축법 시행령」 별표 1 제9호의 의료시설 중 종합병원 · 병원 · 치과병원 · 한
　　방병원 및 요양병원
사. 「건축법 시행령」 별표 1 제10호의 교육연구시설
아. 「건축법 시행령」 별표 1 제11호의 노유자시설
자. 「건축법 시행령」 별표 1 제12호의 수련시설
차. 「건축법 시행령」 별표 1 제15호의 숙박시설로서 「관광진흥법」에 따라 지정된
　　관광지 및 관광단지에 건축하는 것
카. 「건축법 시행령」 별표 1 제17호의 공장 중 도정공장 및 식품공장과 읍 · 면지역
　　에 건축하는 제재업의 공장 및 첨단업종의 공장으로서 별표 19 제2호 자목(1)
　　내지 (4)의 어느 하나에 해당하지 아니하는 것
타. 「건축법 시행령」 별표 1 제19호의 위험물저장 및 처리시설
파. 「건축법 시행령」 별표 1 제20호의 자동차 관련 시설 중 주차장 및 세차장
하. 「건축법.시행령」 별표 1 제22호의 자원순환 관련 시설
거. 「건축법 시행령」 별표 1 제29호의 야영장 시설

자연녹지지역 · 자연취락지구에서의 건축제한

국토계획법상 용도지구인 자연취락지구에서의 강화 또는 완화된 건폐
율과 건축물의 종류를 우선 적용하고, 용적률 및 건축물의 높이는 자연
녹지지역에서의 건축제한을 적용하면 된다.

■ 용도구역 5가지와 건축제한

「국토계획법」에 의한 용도구역은 개발제한구역, 도시자연공원구역, 시
가화조정구역, 수산자원보호구역, 입지규제최소구역 등 5가지가 있다.

5가지 중 시가화조정구역과 입지규제최소구역에서의 건축제한(행위제한)은 「국토계획법」에서 정하고 있고, 개발제한구역과 도시자연공원구역, 수산자원보호구역에서의 건축제한(행위제한)은 각각 「개발제한구역의지정및관리에관한특별조치법」, 「도시공원및녹지등에관한법률」, 「수산자원관리법」에서 정하고 있다. 개발제한구역, 도시자연공원구역, 시가화조정구역에서의 행위제한(건축제한)은 극히 제한적이고, 입지규제최소구역에서의 행위제한(건축제한)은 구역계획에 의하여 정해진다.

개발제한구역

국토교통부장관은 도시의 무질서한 확산을 방지하고 도시주변의 자연환경을 보전하여 도시민의 건전한 생활환경을 확보하기 위하여 도시의 개발을 제한할 필요가 있거나 국방부장관의 요청이 있어 보안상 도시의 개발을 제한할 필요가 있다고 인정되면 개발제한구역의 지정 또는 변경을 도시·군관리계획으로 결정할 수 있다. 개발제한구역에서의 행위 제한이나 그 밖에 개발제한구역의 관리에 필요한 사항은 따로 법률로 정한다. 즉, 「개발제한구역의지정및관리에관한특별조치법」에 따른다.

도시자연공원구역

시·도지사 또는 대도시 시장은 도시의 자연환경 및 경관을 보호하고 도시민에게 건전한 여가·휴식공간을 제공하기 위하여 도시지역 안에서 식생(植生)이 양호한 산지(山地)의 개발을 제한할 필요가 있다고 인정하면 도시자연공원구역의 지정 또는 변경을 도시·군관리계획으로 결정할 수 있다. 도시자연공원구역에서의 행위 제한 등 필요한 사항은 따로 법률로 정한다. 즉, 「도시공원및녹지등에관한법률」에 따른다.

시가화조정구역

시·도지사는 직접 또는 관계 행정기관의 장의 요청을 받아 도시지역과 그 주변지역의 무질서한 시가화를 방지하고 계획적·단계적인 개발을 도모하기 위하여 대통령령으로 정하는 기간 동안 시가화를 유보할 필요가 있다고 인정되면 시가화조정구역의 지정 또는 변경을 도시·군관리계획으로 결정할 수 있다. 다만, 국가계획과 연계하여 시가화조정구역의 지정 또는 변경이 필요한 경우에는 국토교통부장관이 직접 시가화조정구역의 지정 또는 변경을 도시·군관리계획으로 결정할 수 있다.

수산자원보호구역

해양수산부장관은 직접 또는 관계 행정기관의 장의 요청을 받아 수산자원을 보호·육성하기 위하여 필요한 공유수면이나 그에 인접한 토지에 대한 수산자원보호구역의 지정 또는 변경을 도시·군관리계획으로 결정할 수 있다. 수산자원보호구역에서의 행위제한은 「수산자원관리법」에서 정하는 바에 따른다.

입지규제최소구역

도시·군관리계획의 결정권자는 도시지역에서 복합적인 토지이용을 증진시켜 도시 정비를 촉진하고 지역 거점을 육성할 필요가 있다고 인정되면 철도역사, 터미널, 항만, 공공청사, 문화시설 등의 기반시설 중 지역의 거점 역할을 수행하는 시설을 중심으로 주변지역을 집중적으로 정비할 필요가 있는 지역 등 「국토계획법」에서 정하는 지역과 그 주변지역의 전부 또는 일부를 입지규제최소구역으로 지정할 수 있다. 입지규제최소구역에서의 행위 제한은 용도지역 및 용도지구에서의 토지의 이용 및 건축물의 용도·건폐율·용적률·높이 등에 대한 제한을 강화하거나 완화하여 따로 입지규제최소구역계획으로 정한다.

수산자원보호구역에서의 건축제한

〈자연환경보전지역 · 수산자원보호구역 농지〉

지목	답	면적	1,005m²
개별공시지가	44,800원 (2020/01)		
지역 지구 등 지정 여부	「국토의 계획 및 이용에 관한 법률」에 따른 지역 · 지구 등		자연환경보전지역, 수산자원보호구역
	다른 법령 등에 따른 지역 · 지구 등		가축사육제한구역(모든 축종 제한)(가축분뇨의 관리 및 이용에 관한 법률)
「토지이용규제 기본법 시행령」제9조 제4항 각호에 해당되는 사항			

확인도면	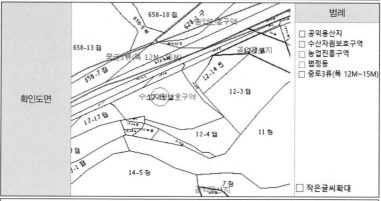

범례
- ☐ 공익용산지
- ☐ 수산자원보호구역
- ☐ 농업진흥구역
- ☐ 법정동
- ☐ 중로3류(폭 12M~15M)
- ☐ 작은글씨확대

☞ 건축제한의 도출

사례 토지는 자연환경보전지역에 수산자원보호구역으로 지정된 토지이다. 해당 농지가 수산자원보호구역에 해당하지 않고 21개 용도지역 중 하나인 자원환경보전지역으로만 지정되어 있다면 앞에서 배운 지목변경 제1단계 분석법에 의하여 자연환경보전지역에서의 건축제한을 적용하여 개발 또는 건축을 할 수 있다.

그러나, 자연환경보전지역 중 수산자원보호구역으로 지정된 토지인 경우에는 '건축할 수 있는 건축물의 종류'와 관련하여 국토계획법 제76조 제⑤항에 의하여 자연환경보전지역에서의 건축제한을 따르지 않고 「수산자원관리법」의 수산자원보호구역에서의 행위제한에서 정하는 바에 따라야 한다. 즉, 건폐율 · 용적률은 「국토계획법」에서, 행위제한(건축물의 용도)은 「수산자원관리법」에서 따로 정하고 있다.

1. 건폐율 및 용적률
   - 건폐율: 40% 이하(「국토계획법 시행령」 제84조)
   - 용적률: 80% 이하(「국토계획법 시행령」 제85조)
2. 수산자원보호구역에서의 행위제한(「수산자원관리법」 제52조)
   - 다음의 「수산자원관리법 시행령」[별표 16]의 행위

TIP 「수산자원관리법 시행령」[별표 16]

수산자원보호구역에서 할 수 있는 행위(제40조제1항 관련)

1. 법 제52조제2항제1호에 따라 다음 각 목의 시설 등을 건축하는 행위
   가. 농업·임업·어업용으로 이용하는 건축물, 그 밖의 시설
   나. 농산물·임산물·수산물 가공공장과 농산물·임산물·수산물의 부산물 가공공장. 다만, 「대기환경보전법」, 「소음·진동관리법」 또는 「물환경보전법」에 따라 배출시설의 허가를 받거나 신고를 해야 하는 경우에는 배출시설의 허가를 받거나 신고를 한 경우만 해당한다.
   다. 「선박안전법」 제2조제1호에 따른 선박의 길이가 40미터 미만인 선박을 건조 및 수리하는 조선소와 그 부대시설

2. 법 제52조제2항제2호에 따라 다음 각 목의 시설 등을 설치하는 행위
   가. 「건축법 시행령」 별표 1 제1호의 단독주택
   나. 「건축법 시행령」 별표 1 제3호의 제1종 근린생활시설
   다. 「건축법 시행령」 별표 1 제4호의 제2종 근린생활시설 중 다음의 어느 하나에 해당하는 것
      1) 자연환경보전지역 외의 지역에 건축하는 것(일반음식점의 경우에는 「하수도법」 제2조제9호에 따른 공공하수처리시설로 하수처리를 하는 경우만 해당한다). 다만, 「건축법 시행령」 별표 1 제4호아목 및 너목에 해당하는 것과 단란주점 및 안마시술소는 제외한다.
      2) 「건축법 시행령」 별표 1 제4호나목의 종교집회장 및 같은 호 카목 중 학원
      3) 「관광진흥법」에 따라 지정된 관광지 또는 관광단지와 「농어촌정비법」에 따

312

라 지정된 관광농원지역 안에 건축하는 바닥면적 660제곱미터 이하의 일반음식점

4) 자연환경보전지역으로서 지목이 임야가 아닌 토지에 건축하는 바닥면적 330제곱미터 미만의 일반음식점(「하수도법」 제2조제9호에 따른 공공하수처리시설로 하수처리를 하는 경우만 해당한다.)

5) 「건축법 시행령」 별표 1 제4호파목의 시설

라. 「건축법 시행령」 별표 1 제5호라목의 전시장(박물관, 산업전시장 및 박람회장은 제외한다) 및 같은 호 마목의 동·식물원(동물원은 제외한다)에 해당하는 것

마. 「건축법 시행령」 별표 1 제6호의 종교시설

바. 「건축법 시행령」 별표 1 제9호의 의료시설

사. 「건축법 시행령」 별표 1 제10호의 교육연구시설 중 유치원·초등학교·중학교·고등학교·학원·도서관

아. 「건축법 시행령」 별표 1 제11호가목의 아동 관련 시설

자. 「건축법 시행령」 별표 1 제12호나목의 자연권 수련시설

차. 「건축법 시행령」 별표 1 제13호의 운동시설

카. 「건축법 시행령」 별표 1 제15호의 숙박시설 중 다음의 어느 하나에 해당하는 시설(해당 용도에 쓰이는 건축물을 건폐율이 40퍼센트 이하이고 높이 21미터 이하로 건축하는 경우만 해당한다.)

1) 「관광진흥법」에 따라 지정된 관광지 또는 관광단지와 「농어촌정비법」에 따른 관광농원 안에 건축하는 숙박시설

2) 자연환경보전지역 외의 지역에 건축하는 생활숙박시설

타. 「건축법 시행령」 별표 1 제18호의 창고시설(농업용, 수산업용인 창고시설과 「선박안전법」 제2조제2호에 따른 선박시설 또는 같은 조 제3호에 따른 선박용물건을 저장하기 위한 창고시설만 해당한다.)

파. 「건축법 시행령」 별표 1 제21호의 동물 및 식물 관련 시설(동물 관련 시설의 경우에는 「가축분뇨의 관리 및 이용에 관한 법률」에 따른 허가 또는 신고대상 가축분뇨 배출시설에 해당하지 않는 것을 말한다.)

하. 「건축법 시행령」 별표 1 제26호의 묘지 관련 시설 중 같은 호 나목 및 다목에 해당하는 것

거. 「건축법 시행령」 별표 1 제27호의 관광 휴게시설 중 관망탑과 휴게소

너. 「국토의 계획 및 이용에 관한 법률 시행령」 별표 23에 따라 자연취락지구에서

건축할 수 있는 건축물(자연취락지구로 지정된 경우만 해당한다.)

    더. 공익시설 및 공공시설로서 다음의 어느 하나에 해당하는 시설

        1) 문화재관리 또는 해양홍보·교육을 위한 시설

        2) 「습지보전법」 제12조에 따른 습지보전·이용시설

        3) 군사작전에 필요한 시설(레이더 기지, 진지, 초소) 및 예비군 운영에 필요한 시설

        4) 「수산업협동조합법」에 따른 수산업협동조합(어촌계를 포함한다)의 공동구 판장·하치장 및 창고

        5) 사회복지시설

        6) 환경오염방지시설

        7) 도로의 유지 및 관리를 위한 업무시설 및 창고

    러. 「건축법 시행령」 별표 1 제28호의 장례시설

    머. 「마리나항만의 조성 및 관리 등에 관한 법률 시행령」 제2조제1호라목의 계류시설

    버. 태양광 및 풍력 발전시설

    서. 「관광진흥법 시행령」 제2조제1항제3호다목에 따른 자동차야영장업을 위한 자동차야영장(「하수도법」 제2조제9호에 따른 공공하수처리시설로 하수처리를 하는 경우만 해당한다.)

    어. 「초·중등교육법」 제2조에 따른 학교가 폐교된 이후 폐교되기 전에 그 학교의 교육활동에 사용되던 시설 및 재산을 활용하여 지역경제 활성화 또는 주민생활의 질 제고를 위하여 설치되는 시설로서 다음의 어느 하나에 해당하는 시설

        1) 유아, 청소년, 학생 및 주민 등의 학습을 주된 목적으로 하여 자연학습시설, 청소년수련시설, 도서관, 박물관, 야영장 등의 용도로 제공되는 시설

        2) 「사회복지사업법」 제2조제1호에 따른 사회복지사업을 위한 용도로 제공되는 공간 및 시설

        3) 「문화예술진흥법」 제2조제1항제3호에 따른 문화시설

        4) 「체육시설의 설치·이용에 관한 법률」 제5조부터 제7조까지의 규정에 따른 체육시설

        5) 「건축법 시행령」 별표 1 제2호라목의 기숙사

3. 법 제52조제2항제3호에 따라 할 수 있는 행위

  가. 「산림자원의 조성 및 관리에 관한 법률」 또는 「산지관리법」에 따른 조림, 육림 및

임도의 설치

나. 문화재의 복원

다. 제1호 및 제2호에 따른 건축물의 건축 또는 시설의 설치 및 경작을 위한 토지의 형질변경

라. 토지의 합병 및 분할

마. 자연경관 또는 수산자원의 보호를 침해하지 않는 범위에서 도로 등 공공시설의 유지 · 보수, 적조 방지, 어장정화 및 농업에의 사용 등을 위하여 국가 또는 지방자치단체가 하는 토석의 채취

바. 관계 행정기관의 동의 등을 받아서 하는 공유수면의 준설, 준설토를 버리는 장소의 조성 또는 골재의 채취와 지하자원의 개발을 위한 탐사 및 광물의 채광

사. 해양 오염원 및 배출수가 발생하지 아니하는 농업이나 수산업을 위한 물건, 「선박안전법」 제2조제2호에 따른 선박시설 또는 같은 조 제3호에 따른 선박용물건을 쌓아 놓는 행위

아. 국가 · 지방자치단체, 「공공기관의 운영에 관한 법률」에 따른 공공기관 중 공기업 및 준정부기관 또는 「지방공기업법」에 따른 지방공사가 도로구역 · 접도구역 또는 하천구역 안에서 시행하는 도로공사 또는 하천공사

자. 통신선로설비, 안테나, 전주, 열공급시설, 송유시설, 수도공급설비 및 하수도의 설치

차. 국가 · 지방자치단체, 「공공기관의 운영에 관한 법률」에 따른 공공기관 중 공기업 및 준정부기관 또는 「지방공기업법」에 따른 지방공사가 도로공사 또는 하천공사 등 공공사업의 시행을 위하여 임시로 설치하는 현장사무소, 자재야적장 또는 아스팔트제조시설 등 해당 공사용 부대시설의 설치

카. 「연안관리법」 제2조제4호에 따른 연안정비사업으로 설치하는 시설

타. 「어촌 · 어항법」 제2조제5호다목에 따른 어항편익시설의 설치. 다만, 같은 목 5)에 따른 생선횟집과 같은 목 6)에 따른 휴게시설은 「하수도법」 제2조제9호에 따른 공공하수처리시설로 하수처리를 하는 경우에 설치할 수 있다.

성장관리방안과 건축제한

■ 성장관리지역과 성장관리방안

성장관리지역

'성장관리지역'이라 함은 성장관리방안이 수립된 지역적 범위를 말하여, 성장관리지역 내에서 개발행위허가나 건축허가의 내용은 성장관리방안의 내용에 맞아야 한다. 성장관리방안은 일종의 약식 지구단위계획이라고 볼 수 있다

성장관리방안의 대상지역

시장 또는 군수는 유보용도 및 보전용도의 토지 즉, '녹·관·농·자'의 토지에 대하여 다음과 같이 개발행위의 발생 가능성이 높은 지역을 대상지역으로 하여 기반시설의 설치·변경, 건축물의 용도 등에 관한 관리방안(이하 '성장관리방안'이라 한다)을 수립할 수 있다.

성장관리방안의 내용

성장관리방안에는 다음 각 호의 사항 중 제1호와 제2호를 포함한 둘 이상의 사항이 포함되어야 한다.

1. 도로, 공원 등 기반시설의 배치와 규모에 관한 사항
2. 건축물의 용도제한, 건축물의 건폐율 또는 용적률
3. 건축물의 배치·형태·색채·높이
4. 환경관리계획 또는 경관계획
5. 그 밖에 난개발을 방지하고 계획적 개발을 유도하기 위하여 필요한 사항으로서 도시·군계획조례로 정하는 사항

성장관리방안의 수립 절차

시장 또는 군수는 성장관리방안을 수립,변경하려면 주민과 해당 지방의회의 의견을 듣고, 지방도시계획위원회의 심의를 거치고, 수립 또는 변경이 되면 이를 고시하고 일반인이 열람할 수 있도록 하여야 한다. 고시된 내용의 열람을 통해 해당 토지에서의 건축제한을 확인할 수 있다.

■ 성장관리방안이 수립된 토지의 건축제한

〈계획관리지역 · 성장관리지역으로 지정된 토지: 공장설립 승인지역 사례〉

지목	전	면적	6,912㎡
개별공시지가	215,000원 (2020/01)		

지역 지구 등 지정 여부	「국토의 계획 및 이용에 관한 법률」에 따른 지역 · 지구 등	**계획관리지역**, 국토이용용도지역기타(**성장관리지역—주거형**), 소로3류(폭 8m 미만)(접함)
	다른 법령 등에 따른 지역 · 지구 등	자연보전권역(수도권정비계획법), 공장설립승인지역(수도법), 배출시설설치제한지역(수질 및 수생태계 보전에 관한 법률), (한강)폐기물매립시설 설치제한지역(한강수계 상수원 수질 개선 및 주민지원 등에 관한 법률), 특별대책지역(환경정책기본법)
「토지이용규제 기본법 시행령」 제9조 제4항 각호에 해당되는 사항		

확인도면

범례
- ☐ 공장설립승인지역
- ■ 계획관리지역
- ☐ 보전관리지역
- ☐ 자연보전권역
- ☐ 배출시설설치제한지역
- ☐ 한강폐기물매립시설설치제한지역
- ☐ 특별대책지역
- ☐ 준보전산지
- ☐ 소로3류(폭 8M 미만)
- ☐ 법정동
- ☐ 국토이용용도지역기타

☐ 작은글씨확대

☞ 건축제한의 도출

사례토지는 계획관리지역 토지이다. 성장관리지역으로 지정이 되어 있지 않다면 앞에서 설명한 계획관리지역에서의 건폐율, 용적률, 건축물의 용도, 건축물의 높이를 적용하여 개발행위허가 또는 건축허가를 받을 수 있다. 그러나 토지이용계획확인서에 주거형 성장관리지역으로 표시가 되어 있으므로 해당 시 · 군의 해당 토지에 대한 성장관리방안을 확인하고 그에 맞게 개발해위허가나 건축허가를 신청 또는 처리하여야 한다.

성장관리지역(주거형)에서의 건축물의 용도

토지가 소재하는 시의 성장관리방안(주거형)에 의한 건축물의 용도를 도표로 정리했다. 도표에서 계획관리지역에서 허용되는 공장과 일반창고 등이 성장관리방안으로 불허되고 있음을 확인할 수 있다. 아울러, 여기에 다 소개하지는 않았지만 해당 성장관리방안에서는 건폐율, 용적률, 건축물의 높이와 진출입로의 개설방법 등에 대하여도 상세하게 기술하고 있다.

〈건축물 용도계획(유도형)〉

– 주거형

구분	용도계획
권장 용도	• 「건축법」 시행령 별표1 제1호의 단독주택(나목 다중주택 제외) • 「건축법」 시행령 별표1 제3호의 제1종 근린생활시설[중로(폭 12m) 이상의 도로에 접할 경우에 한함] • 「건축법」 시행령 별표1 제5호의 문화 및 집회시설 중 박물관, 미술관, 기념관, 문화관 • 「건축법」 시행령 별표1 제11호의 노유자시설
허용 용도	• 「국토의 계획 및 이용에 관한 법률」 시행령 제71조(용도지역 안에서의 건축제한) 및 「광주시 도시계획조례」 제34조(용도지역 안에서의 건축제한)에 따른 당해 용도지역별 건축용도 중 불허용도 외 용도
불허 용도	• 「건축법」 시행령 별표1 제4호의 제2종 근린생활시설 중 제조업소 • 「건축법」 시행령 별표1 제9호의 의료시설 중 격리병원 • 「건축법」 시행령 별표1 제17호의 공장 • 「건축법」 시행령 별표1 제18호의 창고(농 · 임 · 축 · 수산업용 제외) • 「건축법」 시행령 별표1 제19호의 위험물저장 및 처리시설(가목, 나목, 사목 제외) • 「건축법」 시행령 별표1 제20호의 자동차 관련 시설(가목 주차장, 나목 세차장 제외) • 「건축법」 시행령 별표1 제21호의 동물 및 식물관련시설(사목 화초 및 분재 등의 온실 제외) • 「건축법」 시행령 별표1 제22호의 자원순환관련시설(가목 하수 등 처리시설 제외) • 「건축법」 시행령 별표1 제26호의 묘지 관련 시설

성장관리지역과 성장관리권역은 다르다

「국토계획법」상 성장관리지역과 「수도권정비계획법」 성장관리권역은 전혀 다른 개념이다. 「수도권정비계획법」에서는 수도권의 인구와 산업을 적정하게 배치하기 위하여 수도권을 권역별로 구분하는데 '성장관리권역'은 그중 하나이다. 권역에 따라서 인구집중 유발시설이나 대규모 개발사업의 차등 규제가 가해진다. 해당 권역은 토지이용계획확인서에서 확인할 수 있다.

수도권 권역 구분

과밀억제권역

인구 및 산업이 과도하게 집중되었거나 집중될 우려가 있어 그 이전 또는 정비가 필요한 지역을 말한다. 서울과 서울을 둘러싼 과천, 안양, 광명, 군포, 의왕, 성남, 하남, 의정부, 고양 등이 과밀억제권역에 해당한다. 과거에 서울의 '위성도시'라는 말을 들으며 제조업이 발달했던 지역이 주로 해당된다. 해당 지역에는 대개 개발제한구역(그린벨트)이 많이 존재한다. 토지개발의 주 대상이 되는 관리지역은 존재하지 않거나 소규모로 존재한다.

> **TIP** 과밀억제권역과 그린벨트
>
> 과밀억제권역에는 개발제한구역이 광범위하게 존재하며 토지 측면에서 개발할 수 있는 여지가 극히 제한적이다. 따라서 해당 지역에서는 축사 등을 편법으로 개조한 창고의 매매·임대나, 드물게 발생되는 이축권을 활용한 근린생활시설 등으로의 개발 등이 이루어지고 있다. 사업자들이 서울에서 아주 가까운 창고를 찾을 때 찾는 지역이 하남, 구리, 고양시 등의 과밀억제권역의 창고들이다.

성장관리권역

과밀억제권역으로부터 이전하는 인구와 산업을 계획적으로 유치하고 산업의 입지와 도시의 개발을 적정하게 관리할 필요가 있는 지역을 말한다. 보통 3만㎡ 이하의 개발행위는 성장관리권역에서 많이 이루어지며 그것이 과열되다 보면 난개발의 문제가 발생하게 된다. 1990년대 후반부터 공장, 창고 등의 개발사업이 활발하게 전개되었던 화성, 평택, 김포, 파주, 안성 등이 여기에 해당한다. 해당 지역에서는 개발제한구역은 존재하지 않거나 소규모로 존재하고 산업용지나 주택용지로 제공될 수 있는 계획관리지역이나 또는 관리지역 토지가 광범위하게 존재한다.

자연보전권역

한강 수계의 수질과 녹지 등 자연환경을 보전할 필요가 있는 지역을 말
한다. 광주시, 이천시, 여주군, 가평군, 양평군 등이 자연보전권역에 해
당한다. 해당 지역에는 한강수계와 관련된 상수원보호구역 · 특별대책1
권역 · 수변구역 등의 규제가 존재한다.

농지와 산지의 분석 및 개발

■ 농지와 산지의 개념

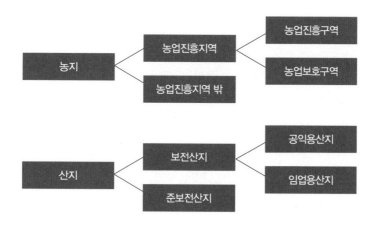

농지는 농업진흥지역 농지와 농업진흥지역 밖에 있는 농지로 구분한다.
똑같은 논리로 산지는 보전산지와 준보전산지로 구분한다. 분석자 또는

투자가의 입장에서 위의 구분을 이해해야하는 이유는 농지와 산지를 개발할 때 해당 토지에서의 '건축물의 용도' 즉 '건축할 수 있는 건축물'을 판단함에 있어서 어떤 법을 적용할 것이냐를 결정하는 데 있다. 몇 가지 예외는 있지만 투자가들이 접하는 토지에서의 결론은 다음과 같다.

준보전산지와 농업진흥지역 밖에 있는 토지

건축물의 용도(건축할 수 있는 건축물)를 적용함에 있어서 「산지관리법」이나 「농지법」의 규정을 따르지 않는다. 즉, 준보전산지와 농업진흥지역 밖에 있는 토지에 대하여는 「산지관리법」과 「농지법」에서 따로 행위제한 규정을 정하고 있지 않다. 따라서, 앞에서 배운 지목변경 1단계 분석전략에 의한 「국토계획법」상의 용도지역에서 건축할 수 있는 건축물을 적용하면 된다.

「국토계획법」상 용도지역이 농림지역이면서 보전산지 또는 농업진흥지역에 있는 토지

건축물의 용도(건축할 수 있는 건축물)와 관련하여 「산지관리법」이나 「농지법」을 따라야 한다. 즉, 용도지역인 농림지역에서 건축할 수 있는 건축물을 적용하지 않고 「산지관리법」과 「농지법」에서 정한 행위제한 규정을 적용하여야 한다. 뒤에 나오는 사례를 통해 설명을 들으면 더 쉽게 이해하게 될 것이다.

■ 농업진흥지역 농지의 건축제한

농지의 구분

농지는 농업진흥지역 농지와 농업진흥지역 밖에 있는 농지로 구분하고, 다시 농업진흥지역 농지는 농업진흥구역 농지와 농업보호구역 농지로 구분한다. 농업진흥지역 안과 밖은 토지이용계획확인서를 보고 구분한다. 토지이용계획확인서에 농업진흥지역 농지는 명백하게 표시가 되지만 농업진흥지역 밖에 있는 농지는 별도로 표시되지 않는다. 토지이용계획확인서에 농업진흥지역 농지는 ① 「국토계획법」에 의한 지역·지구 항목에서 용도지역을 먼저 표시하고 ② 다른 법령 등에 따른 지역지구 항목에서 '농업진흥구역' 또는 '농업보호구역'이라고 구체적으로 표시되어 있다.

농업진흥지역 밖에 있는 농지

농지이면서 토지이용계획확인서에 '농업진흥구역' 또는 '농업보호구역'이라고 표시가 되지 않은 농지가 농업진흥지역 밖에 있는 농지에 해당한다.

농업진흥구역 농지

농지조성사업 또는 농업기반정비사업이 시행되었거나 시행 중인 지역으로서 농업용으로 이용하고 있거나 이용할 토지가 집단화되어 있는 지역이나, 그 외의 지역으로서 농업용으로 이용하고 있는 토지가 집단화되어 있는 지역을 말한다. 현장에서는 주로 기계화된 영농이 가능하도록 바둑판 모양으로 잘 정비되어 있는 농지를 말하며, 실무에서는 토지이용계획확인서에 농업진흥구역이라고 구체적으로 표시되어 있다.

농업보호구역 농지

농업보호구역은 농업진흥구역의 용수 확보와 수질 보호을 위해 지정된 지역을 말한다. 현장에서는 주로 집단화된 농업진흥구역의 주변이나 하단에 많이 지정되어 있으며, 실무에서는 토지이용계획확인서에 농업보호구역이라고 구체적으로 표시되어 있다.

농업진흥지역 밖에 있는 농지의 건축제한

토지이용계획확인서의 농지 란에 아무런 표시가 없는 농업진흥지역 밖의 농지는 용도지역을 기준으로 건축제한을 적용한다. 즉, 해당 토지의 용도지역이 '계획관리지역' 또는 '생산관리지역' 등으로 표시되어 있으면, 해당 용도지역에서 허용되는 건폐율 · 용적률 · 건축할 수 있는 건축물 · 높이를 적용하여 해당 토지를 개발할 수 있는 것이다. 따라서 일반 토지투자 지침서에서 '농지는 농업진흥지역과 농업진흥지역 밖의 토지로 구분한다'라고 설명해놓고 농업진흥지역에 대해서는 구구절절하게 설명이 많으면서도 농업진흥지역 밖의 농지에 대해서는 불과 몇 줄밖에 설명이 없는 이유가 여기에 있다.

농림지역 · 농업진흥구역 농지의 건축제한

〈농림지역 · 농업진흥구역 농지 〉

지목	답	면적	1,662m²
개별공시지가	12,200원 (2020/01)		
지역 지구 등 지정 여부	「국토의 계획 및 이용에 관한 법률」에 따른 지역 · 지구 등	농림지역	
	다른 법령 등에 따른 지역 · 지구 등	가축사육제한구역(가축사육제한구역:전부제한지역)〈가축분뇨의 관리 및 이용에 관한 법률〉, **농업진흥구역〈농지법〉**, (한강)폐기물매립시설 설치제한지역〈한강수계 상수원 수질개선 및 주민지원 등에 관한 법률〉	
「토지이용규제 기본법 시행령」 제9조 제4항 각호에 해당되는 사항			

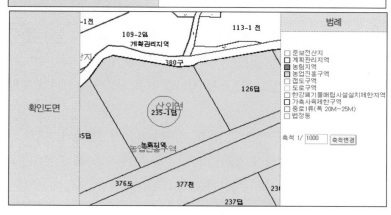

「농림지역 · 농업진흥구역」에서 건축할 수 있는 건축물

개발 가능한 건축물의 용도와 관련하여 사례 토지처럼 농림지역에 지정된 농업진흥구역 농지에서는 농림지역에서 건축할 수 있는 건축물을 적용하지 않고, 「농지법」에 의한 행위제한을 적용하여 개발할 수 있다. 「농림지역·농업진흥구역」 농지에서는 농지법 32조 제1항에 의한 행위제한을 적용 받아 다음과 같은 행위가 가능하다.

- 수산물(농산물·임산물·축산물·수산물)의 가공·처리 시설의 설치 및 농수산업(농업·임업·축산업·수산업) 관련 시험·연구 시설의 설치
  - 다음 각 목의 요건을 모두 갖춘 농수산물의 가공·처리 시설(「건축법 시행령」 별표 1 제4호너목에 따른 제조업소 또는 같은 표 제17호에 따른 공장에 해당하는 시설을 말하며, 그 시설에서 생산된 제품을 판매하는 시설을 포함한다.)
    - 가. 국내에서 생산된 농수산물(「농업·농촌 및 식품산업 기본법 시행령」 제5조제1항 및 제2항에 따른 농수산물을 말하며, 임산물 중 목재와 그 가공품 및 토석은 제외한다. 이하 이 조에서 같다) 및 농림축산식품부장관이 정하여 고시하는 농수산가공품을 주된 원료로 하여 가공하거나 건조·절단 등 처리를 거쳐 식품을 생산하기 위한 시설일 것
    - 나. 농업진흥구역 안의 부지 면적이 1만5천제곱미터[미곡의 건조·선별·보관 및 가공시설(이하 '미곡종합처리장'이라 한다)의 경우에는 3만제곱미터] 미만인 시설(판매시설이 포함된 시설의 경우에는 그 판매시설의 면적이 전체 시설 면적의 100분의 20 미만인 시설에 한정한다)일 것
  - 「양곡관리법」 제2조 제5호에 따른 양곡가공업자가 농림축산식품부장관 또는 지방자치단체의 장과 계약을 체결해 같은 법 제2조 제2호에 따른 정부관리양곡을 가공·처리하는 시설

- 농수산업 관련 시험 · 연구 시설: 육종연구를 위한 농수산업에 관한 시험 · 연구 시설로서 그 부지의 총면적이 3천제곱미터 미만인 시설

- 어린이놀이터, 마을회관, 그 밖에 농업인의 공동생활에 필요한 편의 시설 및 이용 시설의 설치
  - 농업인이 공동으로 운영하고 사용하는 창고 · 작업장 · 농기계수리시설 · 퇴비장
  - 경로당, 어린이집, 유치원, 정자, 보건지소 및 보건진료소, 「응급의료에 관한 법률」제2조제6호에 따른 응급의료 목적에 이용되는 항공기의 이착륙장 및 「민방위기본법」제15조제1항제1호에 따른 비상대피시설
  - 농업인이 공동으로 운영하고 사용하는 일반목욕장 · 화장실 · 구판장 · 운동시설 · 마을공동주차장 및 마을공동취수장
  - 국가 · 지방자치단체 또는 농업생산자단체가 농업인으로 하여금 사용하게 할 목적으로 설치하는 일반목욕장, 화장실, 운동시설, 구판장, 농기계 보관시설 및 농업인 복지회관

- 농업인 주택, 어업인 주택, 농업용 시설, 축산업용 시설 또는 어업용 시설의 설치
  '농업용 시설, 축산업용 시설 또는 어업용 시설'이란 다음 각 호의 시설을 말한다. 다만, 1)호 및 4)호의 시설은 자기의 농업 또는 축산업의 경영의 근거가 되는 농지 · 축사 등이 있는 시 · 구 · 읍 · 면 또는 이에 연접한 시 · 구 · 읍 · 면 지역에 설치하는 경우에 한한다.

- 농업인 또는 농업법인이 자기가 생산한 농산물을 건조·보관하기 위하여 설치하는 시설
- 야생동물의 인공사육시설. 다만, 다음 각 목의 어느 하나에 해당하는 야생동물의 인공사육시설은 제외한다.
  - 가. 「야생생물 보호 및 관리에 관한 법률」 제14조제1항 각 호 외의 부분 본문에 따라 포획 등이 금지된 야생동물(같은 항 각 호 외의 부분 단서에 따라 허가를 받은 경우는 제외한다.)
  - 나. 「야생생물 보호 및 관리에 관한 법률」 제19조제1항 각 호 외의 부분 본문에 따라 포획이 금지된 야생동물(같은 항 각 호 외의 부분 단서에 따라 허가를 받은 경우는 제외한다.)
  - 다. 「생물다양성 보전 및 이용에 관한 법률」 제24조제1항 각 호 외의 부분 본문에 따라 수입 등이 금지된 생태계교란 생물(같은 항 각 호 외의 부분 단서에 따라 허가를 받은 경우는 제외한다.)
- 「건축법」에 따른 건축허가 또는 건축신고의 대상 시설이 아닌 간이양축시설
- 농업인 또는 농업법인이 농업 또는 축산업을 영위하거나 자기가 생산한 농산물을 처리하는 데 필요한 농업용 또는 축산업용시설로서 농림축산식품부령으로 정하는 시설
- 부지의 총면적이 3만제곱미터 미만인 양어장·양식장, 그 밖에 농림축산식품부령으로 정하는 어업용 시설
- 「가축분뇨의 관리 및 이용에 관한 법률」 제2조제8호의 처리시설
- 시·도지사, 시장·군수·구청장 또는 「농업협동조합법」 제2조제1호에 따른 조합이 설치하는 가축 방역을 위한 소독시설

〈농어업인 주택의 신축〉

'농어업인 주택'은 다음 각 호의 요건을 모두 갖춘 건축물 및 시설물로 한다. 다만, 제2호에 따른 부지면적을 적용함에 있어서 농지를 전용하여 농어업인 주택을 설치하는 경우에는 그 전용하려는 면적에 해당 세대주가 그 전용허가신청일 또는 협의신청일 이전 5년간 농어업인 주택의 설치를 위하여 부지로 전용한 농지면적을 합산한 면적(공공사업으로 인하여 철거된 농어업인 주택의 설치를 위하여 전용하였거나 전용하려는 농지면적을 제외한다)을 해당 농어업인 주택의 부지면적으로 본다.

1. 농업인 또는 어업인 1명 이상으로 구성되는 농업·임업·축산업 또는 어업을 영위하는 세대로서 다음 각 목의 어느 하나에 해당하는 세대의 세대주가 설치하는 것일 것

   가. 해당 세대의 농업·임업·축산업 또는 어업에 따른 수입액이 연간 총수입액의 2분의 1을 초과하는 세대

   나. 해당 세대원의 노동력의 2분의 1 이상으로 농업·임업·축산업 또는 어업을 영위하는 세대

2. 제1호 각 목의 어느 하나에 해당하는 세대의 세대원이 장기간 독립된 주거생활을 영위할 수 있는 구조로 된 건축물(「지방세법 시행령」 제28조에 따른 별장 또는 고급주택을 제외한다) 및 해당 건축물에 부속한 창고·축사 등 농업·임업·축산업 또는 어업을 영위하는 데 필요한 시설로서 그 부지의 총면적이 1세대 당 660제곱미터 이하일 것

3. 제1호 각 목의 어느 하나에 해당하는 세대의 농업·임업·축

> 산업 또는 어업의 경영의 근거가 되는 농지·산림·축사 또
> 는 어장 등이 있는 시(구를 두지 아니한 시를 말하며, 도농복합형
> 태의 시에 있어서는 동지역에 한한다)·구(도농복합형태의 시의 구
> 에 있어서는 동지역에 한한다)·읍·면(이하 '시·구·읍·면'이라
> 한다) 또는 이에 연접한 시·구·읍·면 지역에 설치하는 것
> 일 것

- 국방·군사 시설의 설치

- 하천, 제방, 그 밖에 이에 준하는 국토 보존 시설의 설치

- 문화재의 보수·복원·이전, 매장 문화재의 발굴, 비석이나 기념
  탑, 그 밖에 이와 비슷한 공작물의 설치

- 도로, 철도, 그 밖에 공공시설의 설치
  - 상하수도(하수종말처리시설 및 정수시설을 포함한다), 운하, 공동구,
    가스공급설비, 전주(유·무선송신탑을 포함한다), 통신선로, 전선
    로, 변전소, 소수력·풍력발전설비, 송유설비, 방수설비, 유수
    지시설, 하천부속물 및 기상관측을 위한 무인의 관측시설
  - 「사도법」 제4조에 따른 사도(私道)

- 지하자원 개발을 위한 탐사 또는 지하광물 채광과 광석의 선별 및
  적치를 위한 장소로 사용하는 행위

- 농어촌 소득원 개발 등 농어촌 발전에 필요한 시설의 설치
  - 국내에서 생산되는 농산물을 집하·예냉(豫冷)·저장·선별 또는 포장하는 산지유통시설로서 그 부지의 총면적이 3만제곱미터 미만인 시설
  - 부지의 총면적이 3천제곱미터 미만인 농업기계수리시설
  - 부지의 총면적이 3천제곱미터(지방자치단체 또는 농업생산자단체가 설치하는 경우에는 1만제곱미터) 미만인 남은 음식물이나 농수산물의 부산물을 이용한 유기질비료 제조시설
  - 부지의 총면적이 3천제곱미터(지방자치단체 또는 농업생산자단체가 설치하는 경우에는 3만제곱미터) 미만인 사료 제조시설(해당 시설에서 생산된 제품을 유통·판매하는 시설을 포함한다)
  - 농지법 제36조 및 제36조의2에 따른 농지의 타용도 일시사용 및 이에 필요한 시설
  - 국내에서 생산된 농수산물과 앞의 1항 1)호에 해당하는 시설에서 생산한 농수산물의 가공품을 판매하는 시설(공산품 판매시설 및 「건축법 시행령」 별표 1 제3호자목에 따른 금융업소를 포함하며, 공산품 판매시설 및 금융업소가 포함된 시설의 경우에는 공산품 판매시설 및 금융업소의 면적이 전체 시설 면적의 100분의 30 미만인 시설에 한정한다)로서 농업생산자단체 또는 「수산업·어촌 발전 기본법」 제3조제5호에 따른 생산자단체가 설치하여 운영하는 시설 중 그 부지의 총면적이 1만제곱미터 미만인 시설
  - 「전기사업법」 제2조제1호의 전기사업을 영위하기 위한 목적으로 설치하는 「신에너지 및 재생에너지 개발·이용·보급 촉진법」 제2조제2호가목에 따른 태양에너지를 이용하는 발전설비

(이하 '태양에너지 발전설비'라 한다)로서 다음 각 목의 어느 하나에 해당하는 발전설비

가. 건축물(「건축법」 제11조 또는 같은 법 제14조에 따라 건축허가를 받거나 건축신고를 한 건축물만 해당한다) 지붕에 설치하는 태양에너지 발전설비(해당 설비에서 생산한 전기를 처리하기 위하여 인근 부지에 설치하는 부속설비를 포함한다.)

나. 국가, 지방자치단체 또는 「공공기관의 운영에 관한 법률」 제4조에 따른 공공기관이 소유한 건축물 지붕 또는 시설물에 설치하는 태양에너지 발전설비

– 다음 각 목의 어느 하나에 해당하는 농산어촌 체험시설

가. 「도시와 농어촌 간의 교류촉진에 관한 법률」 제2조 제5호에 따른 농어촌체험 · 휴양마을사업의 시설로서 다음 요건에 모두 적합하고 그 부지의 총면적이 1만제곱미터 미만인 시설

   (1) 숙박서비스시설을 운영하는 경우에는 「도시와 농어촌 간의 교류촉진에 관한 법률」 제8조에 따른 규모 이하일 것

   (2) 승마장을 운영하는 경우에는 「도시와 농어촌 간의 교류촉진에 관한 법률」 제9조에 따른 규모 이하일 것

   (3) 음식을 제공하거나 즉석식품을 제조 · 판매 · 가공하는 경우에는 「도시와 농어촌 간의 교류촉진에 관한 법률」 제10조에 따른 영업시설기준을 준수한 시설일 것

나. 농업인 · 어업인 또는 농업법인 · 어업법인(「농어업경영체 육성 및 지원에 관한 법률」 제2조제5호에 따른 어업법인을 말한다)이 자기가 경영하는 농지 · 산림 · 축사 · 어장 또는 농수산물 가공 · 처리시설을 체험하려는 자를 대상으로 설치하는 교육 · 홍보시

설 또는 자기가 생산한 농수산물과 그 가공품을 판매하는 시설로서 그 부지의 총면적이 1천제곱미터 미만인 시설

- 농기자재(농기구, 농기계, 농기계 부품, 농약, 미생물제제, 비료, 사료, 비닐 및 파이프 등 농업생산에 필요한 기자재를 말한다) 제조시설로서 다음 각 목의 어느 하나에 해당하지 아니하는 시설(2006년 6월 30일 이전에 지목이 공장용지로 변경된 부지에 설치하는 경우에 한정한다.)
  가. 농지법 시행령 제44조 제1항 각 호의 시설
  나. 농지법 시행령 제44조 제2항 각 호의 시설
- 제1항제1호부터 제4호까지의 토지이용행위와 정보통신기술을 결합한 농업을 육성하기 위한 시설로서 다음 각 목의 요건을 모두 갖춘 시설
  가. 농림축산식품부장관이 고시한 지역에 설치하는 시설일 것
  나. 시·도지사가 농림축산식품부장관과 협의한 사업계획에 따라 설치하는 시설일 것
  다. 농지법 시행령 제44조 제3항 제1호에 해당하는 시설(「건축법 시행령」 별표 1 제10호다목 및 제14호에 해당하는 시설은 제외한다)이 아닐 것

- 농업생산 또는 농지개량과 직접 관련되는 토지이용행위
  - 농작물의 경작
  - 다년생식물의 재배
  - 고정식온실·버섯재배사 및 비닐하우스와 농림축산식품부령으로 정하는 그 부속시설의 설치
  - 축사·곤충사육사와 농림축산식품부령으로 정하는 그 부속시설

의 설치

‒ 간이퇴비장의 설치

‒ 농지개량사업 또는 농업용수개발사업의 시행

‒ 농막 · 간이저온저장고 및 간이액비 저장조 중에서 농림축산식
품부령으로 정하는 시설의 설치

TIP 「농림지역 · 농업진흥구역」에서의 주요 허용 시설

● 농어업인 주택   ● 어린이집
● 유치원   ● 「사도법」에 다른 사도의 개설
● 농산어촌 체험시설 등

「농림지역 · 농업보호구역」에서의 건축제한

「농림지역 · 농업보호구역」에서 건축할 수 있는 건축물

개발 가능한 건축물의 용도와 관련하여 사례 토지처럼 농림지역에 지정
된 농업보호구역 농지에서는 농림지역에서 건축할 수 있는 건축물을 적
용하지 않고, 「농지법」에 의한 행위제한을 적용하여 개발할 수 있다. 「농
림지역 · 농업보호구역」 농지에서는 「농지법」 32조 제2항에 의한 행위제
한을 적용 받아 다음과 같은 행위가 가능하다.

● 농업진흥구역에서 허용되는 행위

● 농업인 소득 증대에 필요한 시설로서 「농지법 시행령」으로 정하는 건

축물·공작물, 그 밖의 시설의 설치

- 「농어촌정비법」제2조제16호나목에 따른 관광농원사업으로 설치하는 시설로서 그 부지가 2만제곱미터 미만인 것
- 「농어촌정비법」제2조제16호다목에 따른 주말농원사업으로 설치하는 시설로서 그 부지가 3천제곱미터 미만인 것
- 태양에너지 발전설비로서 농업보호구역 안의 부지 면적이 1만제곱미터 미만인 것
- 그 밖에 농촌지역 경제활성화를 통하여 농업인 소득증대에 기여하는 농수산업 관련 시설로서 농림축산식품부령으로 정하는 시설

• 농업인의 생활 여건을 개선하기 위하여 필요한 시설로서 대통령령으로 정하는 건축물·공작물, 그 밖의 시설의 설치
- 다음 각 목에 해당하는 시설로서 그 부지가 1천제곱미터 미만인 것
  가. 「건축법 시행령」별표 1 제1호가목에 해당하는 시설
  나. 「건축법 시행령」별표 1 제3호가목, 라목부터 바목까지 및 사목(공중화장실 및 대피소는 제외한다)에 해당하는 시설
  다. 「건축법 시행령」별표 1 제4호가목, 나목, 라목부터 사목까지, 차목부터 타목까지, 파목(골프연습장은 제외한다) 및 하목에 해당하는 시설
- 「건축법 시행령」별표 1 제3호사목(공중화장실, 대피소, 그 밖에 이와 비슷한 것만 해당한다) 및 아목(변전소 및 도시가스배관시설은 제외한다)에 해당하는 시설로서 그 부지가 3천제곱미터 미만인 것

〈농림지역 · 농업보호구역 농지〉

지목	답	면적	6,843㎡
개별공시지가	62,700원 (2020/01)		

지역 지구 등 지정 여부	「국토의 계획 및 이용에 관한 법률」에 따른 지역 · 지구 등	농림지역
	다른 법령 등에 따른 지역 · 지구 등	가축사육제한구역(700m 이내-일부 축종 제한)(가축분뇨의 관리 및 이용에 관한 법률), **농업보호구역(농지법)**, 성장관리권역(수도권정비계획법), 공장설립승인지역(수도법)
「토지이용규제 기본법 시행령」 제9조 제4항 각호에 해당되는 사항		

확인도면

범례

- ☐ 농업보호구역
- ☐ 보전관리지역
- ☐ 생산관리지역
- ■ 농림지역
- ☐ 성장관리권역
- ☐ 공장설립승인지역
- ☐ 준보전산지
- ☐ 임업용산지
- ☐ 가축사육제한구역
- ☐ 도로구역
- ☐ 중로2류(폭 15M~20M)
- ☐ 법정동

축척 1/ 2000   [축척변경]

※「건축법 시행령」〔별표 1〕제1호, 제3호, 제4호에 해당하는 건축물

1. 단독주택[단독주택의 형태를 갖춘 가정어린이집·공동생활가정·지
   역아동센터 및 노인복지시설(노인복지주택은 제외한다)을 포함한다.]
   가. 단독주택

3. 제1종 근린생활시설
   가. 식품·잡화·의류·완구·서적·건축자재·의약품·
      의료기기 등 일용품을 판매하는 소매점으로서 같은 건
      축물(하나의 대지에 두 동 이상의 건축물이 있는 경우에는 이를
      같은 건축물로 본다. 이하 같다)에 해당 용도로 쓰는 바닥면
      적의 합계가 1천 제곱미터 미만인 것
   라. 의원, 치과의원, 한의원, 침술원, 접골원, 조산원, 안마
      원, 산후조리원 등 주민의 진료·치료 등을 위한 시설
   마. 탁구장, 체육도장으로서 같은 건축물에 해당 용도로 쓰
      는 바닥면적의 합계가 500제곱미터 미만인 것
   바. 지역자치센터, 파출소, 지구대, 소방서, 우체국, 방송
      국, 보건소, 공공도서관, 건강보험공단 사무소 등 주민
      의 편의를 위하여 공공업무를 수행하는 시설로서 같은
      건축물에 해당 용도로 쓰는 바닥면적의 합계가 1천 제곱
      미터 미만인 것
   사. 마을회관, 마을공동작업소, 마을공동구판장, 공중화장
      실, 대피소, 지역아동센터(단독주택과 공동주택에 해당하는
      것은 제외한다) 등 주민이 공동으로 이용하는 시설

4. 제2종 근린생활시설

　가. 공연장(극장, 영화관, 연예장, 음악당, 서커스장, 비디오물감상
　　　실, 비디오물소극장, 그 밖에 이와 비슷한 것을 말한다. 이하 같
　　　다)으로서 같은 건축물에 해당 용도로 쓰는 바닥면적의
　　　합계가 500제곱미터 미만인 것

　나. 종교집회장[교회, 성당, 사찰, 기도원, 수도원, 수녀원, 제실
　　　(祭室), 사당, 그 밖에 이와 비슷한 것을 말한다. 이하 같다]으로
　　　서 같은 건축물에 해당 용도로 쓰는 바닥면적의 합계가
　　　500제곱미터 미만인 것

　라. 서점(제1종 근린생활시설에 해당하지 않는 것)

　마. 총포판매소

　바. 사진관, 표구점

　사. 청소년게임제공업소, 복합유통게임제공업소, 인터넷컴
　　　퓨터게임시설제공업소, 그 밖에 이와 비슷한 게임 관련
　　　시설로서 같은 건축물에 해당 용도로 쓰는 바닥면적의
　　　합계가 500제곱미터 미만인 것

　아. 휴게음식점, 제과점 등 음료 · 차(茶) · 음식 · 빵 · 떡 ·
　　　과자 등을 조리하거나 제조하여 판매하는 시설(너목 또는
　　　제17호에 해당하는 것은 제외한다)로서 같은 건축물에 해당
　　　용도로 쓰는 바닥면적의 합계가 300제곱미터 이상인 것

　차. 장의사, 동물병원, 동물미용실, 그 밖에 이와 유사한 것

　카. 학원(자동차학원 · 무도학원 및 정보통신기술을 활용하여 원
　　　격으로 교습하는 것은 제외한다), 교습소(자동차교습 · 무도교

습 및 정보통신기술을 활용하여 원격으로 교습하는 것은 제외한
다), 직업훈련소(운전ㆍ정비 관련 직업훈련소는 제외한다)로
서 같은 건축물에 해당 용도로 쓰는 바닥면적의 합계가
500제곱미터 미만인 것

타. 독서실, 기원

파. 테니스장, 체력단련장, 에어로빅장, 볼링장, 당구장, 실
내낚시터, 골프연습장, 놀이형시설(「관광진흥법」에 따른 기
타유원시설업의 시설을 말한다) 등 주민의 체육 활동을 위한
시설(제3호마목의 시설은 제외한다)로서 같은 건축물에 해당
용도로 쓰는 바닥면적의 합계가 500제곱미터 미만인 것

하. 금융업소, 사무소, 부동산중개사무소, 결혼상담소 등 소
개업소, 출판사 등 일반업무시설로서 같은 건축물에 해당
용도로 쓰는 바닥면적의 합계가 500제곱미터 미만인 것

TIP 「농림지역ㆍ농업보호구역」에서의 주요 허용 시설, 허용되지 않는
시설

● 주요 허용되는 시설
농업보호구역은 입지만 좋다면 활용도가 높은 토지이다. 앞에서 설명한 「농림지역ㆍ
농업진흥구역」에서 허용되는 행위와 「농어촌정비법」에 의한 관광농원, 태양에너
지 발전설비, 단독주택, 제1종근린생활시설, 제2종근린생활시설 등이 광범위하게
허용되고 있다.

● 허용되지 않는 시설
제2종근린생활시설 중 핵심시설이라 할 수 있는 제조업소와 일반음식점등은 허
용되지 않는다.

「농지법」에 의하여 허용되는 건축물의 건폐율 완화

농업보호구역은 해당 토지를 적합한 용도로 개발이나 활용해서 가치를 높이는 투자도 가능하고 해당토지에 투자해 두었다가 농업보호구역에서 해제되는 행운 등을 노리고 투자하는 것도 가능하다. 농업보호구역의 농지는 농업용 시설로 허가를 받아 개발된 것을 많이 볼 수 있으며 또한, 「농지법」 제32조 제1항에 의한 건축물은 건폐율도 20%가 아닌 60%까지 적용을 받아 건축할 수 있다.

경기 광주시 도시계획조례 제59조(「농지법」에 따라 허용되는 건축물의 건폐율 완화)

① 보전관리지역 · 생산관리지역 · 농림지역 또는 자연환경보전지역 안에서 「농지법」 제32조제1항에 따라 허용되는 건축물의 건폐율은 60퍼센트 이하로 한다.

② 생산녹지지역 안에서 「농지법」 제32조제1항제1호 및 「농지법 시행령」 제29조제5항제1호에 해당하는 건축물과 같은 법 시행령 제29조제7항제2호에 해당하는 건축물의 건폐율은 60퍼센트 이하로 한다.

농업보호구역의 농업진흥지역 해제

농업보호구역은 농업진흥구역의 용수확보와 수질보호를 위해 지정된 농업진흥지역이다. 그러나, 농업진흥구역에 비해 상대적으로 개발이 용이하기 때문에 농업용 시설 등으로 개발된 땅이 많다. 주변의 개발된 비율이 높아 농업보호구역으로의 기능을 수행하지 못하는 토지는 2008년 말에 대거 농업진흥지역에서 해제되어 관리지역으로 편입되었다.

「생산녹지지역 · 농업진흥구역」에서의 건축제한

〈생산녹지지역 · 농업진흥구역 농지〉

지목	답	면적	1,199㎡
개별공시지가	119,900원 (2020/01)		

지역 지구 등 지정 여부	「국토의 계획 및 이용에 관한 법률」에 따른 지역 · 지구 등	도시지역, 생산녹지지역
	다른 법령 등에 따른 지역 · 지구	가축사육제한구역(2013-02-25)(일부제한지역)〈가축분뇨의 관리 및 이용에 관한 법률〉, **농업진흥구역**〈농지법〉, 자연보전권역〈수도권정비계획법〉, 배출시설설치제한지역〈수질 및 수생태계 보전에 관한 법률〉, (한강)폐기물매립시설 설치제한지역〈한강수계 상수원 수질개선 및 주민지원 등에 관한 법률〉, 수질보전특별대책지역〈환경정책기본법〉
「토지이용규제 기본법 시행령」 제9조 제4항 각호에 해당되는 사항		

확인도면

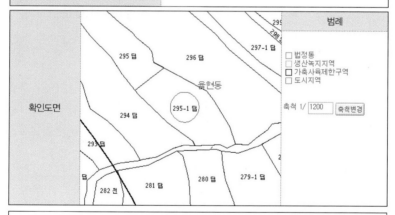

☞ 생산녹지지역 · 농업진흥구역에서 건축할 수 있는 건축물

사례 토지는 「국토계획법」상 용도지역은 생산녹지지역이면서 「농지법」상 농업진흥구역으로 지정되어 있는 토지이다. 앞의 사례와 같은 농업진흥구역 농지이지만 「국토계획법」상 용도지역이 농림지역이 아니고 생산녹지지역이라는 점에서 차이가 난다. 사례 토지는 앞에서 설명한 「농림지역 · 농업진흥지역」 농지에 해당하지 않으므로 「국토계획법」 제76조제5

항제3호의 적용대상에 해당하지 않는다. 따라서, 건축물의 용도(건축할 수 있는 건축물의 종류)를 판단함에 있어 「국토계획법」상 생산녹지지역에서의 건축제한과 「농지법」상 농업진흥구역에서의 행위제한을 모두 적용받아 중복된 건축물만을 건축할 수 있다. 농업 생산과 관련된 시설은 비교적 폭넓게 허용이 되지만, 일반적인 건축물은 허용되는 범위가 매우 좁다고 할 수 있다.

■ 보전산지의 건축제한

산지의 구분

산지는 보전산지와 준보전산지로 구분하고, 다시 보전산지는 공익용산지와 임업용산지로 구분한다. 보전산지와 준보전산지의 구분은 토지이용계획확인서를 보고 판단한다. 토지이용계획확인서에 보전산지 또는 준보전산지로 표시가 된다.

토지이용계획확인서에 보전산지는 ① 「국토계획법」에 의한 지역 · 지구 항목에서 용도지역을 먼저 표시하고 ② 다른 법령 등에 따른 지역 · 지구등 항목에서 '공익용산지' 또는 '임업용산지'라고 구체적으로 표시되어 있다. 준보전산지는 ① 「국토계획법」에 의한 지역 · 지구 항목에서 용도지역을 먼저 표시하고 ② 다른 법령 등에 따른 지역 · 지구등 항목에서 '준보전산지'라고 구체적으로 표시되어 있다. 간혹 준보전산지라고 표시되지 않은 산지를 볼 수 있으며, 그런 경우에는 보전산지라고 표시되지 않은 산지는 준보전산지라고 해석하면 된다.

공익용산지

임업생산과 함께 재해 방지, 수원 보호, 자연생태계 보전, 자연경관 보전, 국민보건휴양 증진 등의 공익 기능을 위하여 필요한 산지로서 다음의 산지를 대상으로 산림청장이 지정하는 산지를 말한다. 실무에서는 토지이용계획확인서에 공익용산지라고 구체적으로 표시되어 있다. 개발제한구역의 산지, 보전녹지지역의 산지, 자연환경보전지역의 산지 등이 보전산지에 해당한다.

- 「산림문화 · 휴양에 관한 법률」에 따른 자연휴양림의 산지
- 사찰림(寺刹林)의 산지
- 제9조에 따른 산지전용 · 일시사용제한지역
- 「야생생물 보호 및 관리에 관한 법률」 제27조에 따른 야생생물 특별보호구역 및 같은 법 제33조에 따른 야생생물 보호구역의 산지
- 「자연공원법」에 따른 공원구역의 산지
- 「문화재보호법」에 따른 문화재보호구역의 산지
- 「습지보전법」에 따른 습지보호지역의 산지
- 「독도 등 도서지역의 생태계보전에 관한 특별법」에 따른 특정도서의 산지
- 「백두대간 보호에 관한 법률」에 따른 백두대간보호지역의 산지
- 「산림보호법」에 따른 산림보호구역의 산지
- 그 밖에 공익 기능을 증진하기 위하여 필요한 산지로서 법령으로 정하는 산지
  가. 「국토계획법」 제36조제1항제4호에 따른 자연환경보전지역

의 산지

나. 「국토계획법」 제37조제1항제5호에 따른 방재지구의 산지

다. 「국토계획법」 제38조의2제1항에 따른 도시자연공원구역의 산지

라. 「국토계획법」 제40조에 따른 수산자원보호구역의 산지

마. 「국토계획법 시행령」 제31조제2항제1호가목 및 같은 항 제5호가목 및 다목에 따른 자연경관지구, 역사문화환경보호지구 및 생태계보호지구의 산지

바. 산림생태계·자연경관·해안경관·해안사구(해안모래언덕) 또는 생활환경의 보호를 위하여 필요한 산지

사. 중앙행정기관의 장 또는 지방자치단체의 장이 공익용산지의 용도로 사용하려는 산지

임업용산지

산림자원 조성과 임업경영기반 구축 등 임업생산 기능의 증진을 위하여 필요한 산지로서 다음의 산지를 대상으로 산림청장이 지정하는 산지를 말한다. 토지이용계획확인서에 임업용산지라고 구체적으로 표시되어 있다.

- 「산림자원의 조성 및 관리에 관한 법률」에 따른 채종림(採種林) 및 시험림의 산지
- 「국유림의 경영 및 관리에 관한 법률」에 따른 요존국유림(要存國有林)의 산지
- 「임업 및 산촌 진흥촉진에 관한 법률」에 따른 임업진흥권역의

산지

‒ 그 밖에 임업생산 기능의 증진을 위하여 필요한 산지로서 법령으로 정하는 산지

　가. 형질이 우량한 천연림 또는 인공조림지로서 집단화되어 있는 산지

　나. 토양이 비옥하여 입목의 생육에 적합한 산지

　다. 「국유림의 경영 및 관리에 관한 법률」제16조제1항제1호의 규정에 의한 보전국유림 외의 국유림으로서 산림이 집단화되어 있는 산지

　라. 지방자치단체의 장이 산림경영 목적으로 사용하고자 하는 산지

　마. 그 밖에 임업의 생산기반조성 및 임산물의 효율적 생산을 위한 산지

준보전산지의 건축제한

준보전산지란 '보전산지 외의 산지'를 말한다. 준보전산지의 건축제한은 「국토계획법」에 의한 용도지역에서의 건축제한을 적용받는다. 즉 해당 토지의 용도지역이 '계획관리지역' 또는 '생산관리지역' 등으로 표시가 되어 있으면 해당 용도지역에서의 건폐율, 용적률, 건축할 수 있는 건축물, 높이를 적용하여 개발할 수 있다. 농지와 마찬가지로 일반 토지투자 지침서에서 '산지는 보전산지와 준보전산지로 구분한다'라고 설명해 놓고 보전산지에 대해서는 구구절절하게 설명이 많으면서도 준보전산지에 대해서는 불과 몇 줄밖에 설명이 없는 이유가 여기에 있다.

농림지역 · 공익용 산지의 건축제한

〈농림지역 · 공익용산지〉

지목	임야		면적	33,101㎡
개별공시지가	24,700원 (2020/01)			
지역 지구 등 지정 여부	「국토의 계획 및 이용에 관한 법률」에 따른 지역 · 지구 등		농림지역	
	다른 법령 등에 따른 지역 · 지구 등		가축사육제한구역(2013-02-25)(일부제한지역)(가축분뇨의 관리 및 이용에 관한 법률), **공익용산지**(산지관리법), 자연보전권역(수도권정비계획법), 배출시설설치제한지역(수질 및 수생태계 보전에 관한 법률), 수질보전특별대책지역(환경정책기본법)	
「토지이용규제 기본법 시행령」 제9조 제4항 각호에 해당되는 사항				
확인도면	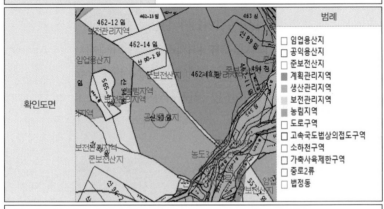			범례 □ 임업용산지 □ 공익용산지 □ 준보전산지 ■ 계획관리지역 ■ 생산관리지역 □ 보전관리지역 ■ 농림지역 □ 도로구역 □ 고속국도 법상의접도구역 □ 소하천구역 □ 가축사육제한구역 □ 중로2류 □ 법정동

☞ 농림지역 · 공익용산지의 행위제한

용도지역이 농림지역이지만 보전산지이므로 「국토계획법」상 건축제한을 적용하지 않고, 「산지관리법」상 행위제한을 적용한다. 산지관리법 제12조에 의한 공익용산지에서의 행위제한 규정을 참조하면 된다. 사례가 많지 않아서 지면의 편의상 설명을 생략하였다.

농림지역 · 임업용산지의 건축제한

〈농림지역 · 임업용산지〉

지목	임야	면적	158,975㎡
개별공시지가	865원 (2020/01)		

지역 지구 등 지정 여부	「국토의 계획 및 이용에 관한 법률」에 따른 지역 · 지구 등	농림지역
	다른 법령 등에 따른 지역 · 지구 등	가축사육제한구역〈가축분뇨의 관리 및 이용에 관한 법률〉, **임업용산지**〈산지관리법〉, 홍수관리구역(내린천_홍수관리구역)〈하천법〉
「토지이용규제 기본법 시행령」 제9조 제4항 각호에 해당되는 사항		

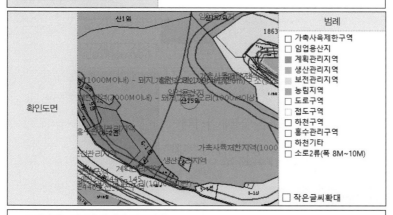

확인도면	범례
	□ 가축사육제한구역
	□ 임업용산지
	■ 계획관리지역
	■ 생산관리지역
	□ 보전관리지역
	■ 농림지역
	□ 도로구역
	□ 접도구역
	□ 하천구역
	□ 홍수관리구역
	□ 하천기타
	□ 소로2류(폭 8M~10M)
	□ 작은글씨확대

☞ 농림지역 · 임업용산지의 행위제한

사례 토지는 보전산지 중에서도 임업용산지에 해당하는 임야이다. 용도지역이 농림지역이지만 보전산지이므로 「국토계획법」상 건축제한을 적용하지 않고, 「산지관리법」상 행위제한을 적용한다.

〈산지관리법 제12조에 의한 임업용산지에서 허용되는 행위〉

- 산지전용 · 일시사용제한지역에서의 행위제한 중 제1호부터 제9호까지, 제9호의2 및 제9호의3에 따른 시설의 설치 등

- 임도 · 산림경영관리사 등 산림경영과 관련된 시설 및 산촌산업개발시설 등 산촌개발사업과 관련된 시설의 설치
  - 임도 · 작업로 및 임산물 운반로
  - 「임업 및 산촌 진흥촉진에 관한 법률 시행령」 제2조제1호의 임업인(「산림자원의 조성 및 관리에 관한 법률」에 따라 산림경영계획의 인가를 받아 산림을 경영하고 있는 자를 말한다), 같은 조 제2호 및 제3호의 임업인이 설치하는 다음 각 목의 어느 하나에 해당하는 시설
    - 가. 부지면적 1만제곱미터 미만의 임산물 생산시설 또는 집하시설
    - 나. 부지면적 3천제곱미터 미만의 임산물 가공 · 건조 · 보관시설
    - 다. 부지면적 1천제곱미터 미만의 임업용기자재 보관시설(비료 · 농약 · 기계 등을 보관하기 위한 시설을 말한다) 및 임산물 전시 · 판매시설
    - 라. 부지면적 200제곱미터 미만의 산림경영관리사(산림작업의 관리를 위한 시설로서 작업대기 및 휴식 등을 위한 공간이 바닥면적의 100분의 25 이하인 시설을 말한다) 및 대피소

- 「궤도운송법」에 따른 궤도
- 「임업 및 산촌 진흥촉진에 관한 법률」 제25조에 따른 산촌개발사업으로 설치하는 부지면적 1만제곱미터 미만의 시설

- 수목원, 산림생태원, 자연휴양림, 수목장림, 그 밖에 산림공익시설의 설치
  - 산림욕장, 치유의 숲, 숲속야영장, 산림레포츠시설, 산책로 · 탐방로 · 등산로 · 둘레길 등 숲길 및 전망대(정자를 포함한다.)
  - 자연관찰원 · 산림전시관 · 목공예실 · 숲속교실 · 숲속수련장 · 유아숲체험원 · 산림박물관 · 산악박물관 · 산림교육센터 등 산림교육시설
  - 목재이용의 홍보 · 전시 · 교육 등을 위한 목조건축시설
  - 국가, 지방자치단체 또는 비영리법인이 설치하는 임산물의 홍보 · 전시 · 교육 등을 위한 시설

- 농림어업인의 주택 및 그 부대시설로서 대통령령으로 정하는 주택 및 시설의 설치
  - '대통령령으로 정하는 주택 및 시설'이라 함은 농림축산식품부령으로 정하는 농림어업인이 자기소유의 산지에서 직접 농림어업을 경영하면서 실제로 거주하기 위하여 부지면적 660제곱미터 미만으로 건축하는 주택 및 부대시설
  - 부지면적을 적용함에 있어서 산지를 전용하여 농림어

업인의 주택 및 그 부대시설을 설치하고자 하는 경우에는 그 전용하고자 하는 면적에 당해 농림어업인이 당해 시·군·구(자치구에 한한다)에서 그 전용허가신청일 이전 5년간 농림어업인 주택 및 그 부대시설의 설치를 위하여 전용한 임업용산지의 면적을 합산한 면적(공공사업으로 인하여 철거된 농림어업인 주택 및 그 부대시설의 설치를 위하여 전용하였거나 전용하고자 하는 산지면적을 제외한다)을 당해 농림어업인 주택 및 그 부대시설의 부지면적으로 본다.

- 농림어업용 생산·이용·가공시설 및 농어촌휴양시설의 설치
  - 농림어업인, 「농업·농촌 및 식품산업 기본법」 제3조제4호에 따른 생산자단체, 「수산업·어촌 발전 기본법」 제3조제5호에 따른 생산자단체, 「농어업경영체 육성 및 지원에 관한 법률」 제16조에 따른 영농조합법인과 영어조합법인 또는 같은 법 제19조에 따른 농업회사법인(이하 '농림어업인등'이라 한다)이 설치하는 다음 각 목의 어느 하나에 해당하는 시설
  가. 부지면적 3만제곱미터 미만의 축산시설
  나. 부지면적 1만제곱미터 미만의 다음의 시설
     · 야생조수의 인공사육시설
     · 양어장·양식장·낚시터시설
     · 폐목재·짚·음식물쓰레기 등을 이용한 유기질 비료 제조시설(「폐기물관리법 시행령」 별표 3 제3호다

352

목1)다)에 따른 퇴비화 시설에 한한다.)

- 가축분뇨를 이용한 유기질비료 제조시설
- 버섯재배시설, 농림업용 온실

다. 부지면적 3천제곱미터 미만의 다음의 시설

- 농기계수리시설 또는 농기계창고
- 농축수산물의 창고 · 집하장 또는 그 가공시설
- 누에 등 곤충사육시설 및 관리시설

라. 부지면적 200제곱미터 미만의 다음의 시설(작업대기 및 휴식 등을 위한 공간이 바닥면적의 100분의 25 이하인 시설을 말한다.)

- 농막
- 농업용 · 축산업용 관리사(주거용이 아닌 경우에 한한다.)

– 「농어촌정비법」 제82조 및 같은 법 제83조에 따라 개발되는 3만 제곱미터 미만의 농어촌 관광휴양단지 및 관광농원

• 광물, 지하수, 그밖에 지하자원 또는 석재의 탐사 · 시추 및 개발과 이를 위한 시설의 설치

• 산사태 예방을 위한 지질 · 토양의 조사와 이에 따른 시설의 설치

• 석유비축 및 저장시설 · 방송통신설비, 그 밖에 공용 · 공공용

시설의 설치
- 액화석유가스를 저장하기 위한 시설로서 농림축산식품부
령이 정하는 시설
- 「대기환경보전법」 제2조제16호에 따른 저공해자동차에
연료를 공급하기 위한 시설

• 「장사 등에 관한 법률」에 따라 허가를 받거나 신고를 한 묘
지 · 화장시설 · 봉안시설 · 자연장지 시설의 설치

• 종교시설의 설치
'종교시설'이란 문화체육관광부장관이 「민법」 제32조의 규정
에 따라 종교법인으로 허가한 종교단체 또는 그 소속단체에
서 설치하는 부지면적 1만5천제곱미터 미만의 사찰 · 교회 ·
성당 등 종교의식에 직접적으로 사용되는 시설과 농림축산
식품부령으로 정하는 부대시설을 말한다.

• 병원, 사회복지시설, 청소년수련시설, 근로자복지시설, 공공
직업훈련시설 등 공익시설의 설치
- 「의료법」 제3조제2항에 따른 의료기관중 종합병원 · 병
원 · 치과병원 · 한방병원 · 요양병원. 이 경우 같은 법 제
49조제1항제3호부터 제5호까지의 규정에 따른 부대사업
으로 설치하는 시설을 포함한다.
- 「사회복지사업법」 제2조제4호에 따른 사회복지시설

- 「청소년활동진흥법」 제10조제1호의 규정에 의한 청소년 수련시설
- 근로자의 복지증진을 위한 시설로서 다음 각 목의 어느 하나에 해당하는 것
  - 근로자 기숙사(「건축법 시행령」 별표 1 제2호 라목의 규정에 의한 기숙사에 한한다.)
  - 「영유아보육법」 제10조제4호에 따른 직장어린이집
  - 「수도권정비계획법」 제2조제1호의 수도권 또는 광역시 지역의 주택난 해소를 위하여 공급되는 「근로복지기본법」 제15조제2항에 따른 근로자주택
  - 비영리법인이 건립하는 근로자의 여가 · 체육 및 문화활동을 위한 복지회관
- 「근로자직업능력 개발법」 제2조제3호의 규정에 따라 국가 · 지방자치단체 및 공공단체가 설치 · 운영하는 직업능력개발훈련시설

- 교육 · 연구 및 기술개발과 관련된 시설의 설치
  - 「기초연구진흥 및 기술개발지원에 관한 법률」 제14조2제1항에 따라 인정받은 기업부설연구소로서 미래창조과학부장관의 추천이 있는 시설
  - 「특정연구기관 육성법」 제2조의 규정에 의한 특정연구기관이 교육 또는 연구목적으로 설치하는 시설
  - 「국가과학기술자문회의법」에 따른 국가과학기술자문회의

에서 심의한 연구개발사업중 우주항공기술개발과 관련된 시설
  - 「유아교육법」, 「초·중등교육법」 및 「고등교육법」에 따른 학교 시설
  - 「영유아보육법」 제10조제1호의 국공립어린이집

- 제1호부터 제12호까지의 시설을 제외한 시설로서 지역사회 개발 및 산업발전에 필요한 시설의 설치
  '지역사회개발 및 산업발전에 필요한 시설'이란 관계 행정기관의 장이 다른 법률의 규정에 따라 산림청장등과 협의하여 산지전용허가·산지일시사용허가 또는 산지전용신고·산지일시사용신고가 의제되는 허가·인가 등의 처분을 받아 설치되는 시설을 말한다. 다만, 다음 각 호의 어느 하나에 해당하는 시설은 제외한다.
  - 「대기환경보전법」 제2조 제9호의 규정에 의한 특정대기유해물질을 배출하는 시설
  - 「대기환경보전법」 제2조 제11호에 따른 대기오염물질배출시설 중 같은 법 시행령 별표 1의 1종사업장부터 4종사업장까지의 사업장에 설치되는 시설. 다만, 「산업입지 및 개발에 관한 법률」 제2조 제8호에 따른 산업단지에 설치되는 대기오염물질배출시설(「대기환경보전법」 제26조에 따른 대기오염방지시설과 주변 산림 훼손 방지를 위한 시설이 설치되는 경우로 한정한다)은 제외한다.

- 「물환경보전법」 제2조 제8호에 따른 특정수질유해물질을 배출하는 시설. 다만, 같은 법 제34조에 따라 폐수무방류 배출시설의 설치허가를 받아 운영하는 경우를 제외한다.
- 「물환경보전법」 제2조 제10호에 따른 폐수배출시설 중 같은 법 시행령 별표 13에 따른 제1종사업장부터 제4종사업장까지의 사업장에 설치되는 시설. 다만, 「산업입지 및 개발에 관한 법률」 제2조 제8호에 따른 산업단지에 설치되는 폐수배출시설(「물환경보전법」 제35조에 따른 수질오염방지시설과 주변 산림 훼손 방지를 위한 시설이 설치되는 경우로 한정한다)은 제외한다.
- 「폐기물관리법」 제2조 제4호의 규정에 의한 지정폐기물을 배출하는 시설. 다만, 당해 사업장에 지정폐기물을 처리하기 위한 폐기물처리시설을 설치하거나 지정폐기물을 위탁하여 처리하는 경우에는 그러하지 아니다.
- 다음 각 목의 어느 하나에 해당하는 처분을 받아 설치하는 시설. 다만, 「국토의 계획 및 이용에 관한 법률」 제51조에 따른 지구단위계획구역을 지정하기 위한 산지전용허가 · 산지일시사용허가 또는 산지전용신고 · 산지일시사용신고의 의제에 관한 협의 내용에 다음 각 목의 어느 하나에 해당하는 처분이 포함되어 이에 따라 설치하는 시설은 제외한다.
가. 「주택법」 제15조에 따른 사업계획의 승인
나. 「건축법」 제11조에 따른 건축허가 및 같은 법 제14조

에 따른 건축신 고

다. 「국토의 계획 및 이용에 관한 법률」 제56조에 따른 개발행위허가

- 제1호부터 제13호까지의 규정에 따른 시설을 설치하기 위하여 1년 이내의 기간 동안 임시로 설치하는 다음 각 목의 어느 하나에 해당하는 부대시설의 설치. 다만, 목적사업의 수행을 위한 산지전용기간 · 산지일시사용기간이 1년을 초과하는 경우에는 그 산지전용기간 · 산지일시사용기간을 말한다.

  가. 진입로

  나. 현장사무소

  다. 지질 · 토양의 조사 · 탐사시설

  라. 그 밖에 주차장 등 농림축산식품부령으로 정하는 부대시설

- 제1호부터 제13호까지의 시설 중 「건축법」에 따른 건축물과 도로(「건축법」 제2조제1항제11호의 도로를 말한다)를 연결하기 위한 진입로(절 · 성토사면을 제외한 유효너비가 3미터 이하이고, 그 길이가 50미터 이하인 것)의 설치

- 그 밖에 가축의 방목, 산나물 · 야생화 · 관상수의 재배, 물건의 적치, 농도(農道)의 설치 등 임업용산지의 목적 달성에 지장을 주지 아니하는 범위에서 법령으로 정하는 행위

  - 「농어촌 도로정비법」 제4조제2항제3호에 따른 농도, 「농

어촌정비법」제2조제6호에 따른 양수장·배수장·용수
로 및 배수로를 설치하는 행위
- 부지면적 100제곱미터 미만의 제각을 설치하는 행위
- 「사도법」제2조의 규정에 의한 사도(私道)를 설치하는 행위
- 「자연환경보전법」제2조제9호의 규정에 의한 생태통로 및
  조수의 보호·번식을 위한 시설을 설치하는 행위
- 농림어업인등 또는 「임업 및 산촌 진흥촉진에 관한 법률」
  제29조의2에 따른 한국임업진흥원이 같은 법 시행령 제8조
  제1항에 따른 임산물 소득원의 지원 대상 품목(관상수는
  제외한다)을 재배(성토 또는 절토 등을 통하여 지표면으로부터
  높이 또는 깊이 50센티미터 이상 형질변경을 수반하는 경우에 한
  정한다)하는 행위. 다만, 농림어업인등이 재배하는 경우
  에는 5만제곱미터 미만의 산지에서 재배하는 경우로 한
  정한다.
- 농림어업인등이 5만제곱미터 미만의 산지에서 「축산법」
  제2조제1호의 규정에 의한 가축을 방목하는 경우로서 다
  음 각목의 요건을 갖춘 행위
  가. 조림지의 경우에는 조림 후 15년이 지난 산지일 것
  나. 대상지의 경계에 울타리를 설치할 것
  다. 입목·죽의 생육에 지장이 없도록 보호시설을 설치할 것
- 위의 내용에 따라 가축을 방목하면서 해당 가축방목지에
  서 목초 종자를 파종하는 행위
- 농림어업인 등이 3만제곱미터 미만의 산지에서 관상수를

재배하는 행위

- 「공간정보의 구축 및 관리 등에 관한 법률」 제8조에 따른 측량기준점표지를 설치하는 행위
- 「폐기물관리법」 제2조제1호에 따른 폐기물이 아닌 물건을 1년 이내의 기간 동안 산지에 적치하는 행위로서 다음 각 목의 요건을 모두 갖춘 행위

  가. 입목의 벌채·굴취를 수반하지 아니할 것

  나. 당해 물건의 적치로 인하여 주변환경의 오염, 자연경관 등의 훼손 우려가 없을 것

- 채석경제성평가를 위하여 시추하는 행위
- 「영화 및 비디오물의 진흥에 관한 법률」, 「방송법」 또는 「문화산업진흥 기본법」에 따른 영화제작업자·방송사업자 또는 방송영상독립제작사가 영화 또는 방송프로그램의 제작을 위하여 야외촬영시설을 설치하는 행위
- 부지면적 200제곱미터 미만의 간이농림어업용시설(농업용수개발시설을 포함한다) 및 농림수산물 간이처리시설을 설치하는 행위

| TIP | 농림지역·임업용산지에서 주로 허용되는 시설 |

- 수목원, 자연휴양림, 농림어업인 주택
- 봉안시설, 자연장지 시설
- 병원
- 어린이집, 유치원
- 관광농원 및 농어촌관광휴양단지
- 종교시설
- 사회복지시설, 청소년수련시설.
- 「사도법」에 다른 사도, 야외촬영시설 등

산지정보시스템

산지정보시스템(www.forest.go.kr)은 산지관리 측면에서 해당 임야에 대한 상세한 정보를 제공하고 있다. 면적이 큰 경우의 임야 또는 용도지역·용도지구 등이 중복으로 지정된 임야에서의 용도지역·용도지구별 경계 및 면적 등을 확인하는 데 유용하다.

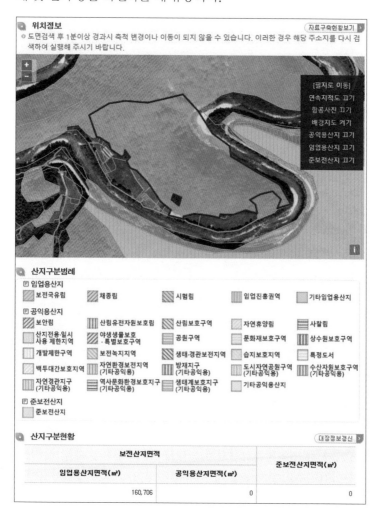

완충녹지와 토지 개발

■ 녹지의 종류와 완충녹지

녹지와 녹지지역의 구분

건축이 불가능한 '녹지'

녹지란 도시지역에서 도시의 자연환경을 보전하거나 개선하고, 공해나 재해를 방지함으로써 도시경관의 향상을 도모하기 위하여 「국토계획법」 상 도시관리계획으로 결정된 것을 말하는 것으로, 본 장에서 배우고자 하는 완충녹지를 말하는 것이며, 용도지역인 녹지지역과는 다른 개념이다. 일반적으로 건축도 불가능하고 진입도로의 개설도 불가능하다.

건축이 가능한 '녹지지역'

녹지지역은 앞에서 배운 21개 용도지역 중의 하나이며 보전녹지지역, 생산녹지지역, 자연녹지지역 3가지가 있고 그에 따라 건폐율, 용적률, 건축할 수 있는 건축물, 건축물의 높이가 결정된다. 즉, 건축이 가능하고 진입도로의 개설도 가능한 정상적인 토지이다.

녹지의 3가지 분류

완충녹지 · 경관녹지 · 연결녹지

녹지는 「도시공원 및 녹지 등에 관한 법률」에 따라 완충녹지, 경관녹지, 연결녹지 3가지로 구분한다. 토지의 투자나 개발과 관련하여 주로 문제가 되는 것은 완충녹지이다.

참고로 녹지 관련법이 「도시공원법」에서 「도시공원 및 녹지 등에 관한 법률」로 변경됨에 따라 과거의 시설녹지라는 개념은 존재하지 않으며 시설녹지는 완충녹지, 경관녹지로 대체되었다.

- 완충녹지: 대기오염, 소음, 진동, 악취, 그 밖에 이에 준하는 공해와 각종 사고나 자연재해, 그 밖에 이에 준하는 재해 등의 방지를 위하여 설치하는 녹지
- 경관녹지: 도시의 자연적 환경을 보전하거나 이를 개선하고 이미 자연이 훼손된 지역을 복원 · 개선함으로써 도시경관을 향상시키기 위하여 설치하는 녹지
- 연결녹지: 도시 안의 공원, 하천, 산지 등을 유기적으로 연결하고 도시민에게 산책공간의 역할을 하는 등 여가 · 휴식을 제공하는 선형(線型)의 녹지

■ 완충녹지에서의 건축제한 및 행위제한

완충녹지에서의 행위제한

건축물의 신축이 허용되지 않는 '완충녹지'

해당 토지가 완충녹지에 저촉되면 기존에 있는 건축물은 상관이 없지만 완충녹지에 저촉된 부분 위에 새롭게 건축물을 건축하는 것은 허용되지 않는다. 그만큼 해당 토지의 가치는 낮게 평가해주어야 한다.

진입도로 설치를 위한 점용허가가 불가능한 '완충녹지'

녹지 안에서 녹지의 조성에 필요한 시설 외의 건축물 등을 설치하려면 녹지를 관리하는 시장 군수의 점용허가를 받아야 하지만 허가를 받는 것이 쉽지 않다. 특히 건축물을 건축하기 위한 목적으로 녹지를 가로지르는 진입도로의 설치는 녹지의 영구적인 점용이 되므로 허가가 나지 않는다. 따라서 완충녹지에 저촉되는 토지뿐 아니라 이웃하고 있는 토지 중 완충녹지에 차단되어 진입도로의 개설이 불가능한 토지는 소위

'맹지'가 되어 개발이 불가능하기 때문에 완충녹지나 완충녹지 주변의 토지에 투자할 때 유의해야 한다.

> **TIP** 대지면적 산정에서 제외되는 '완충녹지'
>
> 완충녹지에 저촉된 토지는 저촉된 부분만큼 건폐율·용적률 등의 산정 기준이 되는 대지면적을 산정할 때 제외된다.

완충녹지에서 진입도로의 개설 허가

녹지의 점용허가 기준

녹지에서 건축물을 건축하거나 녹지를 가로지르는 진입도로를 개설하려면 녹지의 점용허가기준에 적합하여야 한다. 「도시공원및녹지등에관한법률시행령」에 의한 녹지를 가로지르는 진입도로의 설치기준은 다음과 같다. 사실상 신규 진입도로의 개설은 불가능하다고 할 수 있다.

> **TIP** [별표 3의2] 녹지를 가로지르는 진입도로의 설치기준
> 〈신설 2018. 1. 9.〉
>
> 1. 「건축법」 제2조제1항제11호에 따른 도로로 사용하기 위하여 녹지를 점용하려는 경우에는 이를 허가할 수 없다. 다만, 제2호 및 제3호에 해당하는 경우에는 그러하지 아니하다.
> 2. 이면도로가 이미 「국토계획법」에 따른 도시·군관리계획으로 결정된 경우에는 진입도로의 점용기간은 도로개설 전까지의 기간에 한정한다.
> 3. 녹지의 결정으로 인하여 「공간정보관리법」에 따른 지목이 대(垈)인 토지가 맹지가 된 경우에는 토지의 현지 여건을 고려하여 이면도로를 계획한 후 점용을 허가

하거나, 「국토계획법」 제2조제13호에 따른 도로 또는 「사도법」 제2조에 따른 사도로 점용을 허가한다.

4. 녹지의 결정으로 인하여 해당 토지가 맹지가 된 경우로서 녹지 결정 이전의 도로를 그대로 이용하는 경우에는 녹지의 점용허가 없이도 도로의 이용이 가능하다.

5. 진입도로의 규모는 원칙적으로 8미터 이하로 하되, 8미터 이상의 도로가 필요한 경우에는 「국토의 계획 및 이용에 관한 법률」 제2조제13호에 따른 도로로 점용을 허가한다.

6. 도로변의 녹지를 가로지르는 진입도로 간의 최소거리는 250미터 이상으로 한다. 다만, 현지여건상 불가피하거나 교통의 원활한 소통을 위하여 시설물의 특성상 진입구·출입구의 분리가 필요한 경우에는 그러하지 아니하다.

7. 자동차전용도로변 또는 우회도로변의 녹지에는 진입도로를 허가할 수 없다. 다만, 진입도로의 개설이 녹지의 기능을 저해하지 아니하면서 주변의 교통체증을 현격히 감소시키는 등 그 필요성이 인정되는 경우로서 도로관리청과 협의한 때에는 그러하지 아니하다.

8. 제7호 단서에 따라 설치되는 도로를 영구적으로 사용하여야 하는 경우에는 「국토의 계획 및 이용에 관한 법률」 제2조제13호에 따른 도로의 점용을 허가하여야 한다.

9. 철도변 녹지에 진입도로의 점용을 허가하려는 경우에는 「철도안전법」 제45조제1항에 따른 철도보호지구의 관리자와 사전에 협의하여야 한다.

10. 「산업입지 및 개발에 관한 법률」 제2조제8호에 따른 산업단지 주위의 녹지의 경우에는 같은 조 제9호에 따른 산업단지개발사업에 따라 「국토계획법」에 따른 도시·군계획시설로 정한 도로를 설치하도록 하고 개별공장별로 진입도로의 점용을 허가할 수 없다.

■ 완충녹지에 저촉된 토지 사례

완충녹지의 저촉 여부 확인

실무적으로 완충녹지의 저촉 여부는 토지이용계획확인서로 확인할 수 있으며 정확한 위치 저촉범위 등 상세확인은 '도시계획 확인도면'을 통해서 확인 가능하다. 요즘에는 토지이용규제서비스에서 제공하는 지적임야도를 통해서도 의사결정을 할 수 있을 만큼의 충분한 확인이 가능하다.

〈사례 1: 완충녹지에 저촉된 토지와 주변 토지 〉

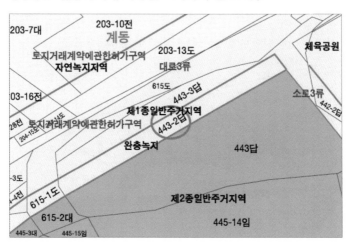

분석1: 완충녹지에 저촉된 443-2 답

토지이용계획확인서에 '도시지역 제1종 일반주거지역 완충녹지 저촉'으로 표시되어 있다. 즉, 완충녹지에 저촉된 토지이다. 따라서 해당 토지

위에 신규로 건축물을 건축하거나 이웃한 '443 답' 토지의 진입로 개설을 위한 토지로 사용될 수 없다.

분석2: 완충녹지에 의해 차단된 443 답

토지이용계획확인서에 '도시지역 제1종 일반주거지역'으로 표시되어 있다. 즉, 해당 필지는 완충녹지에는 저촉되지 않지만 완충녹지에 저촉된 443-2 답을 활용한 진입도로의 개설은 불가능하다. 다행스럽게도 우측에 소로3류 도로를 접하고 있어서 맹지를 면하고 있으며 건축행위도 가능하다. 이처럼 완충녹지는 완충녹지에 저촉된 토지뿐 아니라 그에 의하여 도로의 진입이 차단된 이웃 토지의 가치에도 영향을 미침에 유의해야 한다.

〈사례 2: 경관녹지에 진입도로가 막힌 전원주택 필지들〉

분석의 포인트

검토 대상 토지를 포함한 9개의 필지들은 전원주택의 형태로 분할되어 있고, '215-34임'이 추후 진입로로 사용되기 위해 필지들 사이사이로 배치되어 있다. 해당 필지들이 분할될 당시에는 경관녹지의 지정이 없었던 것으로 추정된다. 그러나 필지분할 이후에 해당 필지들이 접하고자하는 '중로1류' 도로와 '215-34임' 사이에는 경관녹지가 지정되어 있어 중로1류에 연결할 수 없게 되었다. 해당 필지들은 다른 방향으로 도로에 접하는 것을 모색하거나, '215-26임'을 통해 중로1류에 연결하는 방안 등을 강구해야 할 것으로 분석이 된다.

TIP 경관녹지와 행위제한

경관녹지는 「도시공원 및 녹지 등에 관한 법률」에 의한 녹지 중의 하나이며, 완충녹지와 마찬가지로 해당 토지 위에는 건축물의 신축이나 진입도로의 개설이 불가능하며, 주변 필지의 진입로 개설에 악영향을 미치는 경우가 많다.

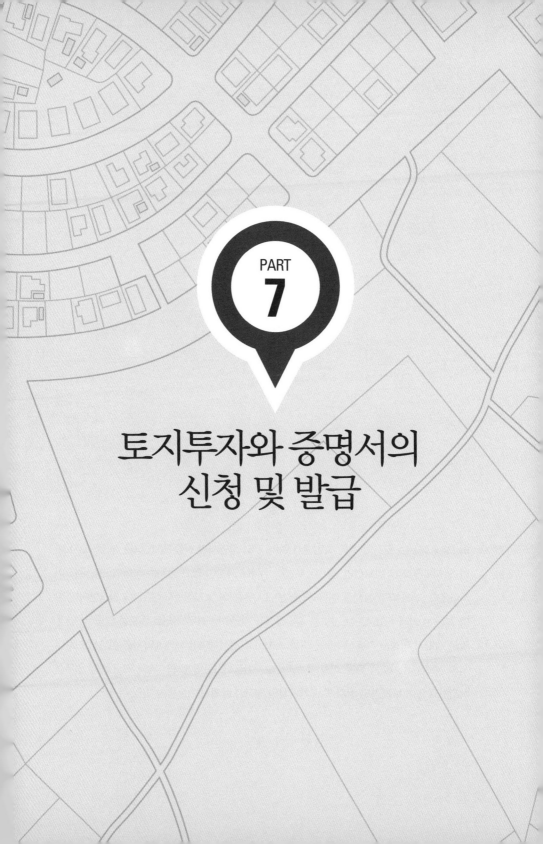

PART

7

토지투자와 증명서의
신청 및 발급

이 PART에서는 토지의 취득 측면에서 여러 가지 증명서의 신청 및 발급을 설명하고자 한다. 농지와 임야를 비교하면 임야는 특별히 취득에 제한이 없고 농지는 상대적으로 취득이 까다롭다. 그에 따라 농지를 취득하려면 반드시 사전에 농지취득자격증명을 발급받아야 한다. 부동산 거래 신고제도는 신고를 잘못하거나 지연하는 경우 과태료 처분을 받을 수 있다. 특히 계약서 작성시 부동산 거래신고를 숙지하고 작성하여야 매매계약서를 신고용으로 다시 작성하는 번거로움 등을 피할 수 있다. 토지거래허가구역에서의 계약 역시 해당 업무를 숙지하고 있어야 계약의 해지 또는 계약서의 재작성 등의 번거로움을 피할 수 있다.

농지취득자격증명, 농지원부, 농업인확인서

■ 농지 취득 프로세스

농지투자와 관련하여 농지를 취득하여 농업회사법인을 설립하기까지 투자가들이 접하게 되는 여러 가지 문서 및 일련의 업무 흐름을 정리하면 다음과 같다. 먼저, 농지를 취득하려면 먼저 농지취득자격증명을 발급받아야 한다. 농지를 취득하고 나면 농지원부를 발급받을 수 있다. 농지원부가 있으면 농업인확인서를 발급받을 수 있다. 농업인확인서가 있으면 농업회사법인을 설립할 수 있다.

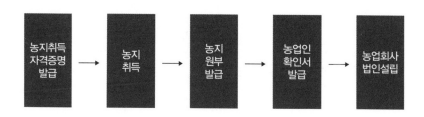

농지취득자격증명 발급

- 관련 법: 「농지법」
- 지침: 농지취득자격증명 발급심사요령
- 신청 및 발급: 농지의 소재지 '시·구·읍·면의 장'[시장[구를 두지 아니한 시의 시장을 말하며, 도농 복합 형태의 시는 농지의 소재지가 동(洞)지역인 경우만을 말한다]·구청장[도농복합형태의 시의 구에서는 농지의 소재지가 동(洞)지역인 경우만을 말한다]·읍장 또는 면장[이하 '시·구·읍·면의 장'이라 한다]이 발급

농지 취득

- 관련 법: 「농지법」
- 농지의 정의에 따라 농지 해당 여부 판단
- 농지는 반드시 농지취득자격증명을 첨부하여야 등기가 가능

농지원부 발급

- 관련 법: 「농지법」
- 신청 및 발급: 농업인의 주소지 '시·구·읍·면의 장'

농업인확인서 발급

- 관련 법: 「농업·농촌 및 식품산업 기본법」
- 지침: 농업인확인서 발급규정
- 신청 및 발급: 「주민등록법」에 따라 주민등록표 또는 「출입국관리법」에 따른 외국인등록표에 등록된 신청자의 거주지를 관할하는 국립농산물품질관리원의 지원장 및 사무소장[이하 '농관원의 지원(사무소)장'이라 한다]에게 방문·우편·팩스 등의 방법으로 농업인 확인을 신청할 수 있다. 다만, 거주지와 농지 소재지의 관할이 다를 경우 농지 소재지 농관원의 지원(사무소)장을 경유하여 신청할 수 있다.

농업회사법인 설립

- 관련 법: 「농어업경영체 육성 및 지원에 관한 법률」
- 농업회사법인의 설립등기는 농업인 또는 농업생산자단체임을 확인할 수 있는 서류를 첨부하여야 한다.

374

■ 농지취득자격증명

농지취득자격증명

농지는 자신의 농업경영에 이용하거나 이용할 자가 아니면 소유하지 못한다. 따라서 농지를 임대목적으로는 취득하지 못하며 농지를 취득할 때는 농지를 취득할 수 있는 자격 여부를 심사 받게 된다. 경매나 매매를 통해 농지에 투자하는 경우에 불법으로 전용된 농지가 항상 문제가 된다. 농지취득자격증명 발급대상 농지의 소유권 등기를 신청할 때에는 농지취득자격증명을 첨부해야 하는데, 불법 전용된 농지는 농지취득자격증명이 발급되지 않기 때문이다. 낙찰 받은 농지가 농지취득자격증명이 발급되지 못하는 것이라면 입찰보증금을 몰수당하는 경우도 있을 수 있기 때문에, 특히 경매에서는 농지취득자격증명의 중요성이 더욱 크다고 할 수 있다. 농지를 제외한 임야 등의 토지는 취득자격증명제도가 없다. 따라서 토지거래허가구역이 아니면 누구나 임야 등의 토지를 취득할 수 있다. 예를 들어 여러분이 제주도의 토지를 취득하고 싶다면 농지의 경우는 농지취득자격증명을 발급받아야 하지만 임야나 목장용지 등의 토지는 그런 과정 없이 취득할 수 있는 것이다.

농지취득자격증명이 불필요한 농지

농지에 투자하는 경우에는 농지취득자격증명이 불필요한 농지에 해당되는지 여부를 먼저 판단해야 한다. 다음에 해당하는 경우에는 비록 농지이더라도 취득할 경우에 농지취득자격증명을 필요로 하지 않는다.

- 국가 또는 지방자치단체가 농지를 취득하는 경우

- 상속(상속인에게 한 유증을 포함한다. 이하 같다)에 의하여 농지를 취득하는 경우

- 다음의 어느 하나에 해당하는 농지저당권자가 농지법 제13조(농지의 저당권자는 농지 저당권 실행을 위한 경매기일을 2회 이상 진행하여도 경락인이 없으면 그 후의 경매에 참가하여 그 담보 농지를 취득할 수 있다)에 따라 그 담보농지를 취득하는 경우

  가. 「농업협동조합법」에 따른 지역농업협동조합, 지역축산업협동조합, 품목별·업종별협동조합 및 그 중앙회, 「수산업협동조합법」에 따른 지구별수산업협동조합·업종별수산업협동조합·수산물가공수산업협동조합 및 그 중앙회 또는 「산림조합법」에 따른 지역산림조합·품목별·업종별산림조합 및 그 중앙회

  나. 한국농어촌공사

  다. 「은행법」에 따라 설립된 금융기관이나 「상호저축은행법」에 따른 상호저축은행, 「신용협동조합법」에 따른 신용협동조합, 「새마을금고법」에 따른 새마을 금고 및 그 중앙회

  라. 「금융기관부실자산 등의 효율적 처리 및 한국자산관리공사의 설립에 관한 법률」에 따라 설립된 한국자산관리공사

  마. 「자산유동화에 관한 법률」 제3조에 따른 유동화전문회사 등

  바. 「한국농수산식품유통공사법」에 따른 한국농수산식품유

통공사

사. 「농업협동조합의 구조개선에 관한 법률」에 따라 설립된
농업협동조합 자산관리회사

• 농지법 제34조제2항에 따라 농지의 전용에 관한 협의를 완료
한 다음의 어느 하나에 해당하는 농지를 취득하는 경우

가. 「국토계획법」에 따른 도시지역 안에 주거지역 · 상업지
역 · 공업지역 또는 도시계획시설예정지로 지정 또는 결
정된 농지

나. 「국토계획법」에 따른 계획관리지역의 지구단위계획구역
으로 지정된 농지

  ＊ 계획관리지역의 지구단위계획구역 농지 중 자격증명을
받지 아니하고 취득할 수 있는 농지는 '09. 11. 28부터
농림수산식품부장관과 농지전용에 관한 협의를 거쳐
지정된 농지에 한함

다. 「국토계획법」에 따른 도시지역 안의 녹지지역 및 개발제
한구역 안의 농지에 대하여 같은 농지법 제56조에 따라
개발행위의 허가를 받거나 「개발제한구역의 지정 및 관
리에 관한 특별조치법」 제12조제1항 각호 외의 부분 단서
에 따라 토지형질변경허가를 받은 농지

• 다음의 법률에 따라 농지를 취득하여 소유하는 경우

가. 「한국농어촌공사 및 농지관리기금법」에 따라 한국농어촌

공사가 농지를 취득하여 소유하는 경우

　　나. 「농어촌정비법」 제16조 · 제25조 · 제43조 · 제82조 또는 제100조에 따라 농지를 취득하여 소유하는 경우

　　다. 「공유수면 관리 및 매립에 관한 법률」에 따라 매립농지를 취득하여 소유하는 경우

　　라. 토지수용으로 농지를 취득하여 소유하는 경우

　　마. 농림축산식품부장관과 협의를 마치고 「공익사업을 위한 토지 등의 취득 및 보상에 관한 법률」에 따라 농지를 취득하여 소유하는 경우

- 다음에 해당하는 원인으로 농지를 취득하는 경우

　　가. 농업법인의 합병 또는 공유농지의 분할에 의하여 농지를 취득하는 경우

　　나. 시효의 완성으로 농지를 취득하는 경우

　　다. 「징발재산정리에 관한 특별조치법」 제20조 · 「공익사업을 위한 토지 등의 취득 및 보상에 관한 법률」 제91조에 따라 환매권자가 환매권에 의하여 농지를 취득하는 경우

　　라. 법 제17조에 따른 농지이용증진사업시행계획에 따라 농지를 취득하는 경우

　　마. 「국가보위에 관한 특별조치법 제5조제4항에 따른 동원대상지역 내의 토지의 수용 · 사용에 관한 특별조치령에 의하여 수용 · 사용된 토지의 정리에 관한 특별조치법」 제2조 및 제3조에 따른 환매권자 등이 환매권 등에 의하여 농지를 취득하는 경우

농지취득자격증명 발급 대상

농지취득자격증명 발급 대상은 농지를 취득하고자 하는 다음에 해당하는 자이다.

> • 농업인 또는 농업인이 되고자 하는 자
> • 농업법인
> • 주말·체험 영농을 하고자 하는 농업인이 아닌 개인
> • 농지전용허가를 받거나 농지전용신고를 한 자

따라서 현재 농업인이 아니라 할지라도 개인은 주말·체험영농 목적이나 농업인이 되고자 하는 자의 자격으로 농지를 취득할 수 있으며, 농업법인이 아닌 일반 법인은 농지를 취득할 수 없다. 그러나 일반 법인이 해당 농지를 취득해서 공장이나 창고 부지 등의 사업목적으로 활용하고자 한다면 개발행위허가(농지전용허가는 의제처리 됨)를 받은 후 농지를 취득할 수 있다.

농지취득자격증명의 신청

경매에서는 농지를 낙찰 받으면 법원에서 '최고가매수인증명'을 발급해주는데, 해당 서류를 가지고 농지소재지의 시·구·읍·면 사무소에 가서 농업경영계획서를 작성하여 농지취득자격증명 신청을 한다. 최고가 매수인이 된 후 매각허가기일 전까지 농지취득자격증명을 발급 받지 못할 경우 입찰보증금을 몰수당할 수 있기 때문에 실전에서는 입찰 전에 미리 현장을 확인한 후, 시·구·읍·면 사무소에 농지취득자격증명 발

급 가능 여부를 상담하고 투자하는 것이 일반적이다.

일반 매매의 농지취득자격증명은 토지거래허가구역이 아닌 지역에서는 매매계약 전이나 후에 신청할 수 있다. 그 후 발급 받은 농지취득자격증명을 등기 시에 첨부하면 된다. 토지거래허가구역에서 농지를 취득할 때는 별도의 농지취득자격증명 신청절차가 필요하지 않으며, 토지거래허가 신청을 하면 농지취득자격증명 담담부서로 업무협의가 가서 동시에 처리된다. 개발행위허가(농지전용허가)를 받은 농지는 농지전용허가(다른 법률에 따라 농지전용허가가 의제되는 인가·허가·승인 등을 포함한다)를 받거나 농지전용신고를 한 사실을 입증하는 서류를 첨부하여 농지취득자격증명을 신청하여야 한다.

〈농지취득자격증명신청서 작성 사례〉

■ 농지법 시행규칙 [별지 제3호서식] 〈개정 2017. 1. 19.〉

농지취득자격증명신청서

※ 뒤쪽의 신청안내를 참고하시기 바라며, 색상이 어두운 란은 신청인이 작성하지 않습니다.　　　　(앞쪽)

접수번호	접수일자		처리기간	4일 (농업경영계획서를 작성하지 않는 경우에는 2일)

농 지 취득자 (신청인)	①성 명 (명 칭)	전종철	②주민등록번호 123456-1234567		⑤취득자의 구분			
	③주 소	서울시 강남구 강남동 123			농업인	신규영농	주말· 체험영농	법인 등
	④전화번호	010-1234-5678					○	

취 득 농지의 표 시	⑥소 재 지						⑩농지구분			
	시·군	구·읍 ·면	리·동	⑦지번	⑧지목	⑨면적 (㎡)	농업진흥지역		진흥지역 밖	영농여건불리 농지
							진흥구역	보호구역		
	용인시	처인구 양지면	**리	100	답	700			○	

⑪취득 원인	매매					
⑫취득 목적	농업경영		주말·체험 영농	○	농지전용		시험·연구· 실습지용 등	

「농지법」 제8조제2항, 같은 법 시행령 제7조제1항 및 같은 법 시행규칙 제7조제1항제2호에 따라 위와 같이 농지취득자격증명의 발급을 신청합니다.

2020 년　1 월 10 일

시장·구청장·읍장·면장 귀하　　　　　　　농지취득자(신청인)　전종철　(서명 또는 인)

첨부서류	1. 별지 제2호서식의 농지취득인정서(법 제6조제2항제2호에 해당하는 경우만 해당합니다) 2. 별지 제4호서식의 농업경영계획서(농지를 농업경영 목적으로 취득하는 경우만 해당합니다) 3. 농지임대차계약서 또는 농지사용대차계약서(농업경영을 하지 않는 자가 취득하려는 농지의 면적이 영 제7조제2항제5호 각 목의 어느 하나에 해당하지 않는 경우만 해당합니다) 4. 농지전용허가[다른 법률에 따라 농지전용허가가 의제되는 인가 또는 승인 등을 포함합니다]를 받거나 농지전용신고를 한 사실을 입증하는 서류(농지를 전용목적으로 취득하는 경우만 해당합니다)	수수료 : 「농지법 시행령」 제74조에 따름
담당공무원 확인 사항	1. 토지(임야)대장 2. 주민등록표등본 3. 법인 등기사항증명서(신청인이 법인인 경우만 해당합니다)	

행정정보 공동이용 동의서

본인은 이 건 업무처리와 관련하여 담당공무원이 「전자정부법」 제36조제1항에 따른 행정정보의 공동이용을 통하여 위의 담당공무원 확인사항을 확인하는 것에 동의합니다. ＊ 동의하지 않는 경우에는 신청인이 직접 관련서류를 제출하여야 합니다.

신청인(대표자)　　　　　　　　　　(서명 또는 인)

⑬소유농지의 이용현황

소재지				지번	지목	면적 (㎡)	주재배 작물 의 종류(가 축종류명)	자 경 여 부
시·도	시·군	읍·면	리·동					
	해당없음							

⑭임차(예정)농지현황

소재지				지번	지목	면적 (㎡)	주재배(예정) 작물의 종류 (가축종류명)	임 차 (예 정) 여 부
시·도	시·군	읍·면	리·동					
	해당없음							해당없음

⑮특기사항	

기재상 유의사항

⑤란은 거주지로부터 농지소재지까지 일상적인 통행에 이용하는 도로에 따라 측정한 거리를 씁니다.

⑥란은 그 농지에 주로 재배·식재하려는 재배작물의 종류를 씁니다.

⑦란은 취득농지의 실제 경작 예정시기를 씁니다.

⑧란은 같은 세대의 세대원 중 영농한 경력이 있는 세대원과 앞으로 영농하려는 세대원에 대하여 영농경력과 앞으로 영농 여부를 개인별로 씁니다.

⑨란은 취득하려는 농지의 농 업경영에 필요한 노동력을 확보하는 방안을 다음 구분에 따라 해당되는 난에 표시합니다.

  가. 같은 세대의 세대원의 노동력만으로 영농하려는 경우에는 자기 노동력 란에 ○표

  나. 자기노동력만으로 부족하여 농작업의 일부를 고용인력에 의하려는 경우에는 일부고용란에 ○표

  다. 자기노동력만으로 부족하여 농작업의 일부를 남에게 위탁하려는 경우에는 일부 위탁 란에 위탁하려는 작업의 종류와 그
    비율을 씁니다. [예 : 모내기(10%), 약제살포(20%) 등]

  라. 자기노동력에 의하지 아니하고 농작업의 전부를 남에게 맡기거나 임대하려는 경우에는 전부위탁(임대)란에 ○표

⑩란과 ⑪란은 농업경영에 필요한 농업기계와 장비의 보유현황과 앞으로의 보유계획을 씁니다.

⑫란은 취득농지의 소재지에 거주하고 있는 연고자의 성명 및 관계를 씁니다.

⑬란과 ⑭란은 현재 소유농지 또는 임차(예정)농지에서의 영농상황(계획)을 씁니다.

⑮란은 취득농지가 농지로의 복구가 필요한 경우 복구계획 등 특기사항을 씁니다.

농업경영계획서의 작성

농업경영계획서의 내용

농지취득자격증명신청서에는 농업경영계획서를 작성하여 첨부하여야
한다. 농업경영계획서에는 다음과 같은 내용이 포함되어야 한다.

TIP **농업경영계획서에 포함되어야 할 내용**

- 취득 대상 농지의 면적
- 경작하려는 농작물 또는 다년생식물의 종류
- 취득 대상 농지에서 농업경영을 하는 데에 필요한 노동력 및 농업 기계 · 장비 ·
  시설의 확보 방안
- 소유 농지의 이용실태(농지 소유자에게만 해당한다.)

농업경영계획서를 필요로 하지 않는 농지취득자격증명 신청

농지취득자격증명을 신청하는 모든 경우에 농업경영계획서를 첨부하는
것은 아니다. 주말 · 체험영농을 하려고 농지를 소유하는 경우와 농지전
용허가를 받았거나 농지전용신고를 한 농지는 농업경영계획서를 첨부
하지 않고 농지취득자격증명을 신청한다.

농업경영계획서

(앞 쪽)

취득 대상 농지에 관한 사항	①소재지			② 지번	③ 지목	④면적 (㎡)	⑤영농 거리	⑥주재배 예정 작물의 종류(가축종 류명)	⑦영농 착수시기
	시·군	구·읍 ·면	리·동						
		계							

농업 경영 노동력 의 확보 방안	⑧취득자 및 세대원의 농업경영능력					
	취득자와 관계	성별	연령	직업	영농경력(년)	향후 영농여부
	⑨취득농지의 농업경영에 필요한 노동력확보방안					
	자기노동력		일부고용		일부위탁	전부위탁(임대)

농업 기계· 장비의 확보 방 안	⑩농업기계·장비의 보유현황					
	기계·장비명	규격	보유현황	기계·장비명	규격	보유현황
	⑪농업기계장비의 보유 계획					
	기계·장비명	규격	보유현황	기계·장비명	규격	보유현황

⑫연고자에 관한 사항	연고자 성명		관계	

「농지법」 제8조제2항, 같은 법 시행령 제7조제1항 및 같은 법 시행규칙 제7조제1항제3호에 따라 위와 같이 본인이 취득하려는 농지에 대한 농업경영계획서를 작성·제출합니다.

년 월 일

제출인 (서명 또는 인)

기재시 유의사항

①란은 법인에 있어서는 그 명칭 및 대표자의 성명을 씁니다.

②란은 개인은 주민등록번호, 법인은 법인등록번호를 씁니다.

⑤란은 다음 구분에 따라 농지취득자가 해당되는 란에 ○표를 합니다.

　가. 신청당시 농업경영에 종사하고 있는 개인은 "농업인"

　나. 신청당시 농업경영에 종사하고 아니하지만 앞으로 농업경영을 하려는 개인은 "신규영농"

　다. 신청당시 농업경영에 종사하지 아니하지만 앞으로 주말 · 체험영농을 하려는 개인은 "주말 · 체험영농"

　라. 농업회사법인 · 영농조합법인, 그 밖의 법인은 "법인 등"

[취득농지의 표시]란은 취득대상 농지의 지번에 따라 매 필지별로 씁니다.

⑧란은 공부상의 지목에 따라 전 · 답 · 과수원 등으로 구분하여 씁니다.

⑩란은 매 필지별로 진흥구역 · 보호구역 · 진흥지역 밖으로 구분하여 해당란에 ○표를 합니다.

⑪란은 매매 · 교환 · 경락 · 수증 등 취득원인의 구분에 따라 씁니다.

⑫란은 농업경영 / 주말 · 체험영농 / 농지전용 / 시험 · 연구 · 실습용 등 취득 후 이용목적의 구분에 따라 해당란에 ○표를 합니다.

※ 농지취득 후 농지이용목적대로 이용하지 아니할 경우 처분명령 / 이행강제금 부과 / 징역 · 벌금 등의 대상이 될 수 있으므로 정확하게 기록하여야 합니다.

처리 절차

이 신청서는 무료로 배부되며 아래와 같이 처리됩니다.

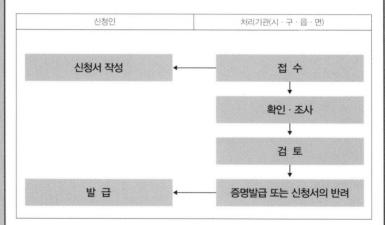

신청인	처리기관(시 · 구 · 읍 · 면)
신청서 작성	접 수
	확인 · 조사
	검 토
발 급	증명발급 또는 신청서의 반려

농지취득자격증명의 발급

농지 소재지 시·구·읍·면장은 신청서 접수일부터 4일(농업경영계획서를 작성하지 아니하고 자격증명 발급을 신청하는 경우에는 2일) 이내에 자격증명을 발급해준다.

농지취득자격증명의 미발급 통보

신청인이 자격증명발급요건에 부합되지 아니하는 경우에는 신청서 접수일부터 4일(농업경영계획서를 작성하지 아니하고 자격증명 발급을 신청하는 경우에는 2일) 이내에 자격증명 미발급 사유를 명시하여 신청인에게 문서로 통보하여야 한다. 이 경우 자격증명 미발급 사유를 다음과 같이 구체적으로 기재하여 통보하여야 한다.

- 신청대상 토지가 농지에 해당하지 않는 경우
  "신청대상 토지가 「농지법」에 의한 농지에 해당되지 아니함"
- 신청대상 농지가 자격증명을 발급받지 아니하고 취득할 수 있는 농지인 경우
  "신청대상 농지는 농지취득자격증명을 발급받지 아니하고 취득할 수 있는 농지임('도시계획구역 안 주거지역으로 결정된 농지' 등 해당 사유를 기재)"
- 신청인의 농지취득 원인이 자격증명을 발급받지 아니하고 농지를 취득할 수 있는 것인 경우
  "취득원인이 농지취득자격증명을 발급 받지 아니하고 농지를 취득할 수 있는 경우에 해당함"

- 신청대상 농지가 「농지법」을 위반하여 불법으로 형질이 변경되었거나 불법건축물이 있는 농지인 경우
"신청대상 농지는 취득 시 농지취득자격증명을 발급 받아야 하는 농지이나 불법으로 형질이 변경되었거나 불법건축물이 있는 부분에 대한 복구가 필요하며 현 상태에서는 농지취득자격증명을 발급할 수 없음"

불법으로 형질이 변경되었거나 불법건축물이 있는 농지의 농지취득자격증명 발급

농지의 투자나 경매에서 흔히 발생되는 경우 중의 하나가 일부 또는 전부가 불법으로 형질이 변경되었거나 불법건축물이 있는 농지의 경우이다. 불법으로 형질이 변경되었거나 불법건축물이 있는 농지라고 해서 전부 농지취득자격증명이 미발급되는 것은 아니며, 담당부서와 사전상담을 통해 농업경영계획서에 실현 가능한 사후원상복구 계획을 포함해서 제출하면 농지취득자격증명을 발급 받을 수 있다. 불법건축물이 있는 불법 전용된 농지는 양성화 과정을 거치지 않고는 어떤 경우에도 농지취득자격증명이 발급되지 않는다.

농지전용사업이 시행중인 경매 농지에 대한 자격증명의 발급

농지전용허가를 받아서 개발사업을 진행하다가 해당 농지가 경매로 나온 경우에 해당한다.

- 시·구·읍·면장은 농지전용사업이 시행중인 경매농지에 대하여 당해 농지의 최고가매수신고인이 농업경영 또는 주말체험영농 목적으로 당해 경매농지에 대한 자격증명을 신청한 경우에는 당해 농지의 상태, 경작 또는 재배 가능성 등을 검토하여 미리 자격증명을 발급할 수 있다.

- 시·구·읍·면장은 농지전용사업이 시행중인 경매농지에 대하여 당해 농지의 최고가매수신고인이 전용목적으로 당해 경매 농지에 대한 자격증명을 신청한 경우에는 전용사업계획의 실현 가능성 등을 검토하여 미리 자격증명을 발급할 수 있다. (상기 '농지전용사업계획의 실현 가능성'은 향후 기존 농지전용허가 취소 및 명의변경을 전제로 최고가매수신고인의 전용사업계획상 실현가능성을 검토하여 판단한다.)

- 시·구·읍·면장은 위의 사유에 따라 미리 농지취득자격증명을 발급해 준 후에는 해당 농지에 대하여 다음과 같이 농지전용 허가취소 또는 농지전용 변경 등의 조치를 하여야 한다.

  ① 해당 농지를 농업경영 또는 주말·체험영농을 목적으로 취득한 경우: 해당 농지에 대한 농지전용 허가의 취소

  ② 해당 농지를 농지전용 목적으로 취득한 경우: 해당 농지의 전용허가 사항을 신규 취득자 앞으로 변경하거나, 기존의 농지전용 허가를 취소하고 신규 취득자 명의로 농지전용 허가

■ 농지원부

농지원부의 작성

농지원부란 농지의 소유와 이용 실태를 파악하고 이를 효율적으로 이용 관리하기 위하여 시·구·읍·면장이 작성하여 두는 것을 말하며, 농업인의 주소지(법인의 경우에는 주사무소의 소재지를 말한다)를 기준으로 하여 작성한다. 농지원부는 다음의 어느 하나에 해당하는 농업인·농업법인·준농업법인 별로 작성이 된다.

여기서 준농업법인이란 직접 농지에 농작물을 경작하거나 다년생식물을 재배하는 국가기관·지방자치단체·학교·공공단체·농업생산자단체·농업연구기관 또는 농업기자재를 생산하는 자 등을 말한다.

- 1천㎡ 이상의 농지에서 농작물을 경작하거나 다년생식물을 재배하는 자
- 농지에 330㎡ 이상의 고정식온실 등 농업용 시설을 설치하여 농작물을 경작하거나 다년생식물을 재배하는 자

농지원부와 자경증명의 발급

시·구·읍·면장은 농지원부의 열람신청 또는 등본 교부신청을 받으면 농림축산식품부령으로 정하는 바에 따라 농지원부를 열람하게 하거나 그 등본을 내주어야 한다. 또한, 자경하고 있는 농업인 또는 농업법

인이 신청하면 농림축산식품부령으로 정하는 바에 따라 자경증명을 발급하여야 한다.

농지원부와 농지의 경매

농지원부와 농지의 경매입찰자격과는 전혀 무관하므로 농지원부가 없어도 농지의 경매입찰은 가능하다.

농지원부와 농지취득자격증명

농지취득자격증명은 농지원부와 무관하게 발급된다.

■ 농업인확인서

농업인확인서의 발급 대상

농업회사법인(「농어업경영체 육성 및 지원에 관한 법률」)을 설립하려면 농업인확인서(「농업·농촌 및 식품산업 기본법」)가 있어야 한다. 농업인확인서를 발급받으려면 농지원부(농지법)가 있어야 하고 농지원부를 발급하려면 농업인이어야 한다.

농업인의 기준

농업인이란 농업을 경영하거나 이에 종사하는 자로서 다음의 기준에 해당하는 자를 말한다.

1. 1천제곱미터 이상의 농지(「농어촌정비법」 제98조에 따라 비농업인이 분양받거나 임대받은 농어촌 주택 등에 부속된 농지는 제외한다)를 경영하거나 경작하는 사람

   - 「농어업경영체 육성 및 지원에 관한 법률」 제4조에 의해 농업경영정보를 등록한 자
   - 농지법 제50조에 따라 1천제곱미터 이상의 농지에 대한 농지원부등본을 교부받아 제출한 사람
   - 농지법 제20조에 따라 1천제곱미터 이상의 농지에 대한 대리경작자지정 통지서를 제출한 사람
   - 농지법 제23조 및 제24조에 따라 1천제곱미터 이상의 농지에 대한 임대차계약 또는 사용대차계약을 체결하고 서면 계약서를 제출한 사람
   - 나목과 다목, 나목과 라목, 나목·다목·라목 및 다목과 라목에 따른 각 농지의 합계가 1천제곱미터 이상이면서 관련 서류를 제출한 사람

2. 농업경영을 통한 농산물의 연간 판매액이 120만원 이상인 사람

- 다음의 자와 연간 120만원 이상의 농산물 판매계약을 체결하고 서면 계약서를 제출하거나 농산물 출하ㆍ판매를 증명할 수 있는 서류(영수증 등)를 제출한 사람

  (1) 「농수산물유통 및 가격안정에 관한 법률」제2조에 규정된 도매시장법인ㆍ시장도매인ㆍ중도매인ㆍ매매참가인ㆍ산지유통인 및 농수산물종합유통센터

  (2) 「축산물위생관리법」제22조ㆍ제24조 및 제26조에 따라 영업을 허가받거나 신고ㆍ승계한 자

  (3) 「축산법」제34조에 따라 개설된 가축시장을 통하여 가축을 구매하는 자

  (4) 「농업ㆍ농촌 및 식품산업 기본법(이하 '법'이라 한다)」제3조 제4호의 생산자단체(이 고시에서 생산자단체는 이를 말한다.)

  (5) 「유통산업발전법」제8조 및 같은 법 시행규칙 제5조에 따라 등록하여 영업을 개시한 대규모점포 등의 개설자

  (6) 「부가가치세법」제8조에 따라 사업자등록을 한 자

- 「산지관리법」 제4조에 따른 보전산지 및 준보전산지에서 육림업(자연휴양림ㆍ자연수목원의 조성ㆍ관리ㆍ운영업을 포함한다), 임산물 생산ㆍ채취업 및 임업용 종자ㆍ묘목 재배업을 다음의 기준 중 어느 하나에 따라 경영하는 사람

  (1) 「임업 및 산촌 진흥촉진에 관한 법률」 시행규칙 별표2의 수실류(밤, 잣 제외)ㆍ약초류ㆍ약용류ㆍ수목부산물류ㆍ관상

산림식물류(분재 제외)·그 밖의 임산물: 1천제곱미터 이상

(2) 「임업 및 산촌 진흥촉진에 관한 법률」 시행규칙 별표2의 버섯류·산나물류·분재: 300제곱미터 이상

(3) 밤나무: 5천제곱미터 이상

(4) 잣나무: 1만제곱미터 이상

(5) 표고자목: 20세제곱미터 이상

(6) 산림용 종자·묘목생산업자: 「산림자원의 조성 및 관리에 관한 법률」 제16조제1항 및 같은 법 시행령 제12조제1항제1호에 따라 등록된 자

(7) (1)에서 (6)까지 이외 목본 및 초본식물: 3만제곱미터 이상

- 기타 다음의 요건 중 어느 하나를 충족한 사람

  (1) 농지에 330제곱미터 이상의 고정식온실·버섯재배사·비닐하우스의 시설을 설치하여 식량·채소·과실·화훼·특용·약용작물, 버섯, 양잠 및 종자·묘목(임업용은 제외한다)을 재배하는 사람

  (2) 농지에 660제곱미터 면적 이상의 채소·과실·화훼작물(임업용은 제외한다)을 재배하는 사람

  (3) 330제곱미터 이상의 농지에 「농지법 시행규칙」 제3조에 규정된 축사 관련 부속시설을 설치하여 농업인확인서 발급규정 별표 2 기준 이상의 가축규모나 별표 3 기준 이상의 가축사육시설면적에 별표 2 기준 이상의 가축을 사육하는 사람

(4) 축산법 제22조에 따라 종축업, 부화업이나 가축사육업의 허가받은 사람 또는 등록한 사람

(5) 농지에 1천제곱미터 이상의 조경수를 식재(조경목적 제외) 생산하는 사람

(6) 「곤충산업의 육성 및 지원에 관한 법률」 제12조에 따라 곤충의 사육 또는 생산에 대해 신고확인증을 받은 자로서 농업인확인서 발급규정 별표 4의 사육규모 이상으로 대상곤충을 사육하는 사람

3. 1년 중 90일 이상 농업에 종사하는 사람

다음 중 어느 하나를 충족하는 경우를 말한다.

• 가족원인 농업종사자로서 다음의 요건을 모두 충족한 사람
  (1) 제1호에서 제2호까지의 농업인 충족기준 중 어느 하나에 해당되는 농업인(이하 '농업경영주'라 한다)의 가족원으로서 주민등록표에 6개월 이상 연속적으로 함께 등록된 사람(다만, 부득이한 사정으로 세대를 달리하는 가족관계증명서상의 배우자는 예외로 하고, 농업인과 혼인한 외국인인 경우 외국인등록증상의 체류지가 농업인의 주민등록상의 주소와 6개월 이상 연속적으로 동일한 사람)
  (2) (1)의 농업경영주의 주소가 법 제3조제5호의 농촌이나 법 제61조의 준농촌에 위치하고 농업경영주의 가족원인 농업종사자 또는 농촌(준농촌)이 아닌 지역에 위치하고 농업경영주의

가족원인 농업종사자로서 농업인확인서 발급규정 별지 제7
호 서식으로 영농사실을 확인받은 사람

(3) 「국민연금법」제8조의 사업장가입자 또는 「국민건강보험법」제6
조의 직장가입자 중 어느 하나에 해당하지 아니한 자(단, 18세
미만 제외)

- 가족원이 아닌 농업종사자의 경우
  농업경영주와 1년 중 90일 이상 농업경영이나 농지경작활동
  의 고용인으로 종사한다는 고용계약을 체결하고 서면 계약
  서를 제출한 사람

4. 「농어업경영체 육성 및 지원에 관한 법률」 제16조제1항에 따라 설립
된 영농조합법인의 농산물 출하 · 유통 · 가공 · 수출활동에 1년 이상
계속하여 고용된 사람 또는 제19조제1항에 따라 설립된 농업회사법인
의 농산물 유통 · 가공 · 판매활동에 1년 이상 계속하여 고용된 사람

다음 중 어느 하나를 충족하는 경우를 말한다.

- 「농어업경영체 육성 및 지원에 관한 법률」법 제16조제1항에
  따라 설립된 영농조합법인의 농업 생산 및 농산물 출하 · 유
  통 · 가공 · 수출활동에 고용된 사람이 1년 이상(계속 종사를
  말한다)의 고용계약을 체결하고 서면 계약서를 제출한 사람

- 「농어업경영체 육성 및 지원에 관한 법률」법 제19조제1항에 따라 설립된 농업회사법인의 농업 생산 및 농산물의 유통·가공·판매활동에 고용된 사람이 1년 이상(계속 종사를 말한다)의 고용계약을 체결하고 서면 계약서를 제출한 사람. 다만, 법인의 대표와 등기이사는 해당하지 아니한다.

농업인 확인 신청

농업인 확인을 받고자 하는 사람은 「주민등록법」에 따라 주민등록표 또는 「출입국관리법」에 따른 외국인등록표에 등록된 신청자의 거주지를 관할하는 농관원(국립농산물품질관리원)의 지원(사무소)장에게 법정 서식에 따라 방문·우편·팩스 등의 방법으로 농업인 확인을 신청할 수 있다. 다만, 거주지와 농지 소재지의 관할이 다를 경우 농지 소재지 농관원의 지원(사무소)장을 경유하여 신청할 수 있다.

농업인확인서 발급

농관원의 지원(사무소)장은 농업인 확인 신청서가 접수되면 신청서를 접수한 날부터 10일 내에 농업인 확인서를 발급하거나, 신청서가 농업인 확인 방법 중 어느 하나에도 맞지 않은 때에는 농업인 확인 신청서를 접수한 날부터 10일 내에 농업인 확인서를 발급할 수 없다는 통지를 하여야 한다.

■ [별지 제1호서식]

농업인 확인 신청서

※ [ ]에는 해당되는 곳에 √표를 합니다.
※ 뒤쪽의 작성방법을 참고하시기 바랍니다.

(앞 쪽)

접수번호		접수일		처리기간	10일
신청인	① 성명		② 생년월일		
	③ 주소 (우편번호　　　　)				
	④ 전화번호 (집/사무실)　　　　　　　　　(휴대전화)				

⑤ 농업인 충족기준	○ 1천제곱미터 이상의 농지를 경영하거나 경작 [ ]
	○ 농업경영을 통한 농산물의 연간판매액이 120만원 이상 [ ]
	○ 1년 중 90일 이상 농업에 종사 [ ]
	○ 영농조합법인에서 1년 이상 계속하여 종사 [ ]
	○ 농업회사법인에서 1년 이상 계속하여 종사 [ ]

⑥ 농업 경영 · 경작 규모	○ 농작물재배업 : 농지소유　　　　㎡, 임차　　　　㎡
	○ 축산업 : 토지소유　　　　㎡, 임차　　　　㎡
	○ 임업 : 산지소유　　　　㎡/㎥, 임차　　　　㎡/㎥

⑦ 연간 농업 종사일수	○ 가족원인 농업종사자　 :　　　 일 ○ 가족원이 아닌 농업종사자 :　　　 일				
⑧ 연간 농산물 판매액		원	⑨ 법인종사기간	년　　　 월　　　 일	
⑩ 농업인 확인 서의 용도	요구기관 · 주소				
	용도				

「농업 · 농촌 및 식품산업 기본법 시행령(이하 "법 시행령"이라 한다)」 제3조제3항 및 농림축산식품부고시 「농업인 확인서 발급규정」(이하 "고시"라 한다)의 제3조에 따라 농업인 확인을 받고자 신청합니다.

년　　　　월　　　　일

신청인　　　　　　　(서명 또는 인)

국립농산물품질관리원　　　　지원(사무소)장 귀하

신청자의 첨부서류	1. 주민등록표 등본(농업경영주인 농업인은 주민등록증 제시 가능) 또는 외국인등록표 1부(공통 제출서류) 2. 이 고시 제4조의 농업인 확인 기준 중 신청자에게 해당되는 규정에서 필요로 하는 관계증빙자료(이 고 　시 제11조의 첨부서류)

행정정보 공동이용 동의서

본인은 이 건 업무처리와 관련하여 담당 공무원이 「전자정부법」제36조에 따른 행정정보의 공동이용을 통하여 위의 신청사항을 확인하는 것에 동의합니다.

*동의하지 아니하는 경우에는 신청인이 직접 관련 서류를 제출하여야 합니다.

신청인　　　　　　　(서명 또는 인)

작 성 요 령

1. ① · ② · ③ : 주민등록표상의 내용을 적으십시오.

2. ④ : 문의 · 연락을 하기에 편리한 것을 선택하여 적으십시오.

3. ⑤ : 신청자의 농업인 충족기준을 선택하여 ☑ 표시를 하십시오.

4. ⑥ : 법 시행령 제2조의 농업 범위 중 하나를 선택하여 적고, 농지 · 산지 등의 소유 · 임차면적 등을 적으십시오.

　○ 농작물재배업(법 시행령 제2조제1호) : 식량작물 재배업, 채소작물 재배업, 과실작물 재배업, 화훼작물 재배업, 특용작물
　　재배업, 약용작물 재배업, 버섯 재배업, 양잠업 및 종자 · 묘목 재배업(임업용은 제외한다)

　○ 축산업(법 시행령 제2조제2호) : 동물(수생동물은 제외한다)의 사육업 · 증식업 · 부화업 및 종축업(種畜業)

　○ 임업(법 시행령 제2조제3호) : 육림업(자연휴양림 · 자연수목원의 조성 · 관리 · 운영업을 포함한다), 임산물 생산 · 채취업
　　및 임업용 종자 · 묘목 재배업

5. ⑦ : 해당되는 곳을 선택하여 연간 농업 종사일수를 적으십시오(법 시행령 제3조제1항제3호의 농업인).

6. ⑧ : 연간 농산물 판매액을 적으십시오(법 시행령 제3조제1항제2호의 농업인).

7. ⑨ : 신청자가 농업법인에 종사한 기간을 적으십시오(법 시행령 제3조제1항제4호 및 제5호의 농업인).

8. ⑩ : 농업인 확인서의 제출을 요구하는 기관명(단체 · 법인 등을 포함한다) · 주소 및 사용용도를 적으시고, 이 신청서에 작
　성한 용도 이외로 사용할 수 없습니다.

유 의 사 항

신청자가 농업인 확인과 관련하여 허위 그 밖에 부정한 방법으로 농업인 확인서를 발급받은 사실이 판명되면 이 고시 제8조
에 따라 법 시행령 제3조제3항에 따른 농업인 확인은 유효하지 않습니다.

처 리 절 차

이 신청서는 아래와 같이 처리됩니다.

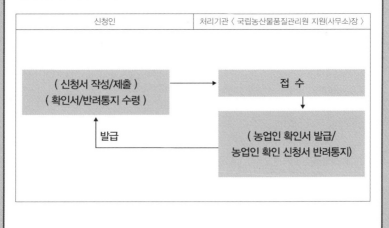

신청인	처리기관 〈 국립농산물품질관리원 지원(사무소)장 〉

부동산 거래 신고제도

■ 부동산 거래 신고 및 신고필증의 발급

부동산 거래 신고 대상 계약

부동산 거래당사자는 다음 각 호의 어느 하나에 해당하는 계약을 체결한 경우 그 실제 거래가격 등 법령으로 정하는 사항을 거래계약의 체결일부터 30일 이내에 그 권리의 대상인 부동산 등(권리에 관한 계약의 경우에는 그 권리의 대상인 부동산을 말한다)의 소재지를 관할하는 시장(구가 설치되지 아니한 시의 시장 및 특별자치시장과 특별자치도 행정시의 시장을 말한다) · 군수 또는 구청장(이하 '신고관청'이라 한다)에게 공동으로 신고하여야 한다.

> • 부동산의 매매계약
> • 「택지개발촉진법」, 「주택법」 등 법령으로 정하는 법률에 따른 부동산에 대한 공급계약
> • 다음의 어느 하나에 해당하는 지위의 매매계약
>   가. 「택지개발촉진법」, 「주택법」 등 법령으로 정하는 법률에

따른 부동산에 대한 공급계약에 따른 계약을 통하여 부동산을 공급받는 자로 선정된 지위

나. 「도시 및 주거환경정비법」 제74조에 따른 관리처분계획의 인가 및 「빈집 및 소규모주택 정비에 관한 특례법」 제29조에 따른 사업시행계획인가로 취득한 입주자로 선정된 지위

신고당사자 및 신고필증의 발급

- 부동산 거래당사자가 공동으로 신고하여야 한다. 다만, 거래당사자 중 일방이 국가, 지방자치단체, 법령으로 정하는 자의 경우(이하 '국가 등'이라 한다)에는 '국가 등'이 신고를 하여야 하며, 거래당사자 중 일방이 신고를 거부하는 경우에는 국토교통부령으로 정하는 바에 따라 단독으로 신고할 수 있다.

- 개업공인중개사가 거래계약서를 작성·교부한 경우에는 해당 개업공인중개사가 신고를 하여야 한다. 이 경우 공동으로 중개를 한 경우에는 해당 개업공인중개사가 공동으로 신고하여야 한다.

- 신고를 받은 신고관청은 그 신고 내용을 확인한 후 신고인에게 신고필증을 지체 없이 발급하여야 하며, 매수인은 신고인이 신고필증을 발급받은 때에 「부동산등기 특별조치법」 제3조제1항에 따른 검인을 받은 것으로 본다.

400

■ 부동산 거래계약 신고 내용의 정정 및 변경

신고 내용의 정정 신청 대상

거래당사자 또는 개업공인중개사는 부동산 거래계약 신고 내용 중 다음
의 어느 하나에 해당하는 사항이 잘못 기재된 경우에는 신고관청에 신
고 내용의 정정을 신청할 수 있다.

> • 거래당사자의 주소·전화번호 또는 휴대전화번호
> • 거래 지분 비율
> • 개업공인중개사의 전화번호·상호 또는 사무소 소재지
> • 거래대상 건축물의 종류
> • 거래대상 부동산 등(부동산을 취득할 수 있는 권리에 관한 계약의
>   경우에는 그 권리의 대상인 부동산을 말한다. 이하 같다)의 지목, 면
>   적, 거래 지분 및 대지권비율

신고 내용의 정정 신청

정정신청을 하려는 거래당사자 또는 개업공인중개사는 발급받은 신고
필증에 정정 사항을 표시하고 해당 정정 부분에 서명 또는 날인을 하여
신고관청에 제출하여야 한다. 다만, 거래당사자의 주소·전화번호 또는
휴대전화번호 사항을 정정하는 경우에는 해당 거래당사자 일방이 단독
으로 서명 또는 날인하여 정정을 신청할 수 있다.

신고 내용의 변경 신고 대상

거래당사자 또는 개업공인중개사는 부동산 거래계약 신고 내용 중 다음의 어느 하나에 해당하는 사항이 변경된 경우에는 「부동산등기법」에 따른 부동산에 관한 등기신청 전에 신고관청에 신고 내용의 변경을 신고할 수 있다.

- 거래 지분 비율
- 거래 지분
- 거래대상 부동산 등의 면적
- 계약의 조건 또는 기한
- 거래가격
- 중도금·잔금 및 지급일
- 공동매수의 경우 일부 매수인의 변경(매수인 중 일부가 제외되는 경우만 해당한다.)
- 거래대상 부동산 등이 다수인 경우 일부 부동산 등의 변경(거래대상 부동산 등 중 일부가 제외되는 경우만 해당한다.)

신고 내용의 변경 신고 및 신고필증 재발급

변경신고를 하려는 거래당사자 또는 개업공인중개사는 '부동산거래계약 변경 신고서'에 서명 또는 날인하여 신고관청에 제출하여야 한다. 다만, 부동산 등의 면적 변경이 없는 상태에서 거래가격이 변경된 경우에는 거래계약서 사본 등 그 사실을 증명할 수 있는 서류를 첨부하여야 한다. 정정신청 또는 변경신고를 받은 신고관청은 정정사항 또는 변경사항을 확인한 후 해당 내용을 정정 또는 변경하고, 정정사항 또는 변경사항을 반영한 신고필증을 재발급 한다.

■ 부동산 거래의 해제 등 신고

거래당사자는 거래계약 신고를 한 후 해당 거래계약이 해제, 무효 또는 취소(이하 '해제 등'이라 한다)된 경우 '해제 등'이 확정된 날부터 30일 이내에 해당 신고관청에 공동으로 신고하여야 한다. 다만, 거래당사자 중 일방이 신고를 거부하는 경우에는 단독으로 신고할 수 있다. 개업공인중개사가 신고를 한 경우에는 개업공인중개사가 그에 따른 신고(공동으로 중개를 한 경우에는 해당 개업공인중개사가 공동으로 신고하는 것을 말한다)를 할 수 있다.

토지거래 허가제도

토지거래허가구역에서 토지거래계약을 체결하려는 자는 공동으로 시장·군수·구청장에게 계약내용과 그 토지의 이용계획, 취득자금 조달계획 등을 적어 제출하고 사전허가를 받아야 한다. 과거에는 「국토계획법」에서 규정하고 있었으나, 2016년부터는 「부동산거래신고등에관한법률」에 근거하여 시행되고 있다. 허가구역의 지정의 효력은 지정을 공고한 날부터 5일 후에 발생한다.

■ 허가를 받아야 하는 토지거래 계약

허가구역에 있는 토지에 관한 소유권·지상권(소유권·지상권의 취득을 목적으로 하는 권리를 포함한다)을 이전하거나 설정(대가를 받고 이전하거나 설정하는 경우만 해당한다)하는 계약(예약을 포함한다)을 체결하려는 당사자는 공동으로 법령이 정하는 바에 따라 시장·군수 또는 구청장의 허가를 받아야 한다. 허가받은 사항을 변경하려는 경우에도 역시 허가를 받아야 한다.

대가를 받고 이전하거나 설정하는 경우

「부동산거래신고등에관한법률」의 규정에 의한 '대가를 받고 이전하거나 설정하는 경우'의 대가는 금전에 한하지 아니하고, 물물교환·현물출자 등 금전으로 환산할 수 있는 대물적 변제, 채무인수, 채무면제, 무체재산권 및 영업권 등도 포함되며, 다음의 거래는 동법의 규정에 의한 허가 대상이 된다.

- 개인기업을 법인으로 전환함에 따라 개인기업의 토지를 법인에게 현물출자하는 경우
- 「가등기담보 등에 관한 법률」에 따라 가등기담보를 목적으로 하는 매매예약 또는 채권담보를 목적으로 하는 대물변제 예약 등을 체결하는 경우
- 매매예약 불이행으로 처분금지가처분결정과 소유권이전등기청구소송이 진행 중인 토지를 선의의 제3자인 현재의 소유권자가 다른 사람에게 매도하고자 하는 경우
- 집행력 있는 판결을 원인으로 하여 소유권이전등기를 하고자 하는 경우로서, 재판의 원인이 된 당초의 계약이 토지거래계약허가구역 지정 이후에 체결된 경우. 이 경우 매도인이 허가신청을 거부한 때에는 매수인(등기권리자) 단독으로 허가신청을 할 수 있다.
- 환지방식으로 도시개발사업이 시행되는 도시개발구역(종전의 「토지구획정리사업법」에 의한 토지구획정리사업지구를 포함한다) 안의 체비지를 공매

입찰의 방법으로 낙찰 받아 취득한 토지를 환지처분되기 전에 미등기상태에서 토지거래를 하는 경우

- 법령에 따른 공공사업으로 인한 보상으로 토지에 관한 소유권 또는 지상권을 취득한 자가 그 권리를 이전하고자 하는 경우. 이 경우 그 권리의 등기 여부는 고려하지 아니한다.
- 「부동산거래신고등에관한법률」시행령 제11조 제3항 제4호부터 제9호의 규정에 따라 허가제에 관한 규정을 적용받지 아니하고 토지 등을 공급받은 자가 그 권리를 타인에게 이전하고자 하는 경우. 이 경우 그 권리의 등기 여부는 고려하지 아니한다.
- 그 밖에 부담부 증여 등 사실상의 대가가 수반되는 경우

허가대상이 되지 아니하는 거래

다음에 해당하는 경우에는 「부동산거래신고등에관한법률」 제11조에 의한 허가대상이 되지 아니한다.

- 상속 등 대가가 없는 거래인 경우
- 집행력 있는 판결에 의한 명의신탁 해지를 원인으로 소유권을 이전하는 경우
- 점유로 인한 시효취득을 원인으로 민법상 화해조서에 의한 판결을 받아 소유권을 이전하는 경우
- 매매예약의 가등기를 경료하고 본계약의 성립으로 볼 수 있는 예약완결의 의사표시일이 허가구역으로 지정되기 이전인 경우로서, 허가구역으로 지정된 이후에 당해 토지에 대한 본등기를 하는 경우

허가를 받지 않아도 되는 토지거래 계약

토지거래계약에 대한 허가제를 적용하지 아니하는 경우는 다음과 같다.

- 「공익사업을 위한 토지 등의 취득 및 보상에 관한 법률」에 의한 토지의 수용
- 「민사집행법」에 따른 경매
- 「공익사업을 위한 토지 등의 취득 및 보상에 관한 법률」에 따라 토지를 협의취득·사용하거나 환매하는 경우
- 「국유재산법」 제9조에 따른 국유재산종합계획에 따라 국유재산을 일반경쟁입찰로 처분하는 경우
- 「공유재산 및 물품 관리법」 제10조에 따른 공유재산의 관리계획에 따라 공유재산을 일반경쟁입찰로 처분하는 경우
- 「도시 및 주거환경정비법」 제74조에 따른 관리처분계획 또는 「빈집 및 소규모주택 정비에 관한 특례법」 제29조에 따른 사업시행계획에 따라 분양하거나 보류지 등을 매각하는 경우
- 「도시개발법」 제26조에 따른 조성토지 등의 공급계획에 따라 토지를 공급하는 경우, 같은 법 제35조에 따라 환지 예정지로 지정된 종전 토지를 처분하는 경우, 같은 법 제40조에 따른 환지처분을 하는 경우 또는 같은 법 제44조에 따라 체비지 등을 매각하는 경우
- 「주택법」 제15조에 따른 사업계획의 승인을 받아 조성한 대지를 공급하는 경우 또는 같은 법 제54조에 따라 주택(부대시설 및 복리시설을 포함하며, 주택과 주택 외의 시설을 동일 건축물로 건축하여 공급하는 경우에는 그 주택 외의 시설을 포함한다)을 공급하는 경우
- 「택지개발촉진법」 제18조에 따라 택지를 공급하는 경우

- 「산업입지 및 개발에 관한 법률」제2조제9호에 따른 산업단지개발사업 또는 같은 조 제12호에 따른 준산업단지를 개발하기 위한 사업으로 조성된 토지를 같은 법 제16조에 따른 사업시행자(같은 법 제38조에 따라 사업시행자로부터 분양에 관한 업무를 위탁받은 산업단지관리공단을 포함한다)가 분양하는 경우
- 「농어촌정비법」제25조 또는 제26조에 따른 환지계획에 따라 환지처분을 하는 경우 또는 같은 법 제43조에 따라 농지 등의 교환 · 분할 · 합병을 하는 경우
- 「농어촌정비법」에 따른 사업시행자가 농어촌정비사업을 시행하기 위하여 농지를 매입하는 경우
- 「상법」제3편제4장제10절 · 제11절, 「채무자 회생 및 파산에 관한 법률」의 절차에 따라 법원의 허가를 받아 권리를 이전하거나 설정하는 경우
- 국세 및 지방세의 체납처분 또는 강제집행을 하는 경우
- 국가 또는 지방자치단체가 법령에 따라 비상재해시 필요한 응급조치를 위하여 권리를 이전하거나 설정하는 경우
- 「한국농어촌공사 및 농지관리기금법」에 따라 한국농어촌공사가 농지의 매매 · 교환 및 분할을 하는 경우
- 법 제9조에 따라 외국인 등이 토지취득의 허가를 받은 경우
- 한국자산관리공사가 「금융회사부실자산 등의 효율적 처리 및 한국자산관리공사의 설립에 관한 법률」제4조 또는 제5조에 따라 토지를 취득하거나 경쟁입찰을 거쳐서 매각하는 경우 또는 한국자산관리공사에 매각이 의뢰되어 3회 이상 공매하였으나 유찰된 토지를 매각하는 경우

- 「국토계획법」 제47조 또는 「개발제한구역의 지정 및 관리에 관한 특별조치법」 제17조에 따라 매수청구된 토지를 취득하는 경우
- 「신행정수도 후속대책을 위한 연기 · 공주지역 행정중심복합도시 건설을 위한 특별법」, 「혁신도시 조성 및 발전에 관한 특별법」 또는 「기업도시개발 특별법」에 따라 조성된 택지 또는 주택을 공급하는 경우
- 「건축물의 분양에 관한 법률」에 따라 건축물을 분양하는 경우
- 「산업집적활성화 및 공장설립에 관한 법률」 제28조의4에 따라 지식산업센터를 분양하는 경우
- 법령에 따라 조세 · 부담금 등을 토지로 물납하는 경우

국가 등의 토지거래계약에 관한 특례

토지거래계약 그 당사자의 한쪽 또는 양쪽이 국가, 지방자치단체, 한국토지주택공사, 그 밖에 법령으로 정하는 공공기관 또는 공공단체인 경우에는 그 기관의 장이 시장 · 군수 또는 구청장과 협의할 수 있고, 그 협의가 성립된 때에는 그 토지거래계약에 관한 허가를 받은 것으로 본다.

용도지역별 허가제 적용대상 면적

도시지역 안의 토지는 용도지역별로 면적기준을 적용한다. 도시지역 밖의 토지는 지목을 기준으로 하여 일괄적으로 250㎡ 초과를 대상으로 하되 다만, 농지의 경우는 500㎡ 초과, 임야의 경우는 1천㎡ 초과를 대상으로 한다. 면적을 산정할 때 일단의 토지이용을 위하여 토지거래계약을 체결한 후 1년 이내에 일단의 토지의 전부 또는 일부에 대하여 토지거래

계약을 체결한 경우에는 그 일단의 토지 전체에 대한 거래로 본다.

구 분		허가를 받아야 하는 면적	비고
도시지역	주거지역	180㎡ 초과	
	상업지역	200㎡ 초과	
	공업지역	660㎡ 초과	
	녹지지역	100㎡ 초과	
	용도지역미지정	90㎡ 초과	
도시지역외 지역	농지	500㎡ 초과	
	임야	1,000㎡ 초과	
	기타	250㎡ 초과	

- 허가대상면적 등의 계산에 있어서는 도시지역 안의 토지에 대하여는 용도지역을 기준으로 하고, 도시지역 밖의 토지에 대하여는 지목을 기준으로 하되 지적공부상 지목과 현실지목이 다른 경우에는 현실지목을 기준으로 하여 산정한다. 이 경우 현실지목의 판단은 불법 형질 변경 등 불법사항이 없는 정당한 이용 상황에 따른다.
- 허가구역으로 지정된 지역의 용도지역이 변경된 경우에는 허가구역 지정 당시 공고내용 등에 특별한 규정이 없는 한 현재의 변경된 용도지역을 기준으로 허가대상면적을 산정한다.
- 1필지의 토지가 도시지역 안에서 2 이상의 용도지역에 속하여 있거나 도시지역 밖에서 2 이상의 현실지목으로 되어 있을 때에는 각각 가장 큰 면적을 기준으로 허가대상인지의 여부를 판단하되, 작은 면적이라도 그 면적이 허가대상인 경우에는 1필지 전체를 허가대상으로 한다.
- 도시개발사업 중 환지방식에 의한 사업이 시행 중인 토지를 거래하는 경우로서 당해 토지의 환지예정지가 지정된 때에는 그 면적을 기

준으로 하고, 환지예정지가 지정되지 아니한 때에는 종전의 토지면
적을 기준으로 허가대상 여부를 판단해야 한다.

- 허가구역에서 「집합건물의 소유 및 관리에 관한 법률」의 규정에 의하
여 건물의 구분소유를 위한 대지사용권을 이전하고자 할 때의 허가
대상 여부는 「부동산거래신고등에관한법률」 시행령 제9조 제3항의 규
정에 따르되, 그 지분(대지사용권) 면적은 토지의 공유지분으로 보아
산정한다.

※ 「부동산거래신고등에관한법률」 시행령 제9조 제3항

허가구역 지정 당시 1항에 따른 면적을 초과하는 토지가 허가구
역 지정 후에 분할(「국토계획법」에 따른 도시·군계획사업의 시행 등
공공목적으로 인한 분할은 제외한다)로 제1항에 따른 면적 이하가
된 경우 분할된 해당 토지에 대한 분할 후 최초의 토지거래계약
은 제1항에 따른 면적을 초과하는 토지거래계약으로 본다. 허가
구역 지정 후 해당 토지가 공유지분으로 거래되는 경우에도 또
한 같다.

허가를 받지 않은 계약의 효과 및 다른 법률에 따른 인가·허가 등의 의제

- 허가를 받지 아니하고 체결한 토지거래계약은 효력을 발생하지 않는
다. 허가 또는 변경허가를 받지 아니하고 토지거래계약을 체결하거
나, 속임수나 그 밖의 부정한 방법으로 토지거래계약 허가를 받은 자

는 2년 이하의 징역 또는 계약 체결 당시의 개별공시지가에 따른 해당 토지가격의 100분의 30에 해당하는 금액 이하의 벌금에 처한다.

- 농지에 대하여 토지거래계약 허가를 받은 경우에는 「농지법」 제8조에 따른 농지취득자격증명을 받은 것으로 본다. 이 경우 시장·군수 또는 구청장은 「농업·농촌 및 식품산업 기본법」 제3조제5호에 따른 농촌(「국토의 계획 및 이용에 관한 법률」에 따른 도시지역의 경우에는 같은 법에 따른 녹지지역만 해당한다)의 농지에 대하여 토지거래계약을 허가하는 경우에는 농지취득자격증명의 발급 요건에 적합한지를 확인하여야 하며, 허가한 내용을 농림축산식품부장관에게 통보하여야 한다.
- 토지거래계약 허가증을 발급받은 경우에는 「부동산등기 특별조치법」 제3조에 따른 검인을 받은 것으로 본다.

■ 토지거래허가 기준

허가업무처리절차

시장·군수 또는 구청장은 허가신청서를 받으면 「민원사무처리에 관한 법률」에 따른 처리기간에 허가 또는 불허가의 처분을 하고, 그 신청인에게 허가증을 발급하거나 불허가처분 사유를 서면으로 알려야 한다.

토지거래계약 허가 기준

토지거래계약을 체결하려는 자의 토지이용목적이 다음의 어느 하나에 해당되는 경우에는 토지거래허가를 받을 수 있다.

- 자기의 거주용 주택용지로 이용하려는 경우
- 허가구역을 포함한 지역의 주민을 위한 복지시설 또는 편익시설로서 관할 시장·군수 또는 구청장이 확인한 시설의 설치에 이용하려는 경우
- 허가구역에 거주하는 농업인·임업인·어업인 또는 법령으로 정하는 자가 그 허가구역에서 농업·축산업·임업 또는 어업을 경영하기 위하여 필요한 경우

TIP 법령으로 정하는 자란 다음의 어느 하나에 해당하는 자를 말한다.

- 다음의 '농업인 등'이 본인이 거주하는 특별시·광역시(광역시의 관할구역에 있는 군은 제외한다)·특별자치시·특별자치도·시 또는 군(광역시의 관할구역에 있는 군을 포함한다)에 소재하는 토지를 취득하려는 사람
  가.「농업·농촌 및 식품산업 기본법」제3조제2호에 따른 농업인
  나.「수산업·어촌 발전 기본법」제3조제3호에 따른 어업인
  다.「임업 및 산촌 진흥촉진에 관한 법률」제2조제2호에 따른 임업인
- 농업인등으로서 본인이 거주하는 주소지로부터 30킬로미터 이내에 소재하는 토지를 취득하려는 사람
- 다음 각 목의 어느 하나에 해당하는 농업인등으로서 협의양도하거나 수용된 날부터 3년 이내에 협의양도하거나 수용된 농지를 대체하기 위하여 본인이 거주하는 주소지로부터 80킬로미터 안에 소재하는 농지[행정기관의 장이 관계 법령에서 정하는 바에 따라 구체적인 대상을 정하여 대체농지의 취득을 알선하는 경우를 제외하고는 종전의 토지가액(「부동산 가격공시에 관한 법률」에 따른 개별공시지가를 기준으로 하는 가액을 말한다. 이하 같다) 이하인 농지로 한정한다]를 취득하려는 사람

가. 「공익사업을 위한 토지 등의 취득 및 보상에 관한 법률」 또는 그 밖의 법령에 따라 공익사업용으로 농지를 협의양도하거나 농지가 수용된 사람(실제 경작자로 한정한다.)

나. 가목에 해당하는 농지를 임차하거나 사용차(使用借)하여 경작하던 사람으로서 「공익사업을 위한 토지 등의 취득 및 보상에 관한 법률」에 따른 농업의 손실에 대한 보상을 받은 사람

● 제1호부터 제3호까지에 해당하지 아니하는 자로서 그 밖에 거주지 · 거주기간 등에 관하여 <u>국토교통부령으로 정하는 요건을 갖춘 자</u>

'국토교통부령으로 정하는 요건을 갖춘 자'란 다음의 어느 하나에 해당하는 자를 말한다.

● 농업을 영위하기 위하여 토지를 취득하려는 경우: 「농지법」 제8조에 따른 농지취득자격증명을 발급받았거나 그 발급요건에 적합한 사람으로서 다음 각 목의 어느 하나에 해당하는 사람

가. 다음의 요건을 모두 충족하는 사람

  – 세대주를 포함한 세대원(세대주와 동일한 세대별 주민등록표상에 등재되어 있지 아니한 세대주의 배우자와 미혼인 직계비속을 포함하되, 세대주 또는 세대원 중 취학 · 질병요양 · 근무지 이전 또는 사업상 형편 등 불가피한 사유로 인하여 해당 지역에 거주하지 아니하는 자는 제외한다. 이하 같다) 전원이 해당 토지가 소재하는 지역[특별시 · 광역시(광역시의 관할구역에 있는 군은 제외한다) · 특별자치시 · 특별자치도 · 시 또는 군(광역시의 관할구역에 있는 군을 포함한다)을 말한다. 이하 이 조에서 같다]에 주민등록이 되어 있을 것

  – 세대주를 포함한 세대원 전원이 실제로 해당 토지가 소재하는 지역에 거주할 것

나. 해당 토지가 소재하는 지역 또는 그와 연접한 지역에 사무소가 있는 농업법인(「농지법」 제2조제3호에 따른 농업법인을 말한다. 이하 이 조에서 같다)

● 축산업 · 임업 또는 어업을 영위하기 위하여 토지를 취득하려는 경우: 다음 각 목의 어느 하나에 해당하는 사람

가. 다음의 요건을 모두 충족하는 사람

  – 세대주를 포함한 세대원 전원이 해당 토지가 소재하는 지역에 주민등록이 되어 있을 것

- 「공익사업을 위한 토지 등의 취득 및 보상에 관한 법률」이나 그 밖의 법률에 따라 토지를 수용하거나 사용할 수 있는 사업을 시행하는 자가 그 사업을 시행하기 위하여 필요한 것인 경우

- 허가구역을 포함한 지역의 건전한 발전을 위하여 필요하고 관계 법률에 따라 지정된 지역 · 지구 · 구역 등의 지정목적에 적합하다고 인정되는 사업을 시행하는 자나 시행하려는 자가 그 사업에 이용하려는 경우

- 허가구역의 지정 당시 그 구역이 속한 특별시 · 광역시 · 특별자치시 · 시(「제주특별자치도 설치 및 국제자유도시 조성을 위한 특별법」 제10조제2항에 따른 행정시를 포함한다. 이하 이 조에서 같다) · 군 또는 인접한 특별시 · 광역시 · 특별자치시 · 시 · 군에서 사업을 시행하고 있는 자가 그 사업에 이용하려는 경우나 그 자의 사업과 밀접한 관련이 있는 사업을 하는 자가 그 사업에 이용하려는 경우

- 허가구역에 거주하고 있는 자의 일상생활과 통상적인 경제활동에 필요한 것 등으로서 법령으로 정하는 용도에 이용하려는 것인 경우

불허가처분에 대한 이의 신청

불허가 처분에 이의가 있는 자는 그 처분을 받은 날부터 1개월 이내에 허가권자인 시장·군수 또는 구청장에게 이의를 신청할 수 있다.

■ 토지 의무이용기간

허가구역에서 토지거래계약을 허가받은 자는, 토지취득일로부터 사유별로 2~5년간 허가 받은 목적대로 이용할 의무가 발생한다.

2년 의무이용

- 자기의 거주용 주택용지로 이용하려는 경우
- 허가구역을 포함한 지역의 주민을 위한 복지시설 또는 편익시설로서 관할 시장·군수 또는 구청장이 확인한 시설의 설치에 이용하려는 경우
- 허가구역에 거주하는 농업인·임업인·어업인 또는 법령으로 정하는 자가 그 허가구역에서 농업·축산업·임업 또는 어업을 경영하기 위하여 필요한 경우
- 「공익사업을 위한 토지 등의 취득 및 보상에 관한 법률」 또는 그 밖의 법령에 따라 농지 외의 토지를 공익사업용으로 협의양도하거나 수용된 사람이 그 협의양도하거나 수용된 날부터 3년 이내에 그 허가구역에서 협의양도하거나 수용된 토지에 대체되는 토지(종전의 토지가액 이하인 토지로 한정한다)를 취득하려는 경우

4년 의무이용

다만, 분양을 목적으로 허가를 받은 토지로서 개발에 착수한 후 토지 취

득일부터 4년 이내에 분양을 완료한 경우에는 분양을 완료한 때에 4년이 지난 것으로 본다.

- 「공익사업을 위한 토지 등의 취득 및 보상에 관한 법률」이나 그 밖의 법률에 따라 토지를 수용하거나 사용할 수 있는 사업을 시행하는 자가 그 사업을 시행하기 위하여 필요한 경우
- 허가구역을 포함한 지역의 건전한 발전을 위하여 필요하고 관계 법률에 따라 지정된 지역·지구·구역 등의 지정목적에 적합하다고 인정되는 사업을 시행하는 자나 시행하려는 자가 그 사업에 이용하려는 경우
- 허가구역의 지정 당시 그 구역이 속한 특별시·광역시·특별자치시·시(「제주특별자치도 설치 및 국제자유도시 조성을 위한 특별법」 제10조제2항에 따른 행정시를 포함한다. 이하 이 조에서 같다)·군 또는 인접한 특별시·광역시·특별자치시·시·군에서 사업을 시행하고 있는 자가 그 사업에 이용하려는 경우나 그 자의 사업과 밀접한 관련이 있는 사업을 하는 자가 그 사업에 이용하려는 경우

5년 의무이용

- 관계 법령에 따라 개발·이용행위가 제한되거나 금지된 토지로서 국토교통부령으로 정하는 토지에 대하여 현상 보존의 목적으로 토지를 취득하려는 경우
- 그 외의 경우

이용의무 불이행과 이행강제금

당초에 취득허가를 받은 목적대로 이용하지 않는 경우 3월의 이행명령을 부여하고, 명령 불이행시 취득가액(취득가액은 실제 거래가격으로 한다)의 10% 범위 내에서 이용의무 이행강제금을 부과한다. 이행강제금은 최초의 이행명령이 있었던 날을 기준으로 하여 1년에 한 번씩 그 이행명령이 이행될 때까지 반복하여 부과·징수할 수 있으며, 이용 의무기간이 지난 후에는 이행강제금을 부과할 수 없다. 이행명령을 받은 후 그 명령을 이행하는 경우에는 새로운 이행강제금의 부과는 즉시 중지되지만, 명령을 이행하기 전에 이미 부과된 이행강제금은 납부하여야 한다. 이행강제금 부과처분의 불복은 시장·군수 또는 구청장에게 이의를 제기할 수 있다.

- 토지거래계약 허가를 받아 토지를 취득한 자가 당초의 목적대로 이용하지 아니하고 방치한 경우에는 토지 취득가액의 10/100에 상당하는 금액
- 토지거래계약 허가를 받아 토지를 취득한 자가 직접 이용하지 아니하고 임대한 경우에는 토지 취득가액의 7/100에 상당하는 금액
- 토지거래계약 허가를 받아 토지를 취득한 자가 시장·군수 또는 구청장의 승인 없이 당초의 이용목적을 변경하여 이용하는 경우에는 토지 취득가액의 5/100에 상당하는 금액
- 제1호 내지 제3호 외의 경우에는 토지 취득가액의 7/100에 상당하는 금액

이용의무 이행의 예외

토지거래계약을 허가받은 자가 해당 토지를 허가받은 목적대로 이용하지 않아도 되는 법령이 정하는 사유는 다음과 같다.

- 토지를 취득한 후 「국토계획법」 또는 관계 법령에 따라 용도지역 등 토지의 이용 및 관리에 관한 계획이 변경됨으로써 「국토계획법」 또는 관계 법령에 따른 행위제한으로 인하여 당초의 목적대로 이용할 수 없게 된 경우
- 토지의 이용을 위하여 관계 법령에 따른 허가·인가 등을 신청하였으나 국가 또는 지방자치단체가 국토교통부령이 정하는 사유로 일정기간 허가·인가 등을 제한하는 경우로서 그 제한기간 내에 있는 경우
- 「부동산거래신고등에관한법률」 제12조에 따른 허가기준에 맞게 당초의 이용목적을 변경하는 경우로서 허가관청의 승인을 얻은 경우
- 다른 법률에 따른 행위허가를 받아 「부동산거래신고등에관한법률」 제12조에 따른 허가기준에 맞게 당초의 이용목적을 변경하는 경우로서 해당 행위의 허가권자가 이용목적 변경에 관하여 허가관청과 협의를 한 경우
- 「해외이주법」 제6조에 따라 이주하는 경우
- 「병역법」 제18조에 따라 복무하는 경우
- 「자연재해대책법」 제2조 제1호의 규정에 따른 재해로 인하여 허가받은 목적대로 이행하는 것이 불가능한 경우
- 공익사업의 시행 등 토지거래계약 허가를 받은 자에게 책임 없는 사유로 허가받은 목적대로 이용하는 것이 불가능한 경우

- 「건축법 시행령」 별표 1 제1호의 단독주택(다중주택 및 공관은 제외한다), 같은 표 제2호의 공동주택(기숙사는 제외한다), 같은 표 제3호의 제1종 근린생활시설, 같은 표 제4호의 제2종 근린생활시설을 취득하여 실제로 이용하는 자가 해당 건축물의 일부를 임대하는 경우
- 「산업집적활성화 및 공장설립에 관한 법률」 제2조제1호에 따른 공장을 취득하여 실제로 이용하는 자가 해당 공장의 일부를 임대하는 경우
- 그 밖에 토지거래계약허가를 받은 자가 불가피한 사유로 허가받은 목적대로 이용하는 것이 불가능하다고 시·군·구 도시계획위원회에서 인정한 경우

이용실태조사

시·군·구별로 토지거래계약 허가구역의 지정 후에 허가를 받아 거래한 모든 토지를 대상으로 조사하되, 아래의 각호의 기준에 따른다. 참고로 실태조사에는 정기조사와 수시조사가 있는데, 정기조사의 기준일은 매년 5월 1일이며 조사기간은 5월 1일부터 7월 31일까지이다. 조사내용은 토지의 이용의무기간 중인 허가분의 이용실태이다.

- 지정기간 만료 후 계속하여 재지정 된 경우에는 최초 지정 후 허가받은 토지를 모두 포함한다.
- 과거에 조사한 사실이 없는 토지를 우선 대상으로 한다.
- 당해 토지의 개발 및 이용계획서에 착수일을 따로 정한 경우에는 착수일이 도래한 토지를 대상으로 한다.

■ 허가구역 해제 및 효과

국토교통부장관은 허가구역의 지정 사유가 없어졌다고 인정되거나 관계 시·도지사, 시장·군수 또는 구청장으로부터 허가구역의 지정 해제 또는 축소 요청이 이유 있다고 인정되면 지체 없이 허가구역의 지정을 해제하거나 지정된 허가구역의 일부를 축소하여야 한다. 절차는 허가구역 지정 절차와 동일하며, 토지거래허가구역에서 해제되면 즉시로 해당 토지에 따라다니던 이용의무도 자동 소멸한다.

토지거래허가구역에서의 토지 매매: 유동적 무효

유동적 무효란 법률행위가 효력을 발생시키지 못하지만 추후에 허가 인가를 받으면 법률행위시에 소급해서 또는 장래로 유효하게 되는 것을 말한다. 당사자가 거래허가를 전제로 토지매매를 하여 후에 허가를 받게 되면 확정적으로 유효하게 된다. 그러한 허가를 받기 전의 상태를 '유동적 무효'라고 한다.

- 계약불이행으로 인한 손해배상의무는 발생하지 않는다.
- 계약당사자 간 허가를 득하는 데 협력할 의무가 있다.

토지거래계약 허가 신청서

※ 뒤쪽의 유의사항 · 작성방법을 읽고 작성하시기 바라며,
색상이 어두운 란은 신청인이 작성하지 않습니다.

(앞 쪽)

접수번호		접수일		처리기간	15일

매도인	① 성명(법인명)		②주민등록번호(법인 · 외국인등록번호)		
	③주소(법인소재지)		(휴대)전화번호		
매수인	④성명(법인명)		⑤주민등록번호(법인 · 외국인등록번호)		
	⑥주소(법인소재지)		(휴대)전화번호		

⑦허가신청하는 권리				[ ]소유권 [ ]지상권			

토지에 관한 사항	번호	⑧소재지	⑨지번	지목		⑫면적(㎡)	⑬용도 지역 · 용도지구	⑭이용현황
				⑩법정	⑪현실			
	1 2 3							
	⑮권리설정현황							

토지의 정착물에 관한 사항	번호	⑯종류		⑰정착물의 내용	이전 또는 설정에 관한 권리	
					⑱종류	⑲내용
	1 2 3					

이전 또는 설정하는 권리의 내용에 관한 사항	번호	⑳소유권의 이전 또는 설정의 형태	그 밖의 권리의 경우		㉓특기사항
			㉑존속기간	㉒지대(연액)	
	1 2 3				

계약예정 금액에 관한 사항	번호	토지				정착물		
	1 2 3	㉔지목 (현실)	㉕면적 (㎡)	㉖단가 (원/㎡)	㉗예정 금액(원)	㉘종류	㉙예정금액 (원)	㉚예정금액합 계(원)(㉗+㉙)
		계	평균	계			계	계

「부동산 거래신고 등에 관한 법률」 제11조제1항, 같은 법 시행령 제9조제1항 및 같은 법 시행규칙 제9조에 따라 위와 같이 허가를 신청합니다.

년   월   일

매도인   (서명 또는 인)
매수인   (서명 또는 인)

시장 · 군수 · 구청장 귀하

신청인 제출서류	1. 「부동산 거래신고 등에 관한 법률 시행규칙」제11조제1항 각 호의 사항을 적은 토지이용계획서 (「농지법」 제8조에 따라 농지취득자격증명을 발급받아야 하는 농지의 경우에는 같은 조 제2항에 따른 농업경영계획서를 말합니다) 2. 「부동산 거래신고 등에 관한 법률 시행규칙」제9조제2항에 따른 별지 제10호서식의 토지취득자금조달 계획서	수수료 없음
담당 공무원 확인사항	토지등기사항증명서	

유의사항

1. 「부동산 거래신고 등에 관한 법률」 제11조제1항에 따른 허가를 받지 아니하고 체결한 토지거래계약은 그 효력을 발생하지 아니합니다.
2. 「부동산 거래신고 등에 관한 법률」 제11조제1항에 따라 허가 또는 변경허가를 받지 아니하고 토지거래계약을 체결하거나 거짓, 그 밖의 부정한 방법으로 토지거래계약허가를 받은 자는 2년 이하의 징역 또는 계약체결 당시의 개별공시지가에 따른 해당토지가격의 100분의 30에 상당하는 금액 이하의 벌금이 부과됩니다.
3. 「부동산 거래신고 등에 관한 법률」 제11조제1항에 따라 토지거래계약허가를 받아 취득한 토지를 허가받은 목적대로 이용하지 아니한 경우에는 토지 취득가액의 100분의 10의 범위 안에서 이행강제금이 부과됩니다.

※ 허가 신청사항이 많은 경우에는 다른 용지에 작성하여 간인 처리한 후 첨부할 수 있습니다.

작성방법

1. ①④란에는 법인인 경우는 법인의 명칭을 기재합니다.
2. ⑦란에는 해당하는 권리에 √표시합니다.
3. ⑩⑪란에는 전 · 답 · 대 · 잡종지 · 임야 등으로 기재합니다.
4. ⑰란에는 건축물 및 공작물의 경우에는 연면적 · 구조 · 사용년수 등을, 입목의 경우에는 수종 · 본수 · 수령 등을 기재합니다.
5. ⑱⑲란에는 권리가 이전 또는 설정되는 정착물의 종류와 내용을 기재합니다.
6. ⑳란에는 매매 · 교환 등의 등기원인의 구분에 따라 기재합니다.

처리절차

이 신청서는 무료로 배부되며 아래와 같이 처리됩니다.

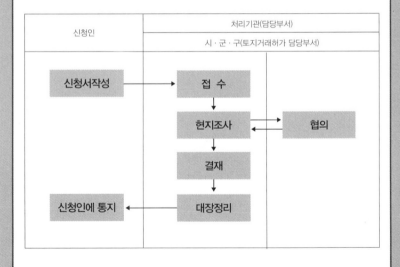

신청인	처리기관(담당부서)	
	시 · 군 · 구(토지거래허가 담당부서)	
신청서작성 →	접 수	
	↓	
	현지조사	⇄ 협의
	↓	
	결재	
	↓	
신청인에 통지 ←	대장정리	

국토해양부 질의응답

토지거래허가구역에서의 토지 매매

Q 토지거래허가구역 내 농지를 구입하려고 하는데 토지거래허가를 받은 후 별도의 농지취득자격증명을 받아야 하나요?

A 농지에 대하여 토지거래허가를 받은 경우에는 「농지법」 제8조의 농지취득자격증명을 받은 것으로 보며, 이에 따라 허가권자인 시장·군수·구청장은 「농어업·농어촌 및 식품산업 기본법」 제3조 제5항의 규정에 의한 농어촌(도시지역의 경우 녹지지역에 한함) 안의 농지에 대하여 농업경영목적의 토지거래계약을 하는 경우 농지취득자격증명의 발급요건에 적합 여부를 확인하여야 하며, 허가한 내용을 농림축산식품부장관에게 통보합니다.

Q 현재 시내버스 차고지로 활용하고 있는 자연녹지 지역 내의 토지(지목 '대')를 매입하여, 현재의 건물을 멸실한 후 지하 1층 지상 4층 규모의 장례예식장을 신축하고자 합니다. 건축허가를 득하지 않은 상태에서 토지거래계약허가가 가능한지요?

A 「국토계획법」(현재는 「부동산거래신고등에관한법률」) 및 「토지거래업무 처리규정」의 규정에 의하여 토지이용계획이 허가구역을 포함한 지역의 건전한 발전을 위하여 필요하고 관계 법률의 규정에 의하여 지정된 지역·지구·구역 등의 지정목적에 적합하다고 인정되는 사업을 시행하는 자로서, 주택건설 또는 공장건설 등을 위하여 토지를 취득하는 경우에는 관계 법령에 의하여 그 사업의 시행이나 입지 등에 관하여 관계 행정기관의 장이 허가승인 등 행위허가를 하거나 시행하고자 하는 사업이 그 지역의 건전한 발전을 위하여 필요하고 관계 법령이나 토지이용계획상 적절하다고 인정하는 경우에는 토지거래허가가 가능할 것으로 봅니다.

토지거래허가구역 내의 토지를 매매하는 도중 매수인이 잔금을 지급하지 않아 해당 토지에 대한 매매계약이 해제되었습니다만, 해제를 증명하는 내용증명우편을 근거로 토거래허가취소 신청을 하고 개발행위허가취소 신청을 하려고 하나, 허가권자는 법원의 판결이 있어야 토지거래허가가 취소되고, 개발행위허가를 취소할 수 있다고 하는데 맞나요?

 ① 「국토계획법」(현재는 「부동산거래신고등에관한법률」)의 규정에 따라 허가구역 안에 있는 토지에 대한 소유권 · 지상권을 이전 또는 설정하는 계약을 체결하고자 하는 당사자는 공동으로 시장 · 군수 또는 구청장의 토지거래허가를 받아야 하며, 허가받은 사항을 변경하는 때에도 또한 같도록 규정하고 있습니다.

② 이와 관련하여 토지거래허가를 받은 후 양당사자의 의사불합치로 계약이 성립되지 아니한 경우에도 매도 당사자가 당초 허가받은 매수자가 아닌 제3자와 계약을 체결하기 위해서는 그 허가처분이 소멸되어야 할 것이므로 당해 허가를 신청한 양 당사자가 허가취소를 요청하여 당해 허가를 취소받은 후에 제3자와 새로운 토지거래허가를 할 수 있을 것입니다.

③ 따라서 매수 당사자 간에 계약이 해제되는 등의 사실이 객관적으로 확인된다면 직권취소가 가능할 것이니, 계약이 해제되는 등의 사실을 입증하는 자료를 준비하시어 허가권자에게 직권취소 요청을 하시기 바랍니다.

* 참고로 「민법」 제544조 등의 규정에 의한 절차를 거치면 계약이 해제된 것으로 볼 수 있을 것입니다.

「민법」 제544조 (이행지체와 해제) 당사자 일방이 그 채무를 이행하지 아니하는 때에는 상대방은 상당한 기간을 정하여 그 이행을 최고하고 그 기간 내에 이행하지 아니한 때에는 계약을 해제할 수 있다. 그러나 채무자가 미리 이행하지 아니할 의사를 표시한 경우에는 최고를 요하지 아니한다.

PART
8

개발행위허가 사례

여기에서는 PART 3~5에서 설명한 지목변경 5단계 분석법을 현장에서 적용해볼 수 있도록 개발행위허가 사례를 들어 설명하고 있다. 다만, 설명의 편의상 일부는 각색하여 설명하고 있음을 미리 밝혀둔다. 간접체험이지만 사례를 읽은 후 지목변경을 다시 한 번 읽는다면 책의 내용이 훨씬 더 생생하게 머릿속으로 잘 들어올 것이다. 또한, 처음에는 따라 하기가 쉽지는 않겠지만 반복해서 익히면 투자가들이 투자대상 토지의 개발 가능성과 투자가치를 평가하는 안목을 정립하는 데도 큰 도움을 줄 것이다.

단독주택 개발 사례1
보전관리지역 임야에서 단독주택 개발

■ 토지에 관한 정보

지적도

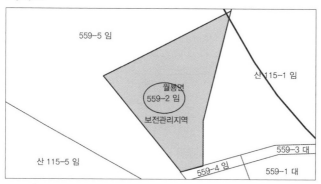

토지이용계획확인서

사례 토지의 지목은 임야이며, 국토계획법상 용도지역은 보전관리지역,
산지의 구분은 준보전산지에 해당한다.

지목	임야	면적	5,475㎡
개별공시지가	47,100원 (2020/01)		

지역 지구 등 지정 여부	「국토의 계획 및 이용에 관한 법률」에 따른 지역·지구 등	보전관리지역
	다른 법령 등에 따른 지역·지구 등	제한보호구역(전방지역 25km)(군사기지 및 군사시설 보호법), 준보전산지(산지관리법)
「토지이용규제 기본법 시행령」 제9조 제4항 각 호에 해당되는 사항		토지거래계약에 관한 허가구역

편입토지조서

번지	지목	면적(㎡)		공시지가 (원/㎡)	토지이용규제
		공부	편입		
559-2	임	5,475	1,040	47,100	· 보전관리지역/준보전산지 · 제한보호구역(전방지역: 25km) (「군사기지 및 군사시설보호법」) · 토지거래계약에 관한 허가구역
합계		5,475	1,040		

토지 개발관련 정보(토목설계사무소 제공)

- 평균경사도: 15.2도
- 평균표고: 60m
- 입목축적: 시 헥타르당 평균입목축적의 118%

■ 지목변경 5단계 분석

◎ 제1단계 분석: 용도지역과 건축물

용도지역과 건축제한

사례토지는 국토계획법상 보전관리지역이다. 따라서 토지가 소재하는 시·군의 「도시·군계획조례」에서 정한 건폐율, 용적률, 건축물의 높이, 건축물의 종류를 적용하여 개발할 수 있다.

건폐율

보전관리지역에서의 건폐율은 20% 이하를 적용하고 있다.

용적률

보전관리지역에서의 용적률은 100% 이하를 적용하고 있다.

건축물의 높이

건축물의 높이는 4층 이하를 적용하고 있다.

건축물의 용도: 건축할 수 있는 건축물

개발하고자 하는 건축물(단독주택)이 보전관리지역에서 허용되고 있다.

TIP **[별표 17] 보전관리지역 안에서 건축할 수 있는 건축물**

1. 「국토의 계획 및 이용에 관한 법률 시행령」별표 18의 제1호에 따라 건축할 수 있는 다음 각 목의 어느 하나에 해당하는 건축물(4층 이하의 건축물에 한한다. 다만, 4층 이하의 범위 안에서 도시·군계획조례로 따로 층수를 정하는 경우에는 그 층수 이하의 건축물에 한한다)

   가. 「건축법 시행령」 별표 1 제1호의 단독주택

   나. 「건축법 시행령」 별표 1 제10호의 교육연구시설 중 초등학교

   다. 「건축법 시행령」 별표 1 제23호의 교정 및 국방·군사시설

2. 「파주시 도시계획 조례」에 따라 건축할 수 있는 다음 각 목의 어느 하나에 해당하는 건축물(4층 이하의 건축물에 한한다.)

   가. 「건축법 시행령」별표 1 제3호의 제1종 근린생활시설(휴게음식점 및 제과점을 제외한다.)

   나. 「건축법 시행령」별표 1 제4호의 제2종 근린생활시설(아목 및 너목에 해당하는 것과 일반음식점 및 단란주점을 제외한다.)

   다. 「건축법 시행령」별표 1 제6호의 종교시설 중 종교집회장

   라. 「건축법 시행령」별표 1 제9호의 의료시설

   마. 「건축법 시행령」별표 1 제10호의 교육연구시설 중 유치원·중학교·고등학교

   바. 「건축법 시행령」별표 1 제11호의 노유자시설

   사. 「건축법 시행령」별표 1 제18호가목의 창고시설(농업·임업·축산업·수산업용에 한한다.)

   아. 「건축법 시행령」별표 1 제19호의 위험물저장 및 처리시설

   자. 「건축법 시행령」별표 1 제21호의 동물 및 식물관련시설 중 가목 및 마목부터 아목까지에 해당하는 것

   차. 건축법 시행령」별표 1 제22호가목의 하수 등 처리시설(「하수도법」제2조 제9호에 따른 공공하수처리시설만 해당한다.)

   카. 「건축법 시행령」별표 1 제24호의 방송통신시설

   타. 「건축법 시행령」별표 1 제25호의 발전시설

   파. 「건축법 시행령」별표 1 제26호의 묘지관련시설

   하. 「건축법 시행령」별표 1 제28호의 장례시설

   거. 「건축법 시행령」별표 1 제29호의 야영장시설

◎ 제2단계 분석: 개발행위허가기준

「도시·군계획조례」에 의한 용도지역별 개발행위허가의 규모

- 보전관리지역: 5천제곱미터 미만
- 생산관리지역: 1만제곱미터 미만
- 계획관리지역: 3만제곱미터 미만
- 농림지역: 1만제곱미터 미만(다만, 양계·양돈·소사육시설, 버섯재배사는 3만 제곱미터 미만으로 한다.)

보전관리지역에서는 부지면적 5천제곱미터 미만 규모로 개발할 수 있다. 사업부지 편입면적은 1,040㎡이므로 기준을 충족하고 있다.

「도시·군계획조례」의 개발행위허가기준

> **TIP** 제20조(개발행위허가의 기준)
> ① 영 별표 1의2 제1호가목(3)에 따라 시장은 다음 각 호의 요건을 모두 갖춘 토지에 한정하여 개발행위를 허가할 수 있다.
> 1. (삭제 2017. 9. 22)
> 2. 다음 각 목의 지역별 평균경사도 미만인 토지. 다만, 지역별 평균경사도가 기준 이상인 토지에 대해서는 시 도시계획위원회 심의를 거쳐 허가할 수 있으며, 경사도 산정방법은 규칙 제10조의 2에 따른다.
>   가. 나목, 다목 이외의 지역: 18도 미만 (신설 2019. 7. 19)
>   나. 문산읍, 파주읍: 20도 미만 (신설 2019. 7. 19)
>   다. 법원읍, 적성면, 파평면: 23도 미만. 다만, 제27조의2에 따른 심의제외 건축물을 포함하여 20도 이상인 토지의 경우 시 도시계획위원회 자문을 거

평균경사도

사례 토지는 평균경사도가 15.2도로 허가의 기준 18도 미만을 충족하고 있다

입목축적

사례 토지는 입목축적이 시 헥타르당 평균입목축적의 118%로서 허가의 기준 시 헥타르당 평균입목축적의 150퍼센트 이하를 충족하고 있다.

표고

해당 시의 「도시계획조례」에는 표고에 해당 허가 기준 규정이 없다. 따라서 충족하고 있다.

「산지관리법」상의 산지전용허가기준

평균경사도 25도 이하

사례 토지는 평균경사도가 15.2도로 산지전용허가 기준을 충족하고 있다.

시 헥타르당 입목축적의 150% 이하

사례 토지는 입목축적도가 시 평균입목축적도의 118%로서 산지전용허

가 기준을 충족하고 있다.

산지의 소유권

단독주택 목적의 산지전용허가는 자기소유의 산지일 것을 요구하고 있으며, 허가 신청자가 소유자이므로 산지전용허가 기준을 충족하고 있다.

◎ 제3단계 분석: 도로와 진입도로

지적도상의 폭 4m인 559-4, 559-3을 진출도로로 하여 허가 신청을 하였으며 허가 기준을 충족하고 있다.

◎ 제4단계 분석: 배수로

기존에 존재하는 관로(사설 배수로)에 연결하여 해결하였다.

◎ 제5단계 분석: 군사기지 및 군사시설보호구역

제한보호구역(전방지역 25km)

전방의 군사분계선 25km 구간에 지정된 군사기지 및 군사시설보호구역에 해당한다. 통제보호구역 및 제한보호구역 구분은 제한보호구역에 해당한다. 즉, 민통선 이남 10km~25km 구간에 지정된 보호구역이다. 위탁지역 및 협의지역 구분은 위탁지역이라고 별도로 표시되어 있지 않기 때문에 협의지역에 해당한다. 따라서 개발행위허가 신청시 작전성 검토 협의서를 함께 제출하여 관할부대장의 동의를 받아서 해결하였다.

영향평가

경미한 소규모 환경영향평가

보전관리지역은 5,000㎡ 이상이면 경미한 소규모 환경영향평가 협의 대상 사업이다. 본 사업은 협의 대상 사업에 해당하지 않는다.

소규모 재해영향평가

협의 대상 사업에 해당하지 않는다.

제비용의 납부

- 지역개발공채: 해당 없음
- 대체산림자원조성비 납부
  (4800+471) × 1,040㎡ = 5,481,840원 납부
- 이행보증금 1,273만원 보증보험증서 제출

〈파주시 개발행위허가 민원 매뉴얼(자료: 파주시청)〉

허가대상	○ 건축물의 건축 또는 공작물의 설치 ○ 토지의 형질변경(경작을 위한 토지의 형질변경 제외) ○ 토석채취 ○ 토지분할(「건축법」 제49조 규정에 의한 건축물이 있는 대지는 제외) ○ 물건적치 　(녹지지역 · 관리지역 또는 자연환경보전지역 안에 물건을 1월 이상 쌓아놓는 행위)
신고시기	○ 대상행위 전에 허가 신청서 제출
접수	시청 민원실
처리부서	균형발전과
처리기간	법정일: 15일 / 파주시: 8일
공과금	면허세, 경기도지역개발공채(도지지역에 한함)
기타 비용	이행보증금(토목공사비의 20%)
구비서류	○ 토지의 소유권 또는 사용권 ○ 배치도 등 공사 또는 사업관련 도서(토지의 형질변경 및 토석채취인 경우에 한함) ○ 설계도서(공작물의 설치인 경우에 한함) ○ 당해 건축물의 용도 및 규모를 기재한 서류 　(건축물의 건축을 목적으로 하는 토지의 형질변경인 경우에 한함) ○ 개발행위의 시행으로 폐지되거나 대체 또는 새로이 설치할 공공시설의 종류 　· 세목 · 소유자 등의 조서 및 도면 ○ 공사비 예산내역서(토지의 형질변경 및 토석채취인 경우에 한함) ○ 위해방지 · 환경오염방지 · 경관 · 조경 등을 위한 설계도서 및 그 예산내역서 　(토지분할인 경우를 제외한다) ○ 관계 행정기관의 장과의 협의에 필요한 서류
관련 부서 및 기관	○ 한국농촌공사: 농업기반시설(구거 등) 목적 외 사용승인 여부 ○ 군부대: 군사보호구역 사전협의 ○ 한국전력공사: 송전선로 구역 저촉 여부 확인 ○ 한강유역환경청: 경미한 소규모 환경영향평가 ○ 한국토지개발공사 · 대한주택공사: 주택사업 및 기반시설 공사 저촉 여부 확인

처리 심사 기준	★ 허가기준 ㅇ 용도지역별 개발행위의 규모(연접)에 적합할 것 ㅇ 도시관리계획의 내용에 배치되지 아니할 것 ㅇ 도시계획사업의 시행에 지장이 없을 것 ㅇ 주변 환경 또는 경관과 조화를 이룰 것 ㅇ 당해 개발행위에 따른 기반시설의 설치 또는 그에 필요한 용지의 확보계획 　이 적정할 것 ★ 허가의 제한 ㅇ 수목 · 조수류 등이 집단적으로 생육 · 서식하고 있는 지역 ㅇ 우량농지 등으로 보전할 필요가 있는 지역 ㅇ 주변의 환경 · 경관 · 미관 등이 오염되거나 손상될 우려가 있는 지역 ㅇ 지구단위계획구역으로 지정되어 지구단위계획을 수립하고 있는 지역 ㅇ 도시기본계획, 도시관리계획을 수립하고 있는 지역으로 계획이 결정될 경우 　용도지역(지구)의 변경이 수반되어 허가의 기준이 크게 달라질 것으로 예상되 　는 지역
처리시 유의사항	ㅇ 용도지역별 개발행위의 규모 확인 ㅇ 기반시설(도로, 배수로)의 존치 확인 ㅇ 용도지역별 건축 가능한 건축물 확인 ㅇ 군부대 협의지역(위임, 협의지역) 확인

단독주택 개발 사례2
계획관리지역 농지 및 임야에서
단독주택 개발

■ 토지에 관한 정보

지적도: 허가 전

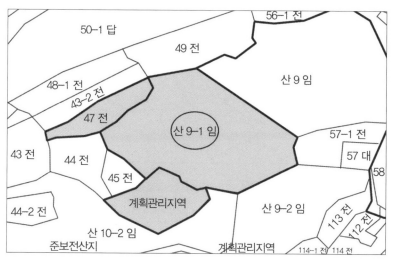

위성지도: 허가 전

지적도: 개발계획도면

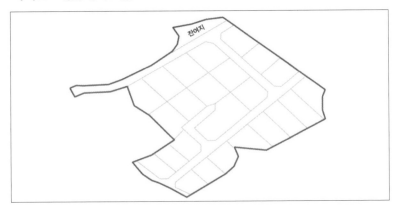

토지이용계획확인서

지목	임야	면적	9,023m²
개별공시지가	20,500원(2020/01)		

지역 지구 등 지정 여부	「국토의 계획 및 이용에 관한 법률」에 따른 지역·지구 등	계획관리지역
	다른 법령 등에 따른 지역·지구 등	준보전산지(산지관리법), 배출시설설치제한지역(수질 및 수생태계 보전에 관한 법률)
「토지이용규제 기본법 시행령」 제9조 제4항 각 호에 해당되는 사항		〈추가기재〉 건축법 제2조 제1항 제11호 나목에 따른 도로(도로일부포함)

지목	전	면적	2,152m²
개별공시지가	21,000원(2020/01)		

지역 지구 등 지정 여부	「국토의 계획 및 이용에 관한 법률」에 따른 지역·지구 등	계획관리지역
	다른 법령 등에 따른 지역·지구 등	배출시설설치제한지역(수질 및 수생태계 보전에 관한 법률)
「토지이용규제 기본법 시행령」 제9조 제4항 각 호에 해당되는 사항		〈추가기재〉 건축법 제2조 제1항 제11호 나목에 따른 도로(도로일부포함)

지목	전	면적	1,345m²
개별공시지가	21,300원(2020/01)		

지역 지구 등 지정 여부	「국토의 계획 및 이용에 관한 법률」에 따른 지역·지구 등	계획관리지역
	다른 법령 등에 따른 지역·지구 등	배출시설설치제한지역(수질 및 수생태계 보전에 관한 법률)
「토지이용규제 기본법 시행령」 제9조 제4항 각 호에 해당되는 사항		〈추가기재〉 건축법 제2조 제1항 제11호 나목에 따른 도로(도로일부포함)

해당 토지의 지목은 임야와 전이며, 국토계획법상 용도지역은 계획관리지역, 산지의 구분은 준보전산지, 농지의 구분은 농업진흥지역 밖에 있는 농지에 해당한다.

편입토지조서

번지	지목	면적(㎡)		공시지가 (원/㎡)	토지이용규제
		공부	편입		
산9-1	임	9,023	6,668	20,500	· 계획관리지역/준보전산지 · 배출시설설치제한지역 · 도로(도로 일부 포함)
46	전	2,152	2,152	21,000	· 계획관리지역/농업진흥지역 밖 · 배출시설설치제한지역 · 도로(도로 일부 포함)
47	전	1,345	350	21,300	· 계획관리지역/농업진흥지역 밖 · 배출시설설치제한지역 · 도로(도로 일부 포함)
합계		12,520	9,170		

토지 개발관련 정보(토목설계사무소 제공)

- 평균경사도: 4.8도
- 평균표고: 70m
- 입목축적: 시 헥타르당 평균입목축적의 110%

■ 지목변경 5단계 분석

◎ 제1단계 분석: 용도지역과 건축물

442

용도지역과 건축제한

사례토지는 국토계획법상 계획관리지역이다. 따라서 토지가 소재하는 시·군의 「도시·군계획조례」에서 정한 건폐율, 용적률, 건축물의 높이, 건축물의 종류를 적용하여 개발할 수 있다.

건폐율

계획관리지역에서의 건폐율은 40% 이하를 적용하고 있다.

용적률

계획관리지역에서의 용적률은 100% 이하를 적용하고 있다.

건축물의 높이

건축물의 높이는 4층 이하를 적용하고 있다.

건축물의 용도: 건축할 수 있는 건축물

개발하고자 하는 건축물(단독주택)이 계획관리지역에서 허용되고 있다. 앞의 '지목변경 1단계 분석: 용도지역과 건축물'의 설명을 참조하면 된다.

◎ 제2단계 분석: 개발행위허가기준

「도시·군계획조례」의 용도지역별 개발행위허가의 규모

● 보전관리지역: 3만 제곱미터 미만

- 생산관리지역: 3만 제곱미터 미만
- 계획관리지역: 3만 제곱미터 미만
- 농림지역: 3만 제곱미터 미만

계획관리지역에서는 부지면적 3만제곱미터 미만 규모로 개발할 수 있다. 사업부지 편입면적은 9,170㎡이므로 기준을 충족하고 있다.

「도시 · 군계획조례」의 개발행위허가기준

TIP 제21조(개발행위허가의 기준)

① 영 별표 1의2 제1호 가목(3)에 따라 시장은 다음 각 호의 요건을 모두 갖춘 토지에 한하여 개발행위를 허가할 수 있다.

1. 개발행위허가 대상 토지의 입목축적이 시 헥타아르당 평균 입목축적의 150퍼센트 미만인 경우. 다만, 판매를 목적으로 재배하는 나무는 입목축적 산정시 이를 제외한다.

2. 경사도가 25도를 초과하지 않는 토지. 다만, 전단에도 불구하고 산지관리법 기준에 적합한 경우에는 도시계획위원회의 심의를 거쳐 허가할 수 있다. 이 경우 경계의 경사도가 25도 미만인 경우에는 심의를 생략할 수 있다.

2-2. 제2호에 따른 평균경사도 산정은 「산지관리법 시행규칙」별표 1의3 비고 제2호 방법을 따른다.

3. 기준 지반고를 기준으로 표고 50미터 미만에 위치하는 토지에만 개발행위 허가를 할 수 있다. 이 경우 기준 지반고는 시행규칙으로 정할 수 있다. 다만, 시장이 개발행위가 필요하다고 인정하여 도시계획위원회 심의를 거친 경우에는 허가할 수 있다.

시행규칙 제4조(기준 지반고의 산정)

① 조례 제21조에 따른 기준지반고는 다음 각 호와 같이 정한다.
  1. 장호원읍: 기준지반고 해발 100미터 기준으로 50미터 미만에 위치한 토지
  2. 부발읍: 기준지반고 해발 90미터 기준으로 50미터 미만에 위치한 토지
  3. 신둔면: 기준지반고 해발 130미터 기준으로 50미터 미만에 위치한 토지
  4. 백사면: 기준지반고 해발 110미터 기준으로 50미터 미만에 위치한 토지
  5. 호법면: 기준지반고 해발 90미터 기준으로 50미터 미만에 위치한 토지

평균경사도

사례 토지는 평균경사도가 4.8도로서 허가의 기준 25도 이하를 충족하고 있다.

입목축적

사례 토지는 입목축적이 시 헥타르당 평균입목의 110%로서 허가의 기준 시 헥타르당 평균입목축적의 150퍼센트 미만을 충족하고 있다.

표고

사례 토지의 표고는 해발 70m이다. 개발행위허가기준에서는 '기준 지반고를 기준으로 표고 50미터 미만에 위치하는 토지에만 개발행위 허가를 할 수 있으며 기준 지반고는 시행규칙으로 정할 수 있다'고 규정하고 있다. 해당 시의 「도시·군계획조례시행규칙」에서는 표고의 해당 허가 기준에 대하여 해당 부지가 소재하는 면은 '기준지반고 해발 90미터 기준으로 50미터 미만에 위치한 토지'라고 규정하고 있다. 따라서 해발 140m까

지 개발이 가능하므로 허가 기준을 충족하고 있다.

「산지관리법」상의 산지전용허가기준

평균경사도 25도 이하
사례 토지 중 산지(임야)는 평균경사도가 약 5도로서 산지전용허가 기준을 충족하고 있다.

시 헥타르당 입목축적의 150% 이하
사례 토지 중 산지(임야)는 입목축적도가 헥타르당 시 평균입목의 110%로서 산지전용허가 기준을 충적하고 있다.

산지의 소유권
단독주택 목적의 산지전용허가는 자기소유의 산지일 것을 요구하고 있으며, 허가 신청자가 소유자이므로 산지전용허가 기준을 충족하고 있다.

「농지법」상의 농지전용허가기준
'해당 농지의 전용이 인근 농지의 농업경영과 농어촌생활환경의 유지에 피해가 없을 것' 등의 기준에 저촉 사항이 없다.

◎ 제3단계 분석: 도로와 진입도로

앞의 토지이용계획확인서 하단에 나와 있듯이 건축법상 도로를 지정하여 공익사업 등으로 포장된 마을안길 도로와 연결하여 허가를 받았으며 허가 기준을 충족하고 있다. 해당 토지는 허가 당시에는 도로 폭 4m 기준으로 허가를 받을 수 있었지만, 현재는 5천㎡ 이상 3만㎡ 미만은 6m 이상의 진입도로를 필요로 한다.

◎ 제4단계 분석: 배수로

단독주택 각 세대들은 개인하수처리시설을 설치하여 오수를 배출하고, 그렇게 배출된 하수는 모아서 법정배수로인 소하천까지 관로를 매설하여 배출하는 것으로 설계함으로써 해결하였다. 소하천까지 관로를 매설하기 위해서는 별도의 토지소유자의 동의를 받았다. 소하천은 위성지도에서 좌측 상단에 위치하고 있다.

◎ 제5단계 분석: 군사기지 및 군사시설보호구역

해당사항 없음

영향평가

경미한 소규모 환경영향평가

계획관리지역은 10,000㎡ 이상이면 '경미한 소규모 환경영향평가' 협의 대상 사업에 해당한다. 토목설계사무소를 통하여 외부 용역을 주어서 처리하였다.

소규모 재해영향평가

협의 대상 사업에 해당하지 않는다.

제비용의 납부

- 지역개발공채: 520만원 매입
- 대체산림자원조성비 납부

  (4800+205) × 6,668㎡ = 33,373,340원 납부
- 농지보전부담금 납부

  (21,000 × 30% × 2,152) + (21,300 × 30% × 350) =15,794,100원
- 이행보증금 8,550만원 보증보험증서 제출

개발사업 완료 후의 지적도

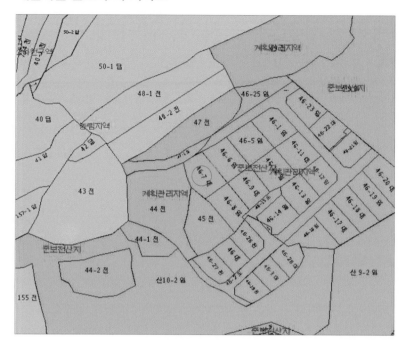

건축물이 준공되면서 개발행위허가 준공을 받은 토지는 지목이 '대'로 변경이 되어 있고, 아직 건축을 하지 않은 토지는 개발행위허가 준공이 이루어지지 않았으므로 지목이 '전'이나 '임' 상태로 남아 있음을 확인할 수 있다. 좌측 상단에 이 개발사업의 배수로로 사용된 법정배수로인 소하천을 확인할 수 있다.

공장용지 개발 사례
계획관리지역 농지 및 임야에서
공장용지 개발

공장설립승인

외견상 똑같은 개발행위이지만 전원주택을 개발하거나 창고부지, 근린
생활시설을 개발하는 것은 개발행위허가를 받고, 공장은 공장설립승인
을 받는다고 앞에서 설명하였다. 그에 따라 본 부지의 개발은 공장설립
승인으로 허가를 진행하였다. 물론, 타 개발행위와 똑같이 개발행위허
가나 농지전용허가, 산지전용허가도 받아야 하며 해당 허가들은 공장설
립승인신청서에 필요 서류를 첨부하여 의제처리로 함께 처리되었다.

공장설립승인과 5종사업장

공장 또는 제조업소는 환경관련법 차원에서는 오염물질 발생시설이다.
오염물질은 크게 수질, 대기, 소음으로 분류되며 그중 유형의 오염물질인
수질과 대기는 각각 「물환경보전법」과 「대기환경보전법」에서 관리하고, 무
형의 오염물질인 소음은 「소음·진동관리법」에서 허용기준치로 관리한다.

450

〈사업장의 규모별 구분(물환경보전법시행령)〉

종류	배출규모
제1종사업장	1일 폐수배출량이 2,000㎥ 이상인 사업장
제2종사업장	1일 폐수배출량이 700㎥ 이상 2,000㎥ 미만인 사업장
제3종사업장	1일 폐수배출량이 200㎥ 이상 700㎥ 미만인 사업장
제4종사업장	1일 폐수배출량이 50㎥ 이상 200㎥ 미만인 사업장
제5종사업장	위 제1종부터 제4종까지의 사업장에 해당하지 아니하는 배출시설

〈사업장 분류기준(대기환경보전법시행령)〉

종류	오염물질발생량 구분
제1종사업장	대기오염물질발생량의 합계가 연간 80톤 이상인 사업장
제2종사업장	대기오염물질발생량의 합계가 연간 20톤 이상 80톤 미만인 사업장
제3종사업장	대기오염물질발생량의 합계가 연간 10톤 이상 20톤 미만인 사업장
제4종사업장	대기오염물질발생량의 합계가 연간 2톤 이상 10톤 미만인 사업장
제5종사업장	대기오염물질발생량의 합계가 연간 2톤 미만인 사업장

〈공장소음 배출허용기준(소음 · 진동법시행규칙)〉

대상지역	시간대별(dB(A))		
	낮 (06:00~18:00)	저녁 (18:00~24:00)	밤 (24:00~06:00)
가. 전용주거지역 등	50 이하	45 이하	40 이하
나. 일반주거지역 등	55 이하	50 이하	45 이하
다. 농림지역 등	60 이하	55 이하	50 이하
라. 상업지역 등	65 이하	60 이하	55 이하
마. 일반공업지역 등	70 이하	65 이하	60 이하

수질, 대기 오염물질을 배출하는 공장은 배출량에 따라 제1종에서 제5종으로 분류하여 관리한다. 공장용지의 개발 또는 중개 등과 관련하여 제5종사업장은 농지나 산지에 개발행위허가로 공장설립승인을 받은 개별입지공장에 입지 할 수 있지만, 즉, 허가를 받을 수 있지만, 1종~4종 배출규모의 공장은 산업단지나 공업지역에만 입지 할 수 있다.

■ 토지에 관한 정보

지적도: 허가 전

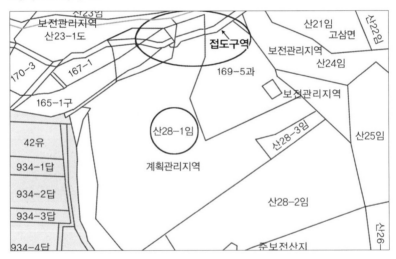

위성지도: 준공 후 (자료:daum.net)

토지이용계획확인서

지목	임야	면적	16,543㎡
개별공시지가	146,000원 (2020/01)		

지역 지구 등 지정 여부	「국토의 계획 및 이용에 관한 법률」에 따른 지역·지구 등	계획관리지역
	다른 법령 등에 따른 지역·지구 등	접도구역(지방도306호선)(도로법), 준보전산지(산지관리법), 성장관리권역(수도권정비계획법)
「토지이용규제 기본법 시행령」 제9조 제4항 각 호에 해당되는 사항		

편의상 임야의 토지이용계획확인서만 첨부하였다. 지목은 임야와 전이
며, 국토계획법상 용도지역은 계획관리지역, 산지의 구분은 준보전산
지, 농지의 구분은 농업진흥지역 밖에 있는 농지에 해당한다. 토지의 북

쪽이 도로법상 도로인 지방도 306호에 접하고 있으며, 해당 토지의 일부가 접도구역에 저촉되어 있음을 확인할 수 있다.

편입토지조서

번지	지목	면적(㎡)		공시지가 (원/㎡)	토지이용규제
		공부	편입		
산 28-1	임	16,543	16,543	146,000	· 계획관리지역/준보전산지 · 접도구역 · 성장관리권역
산 28-4	전	717	717	137,000	· 계획관리지역/농업진흥지역 밖 · 성장관리권역
합계		17,260	17,260		

토지 개발관련 정보(토목설계사무소 제공)

- 평균경사도: 11.6도
- 평균표고: 50m
- 입목축적: 시 헥타르당 평균입목축적의 101%

■ 지목변경 5단계 분석

◎ 제1단계 분석: 용도지역과 건축물

용도지역과 건축제한

사례토지는 국토계획법상 계획관리지역이다. 따라서 토지가 소재하는 시·군의 「도시·군계획조례」에서 정한 건폐율, 용적률, 건축물의 높이, 건축물의 종류를 적용하여 개발할 수 있다.

건폐율

계획관리지역에서의 건폐율은 40% 이하를 적용하고 있다.

용적률

계획관리지역에서의 용적률은 100% 이하를 적용하고 있다.

건축물의 높이

건축물의 높이는 4층 이하를 적용하고 있다.

건축물의 용도 : 건축할 수 있는 건축물

개발하고자 하는 건축물 공장은 계획관리지역에서 허용되고 있다. 앞의 "지목변경 1단계 분석 : 용도지역과 건축물"의 설명을 참조하면 된다.

◎ 제2단계 분석: 개발행위허가기준

「도시·군계획조례」의 용도지역별 개발행위허가의 규모

- 보전관리지역: 3만 제곱미터 미만
- 생산관리지역: 3만 제곱미터 미만

- 계획관리지역: 3만 제곱미터 미만
- 농림지역: 3만 제곱미터 미만

계획관리지역에서는 부지면적 3만 제곱미터 미만 규모로 개발할 수 있다. 사업부지 편입면적은 17,260㎡이므로 기준을 충족하고 있다.

「도시 · 군계획조례」의 개발행위허가기준

> **TIP** 제20조(개발행위허가의 기준)
>
> ① 영 별표 1의2제1호에 따라 시장은 다음 각 호의 요건을 모두 갖춘 토지에 한하여 개발행위를 허가할 수 있다.
>
> 1. 대상토지의 입목축척이 우리시 헥타르당 평균 입목축척의 150퍼센트 미만인 경우. 다만, 판매를 목적으로 재배하는 나무는 입목축척에 산입하지 아니한다.
>
> 2. 경사도가 25도 미만인 토지. 다만, 자연경사도가 25도 이상으로서 공공 · 공익목적으로 자치단체가 필요하다고 판단한 시설 · 건축물은 시 도시계획위원회의 자문을 거쳐 허가할 수 있다. 이 경우, 평균경사도 산정은 「산지관리법 시행규칙」제10조제2항제8호에 따른다.
>
> 3. 기준지반고(운동장, 경사가 시작되는 평지, 산자락 등의 낮은 평지) 50m 미만에 위치한 토지
>
> 4. 제1항제1호 내지 제3호에도 불구하고 「전기사업법」에 따른 태양광발전설비의 허가기준은 다음 각 목의 기준에 적합하여야 한다. 다만, 국가, 지방자치단체 및 공공기관이 공익상 필요에 따라 설치하는 경우는 예외로 한다.
>
> 가. 「도로법」이 적용되는 도로의 경계로부터 100미터 안에 입지하지 아니할 것
>
> 나. 「농어촌도로 정비법」 및 「국토의 계획 및 이용에 관한 법률」에 따라 개설된 도로의 경계로부터 50미터 안에 입지하지 아니할 것.
>
> 다. 「전기사업법」에 따른 태양광발전설비 부지 경계로부터 다음 각 세호에

평균경사도

사례 토지는 평균경사도가 11.6도로서 허가의 기준 25도 이하를 충족하고 있다.

입목축적

사례 토지는 입목축적이 시 헥타르당 평균입목의 101%로서 허가의 기준 시 헥타르당 평균입목축적의 150퍼센트 미만을 충족하고 있다.

표고

사례 토지의 표고는 해발 50m이다. 개발행위허가기준에서는 기준 지반고를 기준으로 50미터 안에 입지하는 토지에만 개발행위 허가를 할 수 있으며 기준 지반고는 운동장, 경사가 시작되는 평지, 산자락 등의 낮은 평지로 규정하고 있다. 해당 토지는 기준지반고와 높이가 거의 같은 것으로 보인다. 따라서 허가 기준을 충족하고 있다.

「산지관리법」상의 산지전용허가기준

평균경사도 25도 이하
사례 토지 중 산지(임야)는 평균경사도가 약 11.6도로서 산지전용허가 기준을 충족하고 있다.

시 헥타르당 입목축적의 150% 이하
사례 토지 중 산지(임야)는 입목축적도가 헥타르당 시 평균입목의 101%로서 산지전용허가 기준을 충족하고 있다.

산지의 소유권
공장용지 개발은 자기소유의 산지일 것을 요구하지 않는다. 따라서 토지소유자의 사용승낙을 받아서 허가를 진행하였다.

「농지법」상의 농지전용허가기준
'해당 농지의 전용이 인근 농지의 농업경영과 농어촌생활환경의 유지에 피해가 없을 것' 등의 기준에 저촉 사항이 없다.

◎ 제3단계 분석: 도로와 진입도로

지적도를 참조하면 허가대상 토지의 상단이 지방도에 접하면서 일부가 접도구역에 저촉되어 있다(452페이지 지적도의 타원형 부분). 감속차로와 가속차로를 확보하여 지방도관리청으로부터 연결허가를 받아서 진입도로를 확보하였다. 감속차로와 가속차로 구간에 버스정차대 등이 있으면 연결허가를 받지 못할 수 있음에 유의하여야 한다.

◎ 제4단계 분석: 배수로

주변의 다른 공장 개발 시에 설치된 배수로(사설 배수로)에 동의를 받아서 연결하여 처리하는 것으로 설계함으로써 해결하였다.

◎ 제5단계 분석: 군사기지 및 군사시설보호구역

해당사항 없음

영향평가

경미한 소규모 환경영향평가

계획관리지역은 10,000㎡ 이상이면 '경미한 소규모 환경영향평가' 협의 대상 사업에 해당한다. 토목설계사무소를 통하여 외부 용역을 주어서 처리하였다.

소규모 재해영향평가

공장설립승인은 부지면적 1만 제곱미터 이상은 '소규모 재해영향평가' 협의 대상 사업에 해당하므로 토목설계사무소를 통하여 외부 용역을 주어서 처리하였다.

제비용의 납부

- 지역개발공채 1,040만원 매입
- 대체산림자원조성비 납부

  $(4800+1460) \times 16,543\text{m}^2 = 103,559,180$원

- 농지보전부담금 납부

  $(137,000 \times 30\% \times 717) = 29,468,700$원

- 이행보증금 1억 5,960만원 보증보험증서 제출

〈개발사업 완료 후의 토지이용계획확인서〉

지목	공장용지	면적	14,447㎡
개별공시지가	229,000원 (2020/01)		

지역 지구 등 지정 여부	「국토의 계획 및 이용에 관한 법률」에 따른 지역·지구 등	계획관리지역(계획관리지역), 중로3류(폭12M~15M)(중3-17)(저촉)
	다른 법령 등에 따른 지역·지구 등	가축사육제한구역(일부제한지역)〈가축분뇨의 관리 및 이용에 관한 법률〉, 도로구역(지방도306호선)〈도로법〉, 접도구역(지방도306호선)〈도로법〉, 준보전산지〈산지관리법〉, 성장관리권역〈수도권정비계획법〉
「토지이용규제 기본법 시행령」 제9조 제4항 각호에 해당되는 사항		

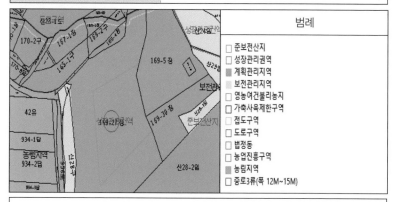

범례
- ☐ 준보전산지
- ☐ 성장관리권역
- ■ 계획관리지역
- ☐ 보전관리지역
- ☐ 영농여건불리농지
- ☐ 가축사육제한구역
- ☐ 접도구역
- ☐ 도로구역
- ☐ 법정동
- ☐ 농업진흥구역
- ■ 농림지역
- ☐ 중로3류(폭 12M~15M)

☞ 건축물이 준공되면서 개발행위허가가 준공을 받아서 토지는 지목이 '장'으로 변경이 되었다. 그에 따른 개발부담금을 납부하였다. 토지 상단이 306호선 지방도에 접하고, 접도구역에 저촉되어 있음을 확인할 수 있다.

◇ 당신은 언제나 옳습니다. 그대의 삶을 응원합니다. – 라의눈 출판그룹

전종철 교수의

지목변경

초판 1쇄 2020년 9월 25일

지은이 전종철
펴낸이 설응도 편집주간 안은주
영업책임 민경업 디자인책임 조은교

펴낸곳 라의눈

출판등록 2014년 1 월 13 일(제 2014-000011호)
주소 서울시 강남구 테헤란로 78길 14-12(대치동) 동영빌딩 4 층
전화 02-466-1283 팩스 02-466-1301

문의 (e-mail)
편집 editor@eyeofra.co.kr
마케팅 marketing@eyeofra.co.kr
경영지원 management@eyeofra.co.kr

ISBN : 979-11-88726-66-0 13320